新世纪高等学校教材 · 生物科学系列

U0652238

遗传学实验

（第2版）

张根发　梁前进◎主　编
周宜君　李宗芸　张桂芳◎副主编

YICHUANXUE
SHIYAN

北京师范大学出版集团
BEIJING NORMAL UNIVERSITY PUBLISHING GROUP
北京师范大学出版社

图书在版编目(CIP)数据

遗传学实验/张根发，梁前进主编. —2 版 .—北京：北京师范大学
出版社，2017.9(2025.7 重印)

(新世纪高等学校教材·生物科学系列)

ISBN 978-7-303-21892-9

Ⅰ.①遗…　Ⅱ.①张…　②梁…　Ⅲ.①遗传学－实验－高等学校－
教材　Ⅳ.①Q3－33

中国版本图书馆 CIP 数据核字(2017)第 014018 号

出版发行：北京师范大学出版社 https://www.bnupg.com
　　　　　北京市西城区新街口外大街 12-3 号
　　　　　邮政编码：100088

印　　刷：	北京天泽润科贸有限公司
经　　销：	全国新华书店
开　　本：	787 mm×1092 mm　1/16
印　　张：	14.25
字　　数：	296 千字
版　　次：	2017 年 9 月第 2 版
印　　次：	2025 年 7 月第 6 次印刷
定　　价：	39.80 元

策划编辑：刘风娟	责任编辑：刘风娟
美术编辑：焦　丽	装帧设计：焦　丽
责任校对：陈　民	责任印制：马　洁

《遗传学实验（第2版）》编写委员会

主　编　张根发　梁前进

副主编　周宜君　李宗芸　张桂芳

编　委　高　飞　王红芳　郦　杰　高建国
　　　　　李　洁　于海婵　王　纯　胡方方

内容简介

本书再版适应创新型人才培养、分子遗传学发展的进步和综合性高素质人才的社会需要。在全面展示遗传学实验特点的基础上，适当增加基础性实验、调整综合性实验，并增加设计性探究型实验，使之更适合新时期的教育教学。

本书的实验内容均可独立开展教学，因此，可根据教学的实际，进行选择和调整，具有综合性和实用性强的特点。基础性实验包括 19 个：涵盖植物、动物、微生物、细胞遗传和数量遗传的经典实验；综合性实验包括植物基因转化、表观遗传的甲基化分析、分子标记、DNA 指纹分析、染色体畸变系列、大肠杆菌非中断杂交和线虫遗传发育 7 个整合性实验；设计性探究型实验以经典遗传学与分子遗传学结合的应用为理念，涉及植物基因工程、斑马鱼分子遗传发育、突变体的诱导、筛选与鉴定、外周血培养的染色体分析及生物信息学分析等遗传学创新应用实验组合。

本书旨在体现人才培养的整合创新和设计创新的教育教学理念，提高学生对遗传学知识的自主学习，特别是学以致用的能力。每个实验都附有针对性的实验作业供选择使用。并且，结合实际操作和实践问题，附有实验中容易出现的问题提示和可能解决方法供参考，以利于学生自学能力和研究性学习能力的培养。

本书适于高等院校生物、农学、医学及相关专业的师生使用。

第2版前言

　　值此之际，《遗传学实验》一书已经出版七年，教材的使用得到广大教师和学者的支持和厚爱，你们的反馈和建议也为本次修订、再版打下了坚实的基础，本人代表编委会表示真诚的谢意。这里特别应该感谢刘凤娟编辑，是她主动联系到我，谈起遗传学实验的再版，勾起我对本书撰写和使用中的一些反响，做出再版《遗传学实验》一书的决定。适逢科技发展的鼎盛时期，伴随着DNA测序技术的发展，遗传学在分子水平上，特别是表观遗传学、基因功能、基因表达调控、遗传的生物信息分析等各个领域取得辉煌成就。岁月催人，时不我待，人才培养更需与时俱进。本书在修订再版过程中落实立德树人根本任务，全面融入党的二十大精神，适应遗传学发展的步伐和综合性、高素质创新型人才培养的社会需求。

　　本书此次修订的基本点是：结合遗传学的发展领域修改引言和实验目的，应用的延展等；坚持实用性和能力培养，进一步强调实用性和可操作性；适当增加和调整实验内容，与时俱进。据此，本书做出的重大修改有：(1)提高实用性，将大多实验已有的"备注"修订为正式标题内容，称为实验中经常遇到的问题和解决办法；(2)强化基础，将第二部分的综合性中容易操作的基础部分调整到第一部分，如果蝇杂交、同工酶分子标记、玉米分离规律的验证等，使基础实验增加到19个；(3)调整和加强综合性实验，新添植物基因转化、分子标记实验用SSR替代RAPD并独立出来，果蝇系列实验回归到基础实验；(4)适应科技发展，增加生物信息学分析实验，成为创新型实验；(5)为适合教育国际化的需求，新增加中英文名词索引，供学习查找。

　　本书秉承一贯的"简明、实用、有效"的原则，将实验技术技能用浅显易懂的语言传递给学生，使之转化为简便易行的操作能力。本书修订过程中注重实践经验的积累，参考国内外教学实际，解决了一些操作性问题；也总结了对整合和创新性实验所进行的有意义的探索。然而，科技发展之迅猛，遗传学涉及的实验内容范围和层次之多，加之设计性、创新型实验还没有经典的参考书籍等，特别是本人知识范围和水平有限，使本书距离"简明、实用、有效"的目标仍有差距。恳请专家学者、同行教师、读者不吝赐教，以受益编者和读者。

借此机会，一并感谢为此书出版付出辛勤劳动的编委会同事和出版社的编辑。期待着使用此书的学生能从中受益，这是编者的不懈追求！

张根发

2023 年 11 月 23 日　于北京

北京师范大学　生命科学学院

第1版前言

　　遗传学是研究生物的遗传与变异规律的学科，也是一门以实验和数据分析为基础的实验性科学，因此实验课程作为遗传学教学的重要组成部分，使用一本好的遗传学实验教材是十分重要的。作为主编，在本书的实验内容、逻辑框架、编写风格、实验技术技能和整合层次的递进，以及贯彻科研培训和技能培养的教育教学理念等方面担负着重要的责任。鉴于此，在尽可能地收集、浏览和精读国内外主要的《遗传学实验》教材的基础上，结合本人的实验基础、知识结构、逻辑判断和对实验教学的思考，提出了编写遗传学实验教材的最初框架，并邀请了教学一线的专业教师进行研讨，确定了本书的撰写体系和风格。

　　本实验教材秉承厚基础、重素质、强能力的综合性高素质人才培养的教育教学理念和理论联系实际的学习指导思想。设计上结合了近几年来指导科研培训和本科生创新实验立项研究的经验，强调创新和整合创新、研究和探究相结合，以培养具有创新意识和实验探究能力的综合性高素质人才为目标。

　　本书在基础性实验、综合性实验和设计性实验3个层次上展开实验内容，且每一部分自成一体。不同学校可以根据不同教学生源的特点和需求进行选择和调整，特别是后两部分的实验，独立性很强，使本书独具教学适应范围广、实用性强的特点。基础性实验部分共设置了17个实验，兼顾植物、动物、微生物和数量遗传的经典实验和重要模式生物。综合性实验部分安排了模式生物果蝇的系列实验、染色体及畸变系列实验、分子标记实验、表观遗传的甲基化分析实验、线虫的遗传发育实验和大肠杆菌非中断杂交实验6方面内容，各个实验均可独立开设或有所选择。而设计性实验部分，教材以经典遗传学和分子遗传学结合的应用为主线，充分展现学生实验的自主性、可设计性和可操作性，内容涉及植物基因克隆、载体构建、转化、转基因植物的筛选及鉴定；分子发育遗传模式生物斑马鱼的基因表达分析；大肠杆菌诱变与突变体的遗传分析；人类外周血淋巴细胞分离培养和SCE分析。

本书旨在将透彻理解的实验技术技能用浅显易懂的语言传递给学生。为充分体现"简明、实用、有效"的特点和风格，本书编写过程中及统稿期间与各章节作者进行了深入讨论、交流，特别是综合性实验和设计性实验两部分的每一个实验都经过反复讨论，许多实验的主要环节几易其稿。但由于本书涉及的实验内容范围和层次较多，设计性实验又缺乏经典的参考书籍等，加之本人知识范围和水平的限制，很难达到真正"简明、实用、有效"的目标，同时文中也难免有不完善、不恰当，乃至错误之处，还请同行教师、读者在使用中给予指出，我们将在再版时修订。

感谢为此书出版而付出辛勤劳动的编委会同事和出版社的编辑，预祝使用此书的学生能从中受益，这也是编者的最高追求！

张根发

北京师范大学

2010 年 4 月 9 日

目 录

第一部分　基础性实验

这一部分是整个遗传学实验体系的基础。实际教学中可以划分为 3 个模块，为了体现实验技术和知识的继承和联系，整合为第一部分。简要介绍如下。

模块 1：遗传学入门实验（实验 1～6）。"果蝇的观察、性别鉴定与培养方法"实验设置从经典的遗传学模型开始，沿着学科发展的脉络体验科学研究的历程，把握科学实验技能和科学理论形成的线索。为在动态的、染色体变化层面上研究遗传物质及其传递规律，安排了减数分裂制片实验，通过植物、动物材料减数分裂制片的细胞遗传学基础实验，训练探寻遗传物质载体的结构基础及动态变化的技术和能力。"植物花粉母细胞染色体制片技术"和"玉米花粉粒遗传规律的验证"实验，在设置上考虑两个方面，一是接触一种高等植物模式物种，二是对遗传的物质基础的载体——染色体的初步认识，并加强基础遗传规律的认知与验证实验设计能力。

模块 2：遗传物质的组成和功能（实验 7～12）。本模块在染色体和细胞学基础层面上展开，先安排特异的 DNA 染色技术，并引入另一种高等模式生物小鼠，再通过其中期染色体的形态和数目的分析，为广泛深层次地研究染色体及其与遗传和物种稳定性的关系奠定了基础。以果蝇为材料，从巨大唾腺染色体上体现的与基因的时空差异表达相关的结构，到组织化学显示反应对遗传物质的区分，建立起了遗传物质和生物性状表达的联系。本模块在生物的类群上上升到人类——这触及了遗传学研究的根本任务，即为人类的健康、生产、生活服务。由于人类的染色体数目较为适中，结构具有比较全面的多样性，人类染色体的制备、核型分析及荧光原位杂交技术的系列实验设置，可以达到满意的技术训练目的。

模块 3：基础性遗传分析（实验 13～19）。从原核生物到真核生物，从微生物到植物、动物，从质量性状到数量性状遗传的实验设置，在研究领域上涉及经典遗传规律探寻、分子遗传规律分析和遗传工程操作，因此具有明显的"分析"特点。本模块是经典遗传学基础理论和技术的系统应用，但仍属于认识遗传规律，奠定遗传学研究基础的阶段，是学生进入自主性、研究型科学探究的门槛。

综上所述，这部分是对遗传学模式物种（细菌、真菌、玉米、果蝇、小鼠乃至人类自身）的基础遗传实验的初步接触和培训，是运用模式物种进行遗传规律探寻的感性认识和自我解读的过程。学生由此开始认识和体验遗传学的实验，并从静态辨别上升到动态分析，这部分内容的掌握，是初步踏入遗传学的实践和研究型探索性学习道路的必需。

模块 1——遗传学入门实验

1.1 实验 1 果蝇的观察、性别鉴定与培养方法

遗传学实验通常采用的果蝇属于果蝇科（Drosophilidae）果蝇属（*Drosophila*）的昆虫，该属约有 1 000 种，果蝇被广泛用做遗传和演化的室内外研究材料。是体长只有几毫米的小型蝇类（图 1-1）；由于其喜欢在腐烂水果上飞舞，所以被称作"果蝇"。实际上，果蝇喜欢的是腐烂水果发酵产生的乙醇，所以酒类发酵池前也会招引来很多果蝇，古希腊人因此称果蝇为"嗜酒者"。

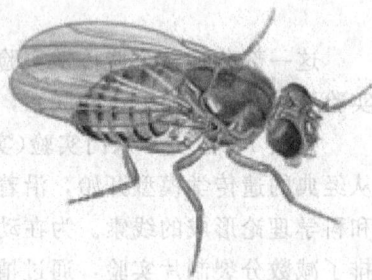

图 1-1 普通果蝇

野生果蝇中最常见的黑腹果蝇（*Drosophila melanogaster*）是在 1830 年首次被描述的。而它第一次被用做实验研究对象则是在 1901 年，实验者是动物学家和遗传学家威廉·恩斯特·卡斯特（Wilhelm Ernst Custer）。他通过对果蝇的种系研究，设法了解了多代近亲繁殖的结果和取出其中某一代进行杂交所出现的现象。1910 年，汤玛斯·亨特·摩尔根（Thomas Hunt Morgan, 1866—1945）开始在实验室内培育果蝇并对它进行系统的研究。此后，很多遗传学家都开始用果蝇做研究，并且取得了许多遗传学方面的重要成果，包括这种蝇类基因组的基因在染色体上的分布。

图 1-2 遗传学家摩尔根

摩尔根（图 1-2）的遗传学实验主要是以果蝇为实验材料，到 1925 年已经在这个小生物身上发现 4 对染色体，并鉴定了约 100 个不同的基因，并且可以由通过交配实验而确定的连锁程度，来测量染色体上基因间的距离。1911 年他提出了著名的"染色体遗传理论"。由于摩尔根的重要发现都是从果蝇身上取得的，所以有人戏说：上帝为了摩尔根才创造了果蝇。由于摩尔根的实验室中饲养了很多果蝇，研究人员整天在侍候果蝇、观察研究果蝇，因此他领导的实验室也被称作"蝇室（fly room）"。在摩尔根的领导之下，这个"蝇室"成了全世界的遗传学研究中心。他们的研究成果为全世界遗传学界所瞩目，他们写出的论文和著作是全世界遗传学家的必读书籍和重要参考文献。

从果蝇研究中发现的遗传规律，对其他动植物乃至对人类也同样适用。理论上有了重要发展，在实践上也必将有重要意义。

1.1.1 实验目的

1. 认识果蝇，了解其生存条件和生活史，熟练掌握雌、雄果蝇性别鉴定的方法。
2. 掌握各突变类型的外观特点并能准确进行辨别。
3. 掌握配制果蝇培养基和接种果蝇的方法及注意事项。

1.1.2 实验原理

果蝇属于节肢动物门、昆虫纲、双翅目、果蝇属，遗传实验中常用的黑腹果蝇是其中的一个种，它在自然界中广泛存在。果蝇作为遗传学研究的材料，具有非常突出的优点：①体型小，易饲养；②生活周期短，繁殖能力强（因此利用果蝇进行的各种遗传实验易于重复且便于统计和分析）；③染色体数目少，幼虫唾腺染色体巨大；④群体中突变性状多。

摩尔根利用果蝇进行杂交实验，继孟德尔发现分离和自由组合规律之后，揭示了连锁互换和伴性遗传的规律。1916年摩尔根的学生布里吉斯（Calvin B. Bridges，1889—1939）进行了果蝇 X 染色体不分离实验，并取得成功。摩尔根等人的这些工作为染色体遗传理论以及整个细胞遗传学的最终建立作出了巨大贡献。在遗传学的其他领域，如分子遗传、毒理遗传、进化遗传等方面，果蝇作为实验材料也曾作出很大贡献。

果蝇为完全变态的昆虫，整个生活史包括卵、幼虫、蛹和成虫 4 个发育阶段（图 1-3、图 1-4）。果蝇生活周期的长短与温度关系密切，有随温度降低生活周期延长的变化趋势（表 1-1），而高温（30 ℃以上）会引起果蝇的不育和死亡。果蝇的最适培养温度为 20～25 ℃，在 25 ℃条件下，从卵发育到成虫只需 10 d 左右的时间。羽化后的成虫寿命一般在 4 星期左右，羽化 12 h 后的雌蝇即可进行交配，2 d 后即可开始产卵。

1星期   2星期   3星期   5星期

图 1-3 不同培养时间果蝇的生长状态

表 1-1 果蝇生活周期与温度的关系

项目	10 ℃	15 ℃	20 ℃	25 ℃
卵→三龄幼虫			8 d	5 d
三龄幼虫→成虫（蛹期）	57 d	18 d	6.3 d	4.2 d

果蝇的卵为白色，长椭圆形，长约 0.5 mm，在其背面前端有两条触丝（图 1-4A）。受精卵经孵化成为一龄幼虫（图 1-4B），一龄幼虫要经过两次蜕皮，第二次蜕皮后为三龄

幼虫(图 1-4D)，长可达 4.5 mm，幼虫均为白色。三龄幼虫进一步化成蛹，蛹紧贴于培养瓶壁或培养基表面等较干燥处，早期蛹(图 1-4E)为淡黄色，后逐渐硬化，且颜色逐渐加深，将要羽化的蛹(图 1-4F)呈深褐色。羽化后破壳而出的是果蝇的成虫(图 1-4G)，成虫可分头、胸、腹三部分，头部有 1 对大的复眼，3 只单眼和 1 对触角；胸部有 3 对足，1 对长于腹部末端的翅和 1 对平衡棒；腹部背面有黑条纹，腹面有腹片，外生殖器在腹部末端；全身还有许多体毛和刚毛(粗大的体毛)。

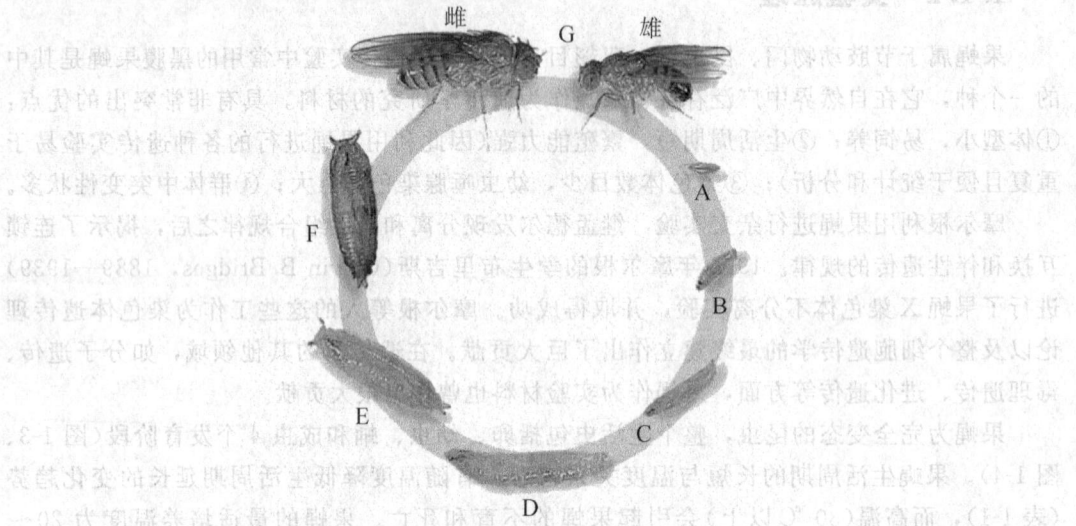

图 1-4 果蝇的生活史
A. 卵 B. 一龄幼虫 C. 二龄幼虫 D. 三龄幼虫 E. 早期蛹 F. 晚期蛹 G. 成虫

利用果蝇做杂交实验，必须准确地识别其性别。
雌雄果蝇的主要特征见表 1-2、图 1-5、图 1-6 和图 1-7。

表 1-2 雌雄果蝇主要特征对比

雌性果蝇	雄性果蝇
个体较大	个体较小
腹部较大，且腹部末端较尖	腹部较小，且腹部末端较圆钝
腹部背面有 5 条黑条纹	腹部背面有 3 条黑条纹，最后 1 条极宽并延续至腹部腹面
外生殖器比较简单，有阴道板和肛上板等结构	外生殖器较复杂，有生殖弧、肛上板、阴茎等结构
腹部腹面有 6 个腹片	腹部腹面有 4 个腹片
无性梳	前肢跗节上有性梳

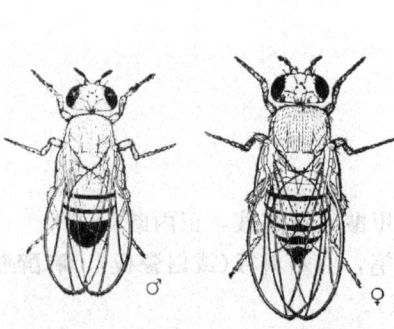

图 1-5 雌雄果蝇背面观

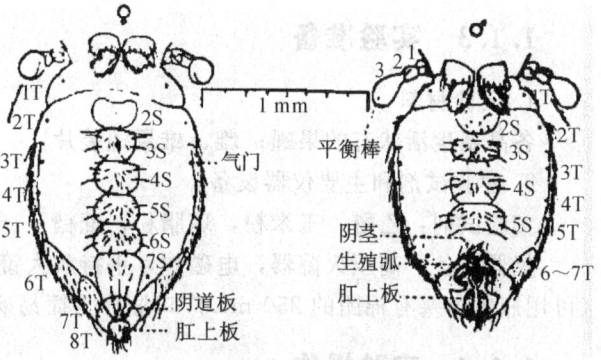

图 1-6 雌雄果蝇腹部腹面观

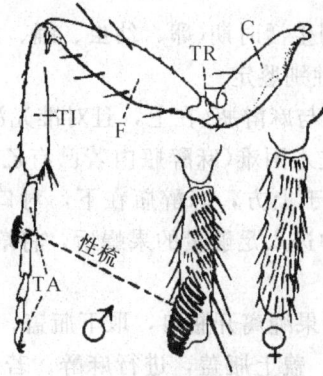

图 1-7 雄性果蝇前足(示性梳)

果蝇在自然或人工诱导条件下,可能发生各种突变,已知的突变品系约有几百种,常用于实验的突变品系见表 1-3。

表 1-3 常用于实验的突变品系

突变性状	基因符号	染色体定位	性状特征
白眼(white)	w	1	复眼白色(野生型复眼呈红色)
黑檀体(ebony)	e	3	身体呈乌木色,黑亮
黑体(black)	b	2	体黑色,比黑檀体深
黄体(yellow)	y	1	全身呈浅橙黄色
残翅(vestigial)	vg	2	翅明显退化,只残留一部分痕迹,不能飞
小翅(miniature)	m	1	翅比野生型者短,与腹部末端几乎等长
卷刚毛(singed)	sn^3	1	刚毛呈卷曲状
棒眼(Bar)	B	1	复眼呈狭窄垂直棒形,小眼数少
褐眼(brown)	bw	2	眼呈褐色
卷曲翅(curly)	cy	2	翅膀向上卷曲,纯合致死
叉毛(forked)	f	1	体毛和刚毛分叉且卷曲
猩红眼(scarlet)	st	3	复眼呈明亮猩红色

1.1.3 实验准备

1. 实验材料

各品系生活状态的果蝇；雌、雄果蝇装片。

2. 实验试剂和主要仪器设备

实验试剂：乙醚，玉米粉，琼脂粉，蔗糖，15％苯甲酸乙醇溶液，正丙酸。

仪器设备：高压灭菌器，电磁炉，手持放大镜，毛笔，白塑料板（或白瓷板）、麻醉瓶（可用瓶盖内塞有棉团的 250 mL 广口瓶作为简易麻醉瓶）。

1.1.4 实验操作

1. 果蝇生活史的观察

用放大镜观察培养瓶内不同生活时期（卵、幼虫、蛹、成虫）果蝇的形态、特征。

2. 果蝇成虫外形的观察和性别鉴定

（1）取蝇：将培养瓶（在下）与麻醉瓶（在上，且对准光源）对口相接，利用果蝇的趋光性，使果蝇进入麻醉瓶中。若进入困难（麻醉瓶内若已有乙醚气味，则果蝇不易进入麻醉瓶），可用强制方法：培养瓶置于上方，麻醉瓶在下，对口相接，用手轻轻拍打培养瓶，使果蝇落入麻醉瓶中。麻醉瓶中进入足够量的果蝇后，将培养瓶和麻醉瓶瓶口分开，迅速盖好各自的瓶盖。

（2）麻醉：轻震麻醉瓶，使果蝇离开瓶口，取下瓶盖，捂住瓶口，防止果蝇飞出。加 2～3 滴乙醚于瓶盖内的棉团上，盖上瓶盖，进行麻醉。若做杂交实验则一定要注意麻醉程度，果蝇静止不动后则立即取出，否则麻醉过度会导致果蝇死亡。果蝇死亡的标志是：翅膀向后外展开 45°。

（3）观察：将麻醉的果蝇倒在白塑料板上，用放大镜观察其外形及对雌雄性别进行鉴定。

3. 果蝇几种突变类型的观察

观察实验室培养的几种突变类型，将观察的结果填入表 1-4。

表 1-4　实验结果

特征 ＼ 类型	野生型（×）	黑檀体（e）	残翅（vg）	白眼（w）	小翅（m）	卷刚毛（sn^3）	黄体（y）	棒眼（B）
体色								
眼色								
翅形								
眼形								
刚毛形态								

4. 培养基的配制

为后续的果蝇杂交实验配制培养基（配方见附录）。

1.1.5 实验中经常遇到的问题和解决方法

1. 麻醉果蝇的目的若是为了观察外形，可以延长麻醉时间，致其死亡，以便于详细观察而不会半途飞走。但若是为进一步进行杂交或其他实验，则一定要注意麻醉的程度，待果蝇不动了即刻取出，避免其死亡而影响实验的进行。

2. 分装培养基所用的容器及棉塞须事先进行高压灭菌，分装好的培养基要晾1～2 d，待其表面干燥再接种。

1.1.6 实验作业

1. 果蝇的培养和有关操作中哪些与其作为典型的模式生物有关？
2. 通过对果蝇雌雄个体的鉴别，你认为哪几个特征在鉴别中是比较主要的？
3. 绘制雌雄果蝇腹部（背面观）示意图。
4. 总结果蝇生活史的各个阶段（名称，时间）以及在杂交实验中需要注意的操作时间等问题。

（王纯，梁前进）

1.2 实验2 果蝇杂交系列分析实验

遗传规律的发现是科学探究史上的经典案例。科学探究的基本程序一般包括：实验和观察发现问题、提出假设解释现象、设计实验验证假设、归纳总结得出结论。孟德尔的探究过程也遵循了这一基本程序。孟德尔通过观察豌豆一对相对性状的杂交实验，发现了三个重要的遗传现象。接着，孟德尔以四个超越时代的假设合理解释了这三个现象。这些假设的提出，既体现了孟德尔非凡的科学思维能力，同时又体现了在科学的逻辑下，这些假说诞生的必然性。之后，孟德尔对假说进行演绎推理，预期新现象的出现。由此设计出了测交实验，并进行了实际验证。最后，将经过验证的假说进行归纳总结，形成分离定律。

1.2.1 实验目的

1. 学会野外采集与鉴定果蝇，掌握果蝇杂交技术和运用统计学原理处理数据的方法。

2. 通过果蝇杂交实验加深理解遗传的分离定律、自由组合定律、连锁互换定律及伴性遗传规律。

3. 注重理论联系实际，培养学生运用所学的知识独立设计实验和完成实验的能力。

1.2.2 实验原理

果蝇是遗传学实验中最为经典的模式生物之一，它具有其他一些实验材料无法比拟的优势，如体型小、世代周期短、繁殖力强、易饲养等。应用不同品系的果蝇进行杂交实验可以对三大遗传定律以及伴性遗传规律进行验证，同时还可以通过实验确定控制性状基因的显隐性关系、了解基因在染色体上的相对顺序和距离。

1. 果蝇的野外采集与鉴定

果蝇的生活力很强，野外采集非常方便。若在实验室收集，可在培养瓶中装入一些即将腐烂的水果，如苹果、香蕉等吸引果蝇。待果蝇进入培养瓶后盖上瓶口，进行培养观察。将野外采集的果蝇接入麻醉瓶中，待麻醉后倒在一张白纸上进行观察选种（具体方法见1.1）。选种时利用毛笔、放大镜对野外采集果蝇的体色、眼色、刚毛的形状以及身体大小等遗传性状进行观察记录。将实验室培养的突变体果蝇和野外采集的果蝇进行比较观察，挑选合适的果蝇，进行杂交实验。

2. 果蝇的单、双因子杂交实验

果蝇的单双因子杂交实验，可以选择一对或者两对由等位基因决定的具有性状差异的果蝇来进行。如选择一对性状差异的灰体果蝇（EE）和黑檀体果蝇（ee）杂交，E-e 为果蝇第3号染色体上的一对等位基因，E 对 e 完全显性。正交和反交结果如下：

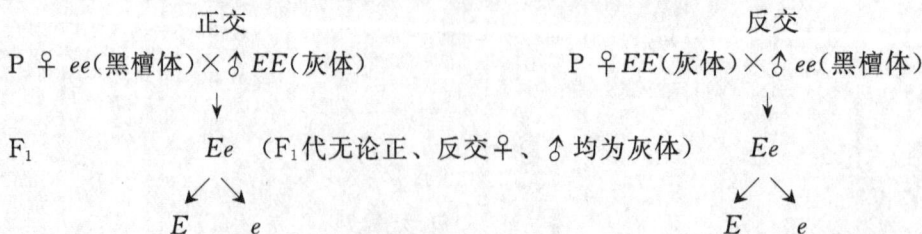

正交	反交
P ♀ee（黑檀体）×♂EE（灰体）	P ♀EE（灰体）×♂ee（黑檀体）
↓	↓
F$_1$　　　Ee　（F$_1$代无论正、反交♀、♂均为灰体）　　　Ee	
↓↘	↓↘
E　　e	E　　e

♂ ♀	1/2 E	1/2 e
1/2 E	1/4 EE(灰体)	1/4 Ee(灰体)
1/2 e	1/4 Ee(灰体)	1/4 ee(黑檀体)

F₂代正、反交均为 3/4 灰体∶1/4 黑檀体

若选用其他等位基因所控制的相对性状进行杂交，情况也相同，比如正常翅(Vg)和残翅(vg)是位于果蝇第 2 号染色体上的一对等位基因，Vg 对 vg 完全显性，当进行正常翅(VgVg)与残翅(vgvg)的正、反交时，F₁ 均表现为正常翅，F₂ 则表现正常翅与残翅的分离，比例为 3∶1。

已知 E-e 和 Vg-vg 为位于两对非同源染色体上的两对等位基因，现选用残翅、灰体与正常翅、黑檀体进行正、反交。F₁ 均表现为正常翅、灰体，F₂ 表型为 9∶3∶3∶1 的比例。正反交结果如下：

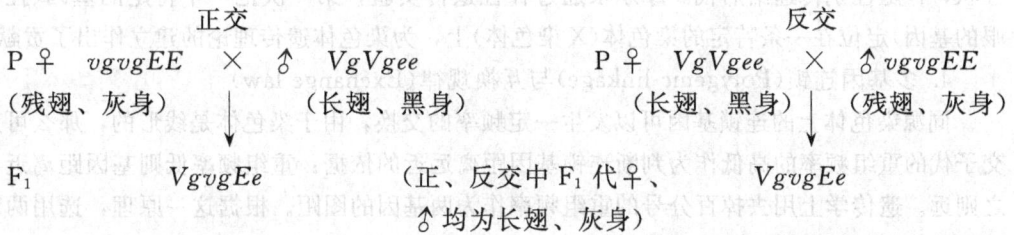

正交	反交
P ♀ vgvgEE × ♂ VgVgee	P ♀ VgVgee × ♂ vgvgEE
(残翅、灰身) (长翅、黑身)	(长翅、黑身) (残翅、灰身)
↓	↓

F₁   VgvgEe   (正、反交中 F₁ 代♀、   VgvgEe
                  ♂ 均为长翅、灰身)

F₂ / F₁♀ ／ F₁♂	1/4 VgE	1/4 vgE	1/4 Vge	1/4 vge
1/4 VgE				
1/4 vgE	9/16 长翅、灰身；3/16 残翅、灰身；			
1/4 Vge	3/16 长翅、黑身；1/16 残翅、黑身			
1/4 vge				

3. 果蝇的伴性遗传杂交实验

1910 年，摩尔根利用红眼雌性果蝇和白眼雄性果蝇杂交，子一代不论雌、雄都是红眼，但子二代中雌蝇全是红眼，雄蝇半数是红眼，半数是白眼，值得注意的是，凡是白眼都是雄蝇。实验显示了性状与性别有一定联系的现象，即外祖父的性状通过女儿传给了外孙的一半的绞花遗传现象。

为了验证子一代红眼雌性为杂合体，摩尔根用最初的白眼雄蝇和它的红眼女儿进行回交，结果产生了红眼雌蝇、红眼雄蝇、白眼雌蝇、白眼雄蝇，其比例为 1∶1∶1∶1。

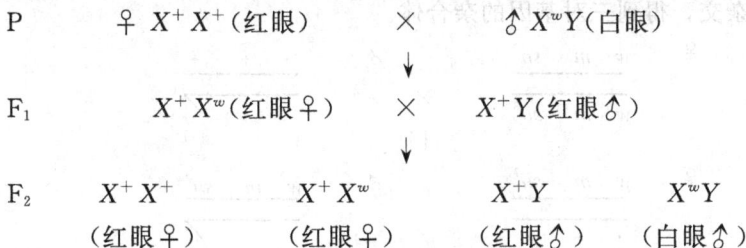

P   ♀ X⁺X⁺(红眼)   ×   ♂ XʷY(白眼)

                            ↓

F₁   X⁺Xʷ(红眼♀)   ×   X⁺Y(红眼♂)

                            ↓

F₂   X⁺X⁺   X⁺Xʷ   X⁺Y   XʷY
     (红眼♀)   (红眼♀)   (红眼♂)   (白眼♂)

根据实验结果，摩尔根提出了伴性遗传理论的假设：他认为最初发现的雄性白眼果蝇的白眼性状由位于 X 染色体上的隐性基因 w 所控制，而 Y 染色体上不带有这个基因的显性等位基因，所以最初的白眼雄蝇的基因型为 X^wY；与之交配的红眼雌蝇是显性基因的纯合体，基因型为 X^+X^+。这一假设圆满地解释了果蝇白眼遗传的实验结果。

摩尔根为了验证所提出的假设正确，又以白眼雌蝇与红眼雄蝇进行了反交实验，子代中雌蝇都是红眼，雄蝇都是白眼，与亲本性状表现出交叉遗传的现象。实验结果与预期的一致，假设得到了进一步的确认。

$$P \quad ♀\ X^wX^w(白眼) \quad × \quad ♂\ X^+Y(红眼)$$

$$\downarrow$$

$$F_1 \qquad\qquad X^+X^w \qquad\qquad X^wY$$

$$\qquad\qquad (红眼♀) \qquad (白眼♂)$$

摩尔根正是基于这些实验结果，提出了伴性遗传规律：位于性染色体上的基因所控制的性状，伴随性别传递给后代。摩尔根通过伴性遗传实验，第一次把一个特定的基因(控制白眼的基因)定位在一条特定的染色体(X 染色体)上，为染色体遗传理论的建立作出了贡献。

4. 多基因连锁(Polygenic linkage)与互换规律(Exchange law)

同源染色体上的连锁基因可以发生一定频率的交换，由于染色体是线形的，那么可用杂交子代的重组频率的高低作为判断连锁基因距离远近的依据：重组频率低则基因距离近，反之则远。遗传学上用去掉百分号的重组频率作为两基因的图距。根据这一原理，选用两对基因杂合体分别进行三次测验杂交，以求得三个基因间距离和顺序的方法称两点测验。

染色体上距离较近的基因间的交换频率与子代重组频率一致；距离较远的基因间可能发生两次或两次以上的交换，由于偶数次交换的结果基因并未发生重组，为此子代的重组频率就会小于同源染色体间的交换频率，用低估了的重组频率作图，结果是不准确的。在两个相距较远的基因间多选了一个基因，即利用三对基因杂合体进行一次测交的三点测验(又称三点测交)方法，可以将双交换类型从子代中检出，这样低估了的重组频率就可以得到校正，三个基因距离和顺序的测定将得到准确的结果。

另外由于三点测验中，三个重组频率是在同一基因型背景和同一环境条件下得出的，这样也使三点测验基因定位方法的准确性大大地提高。从方法上说，三个基因定位时，进行一次三点测验将等于进行三次两点测验，显而易见三点测验的方法在实验操作上也更为简便。

现以果蝇 X 染色体上三个连锁基因为例，说明三点测验进行基因定位的方法：已知果蝇 X 染色体上有三个连锁隐性基因：w(白眼)、m(小翅)、sn^3(卷刚毛)，现欲测定它们的顺序和图距。

①三对基因杂合体的获得：以三隐性(白眼、小翅、卷刚毛)雌蝇与野生型(红眼、长翅、直刚毛)雄蝇进行杂交，得到三对基因的杂合体。

$$P \qquad ♀ \quad \frac{w \quad m \quad sn^3}{w \quad m \quad sn^3} \quad × \quad ♂ \quad \frac{+ \quad + \quad +}{\diagup}$$

$$\downarrow$$

$$F_1 \qquad ♀ \quad \frac{w \quad m \quad sn^3}{+ \quad + \quad +} \qquad ♂ \quad \frac{w \quad m \quad sn^3}{\diagup}$$

②测交(Test crossing)：将 3 对基因杂合体的雌蝇与 3 隐性雄蝇进行测交(即 F_1 代互交)，后代可获得 8 种类型的果蝇，下面以一组实验数据为例来进行白眼、小翅及卷刚毛 3 个基因的定位。

F_2 代表型有：

白眼	小翅	卷刚毛	470		红眼	小翅	直刚毛	112
红眼	长翅	直刚毛	464		白眼	长翅	卷刚毛	71
白眼	长翅	直刚毛	149		白眼	小翅	直刚毛	10
红眼	小翅	卷刚毛	131		红眼	长翅	卷刚毛	14

根据子二代的性状和数据，可知白眼、小翅、卷刚毛和红眼、长翅、直刚毛两种亲本类型的个体数最多；白眼、小翅、直刚毛和红眼、长翅、卷刚毛两种子代类型个体数最少，为双交换类型。将亲本型与双交换型进行比较，哪个性状发生了变化，则决定该性状的基因一定居于另两个基因之间。在本实验中，控制刚毛性状的 sn^3 基因发生了变化，因此可以肯定决定刚毛性状的基因居中，所以 3 个基因的顺序应为：

$$w \qquad\qquad sn^3 \qquad\qquad m$$

③将以上的杂交结果进行整理并计算交换值：

w	sn^3	m	470 ⎫	
$+$	$+$	$+$	464 ⎭ 65.7%	亲本型
w	$+$	$+$	149 ⎫	
$+$	sn^3	m	131 ⎭ 19.7%	单交换Ⅰ
w	sn^3	$+$	71 ⎫	
$+$	$+$	m	112 ⎭ 12.9%	单交换Ⅱ
w	$+$	m	10 ⎫	
$+$	sn^3	$+$	14 ⎭ 1.7%	双交换

重组值的计算和基因作图：

$w - sn^3$ 的重组值＝19.7％＋1.7％＝21.4％

$sn^3 - m$ 的重组值＝12.9％＋1.7％＝14.6％

$w - m$ 的重组值＝19.7％＋12.9％＋2×1.7％＝36.0％

根据所得重组值，得出三个基因的顺序和图距如下：

$$w \quad\quad 21.4 \quad\quad sn^3 \quad 14.6 \quad\quad m$$
$$\underline{\qquad\qquad 36.0 \qquad\qquad}$$

5. 选取处女蝇(Virgin female)的必要性

由于雌蝇体内有贮精囊，一次交配可较长时间地储存许多有活性的精子，以供多次排卵受精使用，因此在杂交前必须选取处女蝇，以确保得到准确可靠的实验结果。选处女蝇时，首先要放掉培养瓶中的全部老蝇，然后于 10 h 内(雌蝇在孵出后 12 h 内一般不进行交配，为保险起见确定为 10 h 内)选择新孵出的雌蝇单独收集备用。

1.2.3 实验准备

1. 实验材料

黑腹果蝇的突变品系：黑檀体($VgVgee$)

残　翅($vgvgEE$)

三隐性($mmwwsn^3sn^3$)

黑腹果蝇野生型品系：野生型($+++++$)

}均为品系自交的纯培养

2. 实验试剂和主要仪器设备

实验试剂：乙醚，果蝇培养基(培养基配方见附录)。

仪器设备：实体解剖镜，手持放大镜，麻醉瓶，培养瓶(均可用 250 mL 广口瓶)，白塑料板(白瓷板)，毛笔，试剂瓶。

1.2.4 实验操作与步骤

1. 收集处女蝇

选择果蝇幼虫生长良好、含有较多即将羽化的蛹的培养瓶，首先放飞所有成蝇。清除成蝇后的 10 h(8 h 更为可靠)内，从该瓶中收集得到的雌蝇即为处女蝇。一天收集三次(建议：早上 7：00，下午 4：00，晚上 10：00，直至收集到足够量为止)。

收集处女蝇最好距杂交实验前 10 d 左右开始进行，且不同时间收集的处女蝇最好分别装在不同的培养瓶中。存放几天是一种检验"处女性"的机制，如培养 3～5 d 后瓶中出现幼虫则说明收集失败，须重新收集。

2. 果蝇杂交

①每只培养瓶中装入 8～10 只处女蝇和 8～10 只雄果蝇混合培养，每小组作正反交各一瓶，贴好标签，做好标记。

②各组放入生化培养箱中培养，每天进行果蝇生长周期观察。

③培养 7～8 d 后，在实验室里移去亲本(当瓶壁上出现黑色的蛹时)，继续培养。注意，移去亲本时将亲本蝇收集冻存，为后续同工酶和分子标记实验准备材料。

④培养 5～7 d 后，F_1 成虫开始羽化，用麻醉瓶取出 F_1 成虫，仔细观察其表型并记录。注意，收集 F_1 代果蝇，冻存，为后续实验准备材料。

⑤在一只新鲜的培养瓶中放入 10 对 F_1 果蝇，让其进行自交，贴好标签，做好标记。若是进行测交实验则需要重新收集处女蝇。

⑥培养 7～8 d 后，移去 F_1 成虫，继续培养。

⑦1 星期后，F_2 开始羽化，观察并统计各种表型的果蝇数目，连续统计 5 d。注意，收集 F_2 代果蝇，冻存，为后续同工酶分子标记实验准备材料。

1.2.5 实验结果与分析

实验组同学汇集果蝇杂交生活史的观察日记，设计表格，对果蝇杂交后代的表型进行统计分析，利用图示表示亲本、F_1、F_2 的表型、基因型及其比列。连锁的基因计算各类型的重组值、绘连锁图、求并发系数与干涉。非连锁的基因说明所涉及的遗传学定律，并作 χ^2 检验。然后统计全班相同杂交组合的实验结果，进行分析讨论。

1.2.6 实验中经常遇到的问题和解决办法

1. 果蝇杂交实验历时较长，建议与其他实验穿插进行，有效安排课堂时间。

2. 严格控制挑选处女蝇的时间，挑选好的处女蝇最好单独培养 2～3 d，若没有幼虫的出现则表明挑选成功。

3. 放飞亲本时要确保所有的成蝇都清除干净，并要避免不同种果蝇间的污染。

4. 果蝇麻醉时要注意乙醚的使用方法，每次滴加乙醚时要在通风橱中进行。

5. 在杂交实验前掌握各突变品系果蝇的特征尤为关键，雌雄果蝇的辨别是本次实验的难点。

1.2.7 实验作业

1. 果蝇杂交实验为什么要选用处女蝇？F_1 代互交时，是否需要挑选处女蝇？

2. 雄性白眼果蝇与雌性红眼果蝇杂交，结果如何？怎样鉴定其子一代的雌性都是杂合型的？

3. 总结各组及全班的杂交实验结果并汇报。

（李洁）

1.3 实验3 动物生殖细胞减数分裂标本的制备与观察

早在 19 世纪末，人们就对动植物有丝分裂（Mitosis）与减数分裂（Meiosis）中染色体的行为进行了大量的研究。当然，这得益于适用于显微镜的薄片切片机的发明。第一台切片机是 1883 年考德威尔（Caldwell）和思雷福尔（Threlfall）设计制造的，能够切出足够薄的连续切片，使得在显微镜下观察动物细胞内染色体的效果提高很多。不过，现在多采用 1926 年贝岭（Belling）发明的压片法，这样简化了操作，还避免了将一个染色体组的不同成员或同一条染色体的不同臂切到不同的薄片上。就在切片机发明当年，比利时细胞学家比耐登（Edouard'van Beneden）（图 3-1）观察马蛔虫（*Ascaris megalocephala*）的受精卵，发现其染色体数目为 4，而卵子与精子中的染色体数则为 2，意味着观察到了减数分裂结果；马蛔虫受精卵的染色体为雌性原核与雄性原核染色体之和，并且在受精过程中卵子和精子贡献给合子的染色体数目相等。同时代的魏斯曼（August Weismann）则明确预言了减数分裂的存在，并于 1887 年系统地总结了极体（polar body）的研究结果，认为极体实质上和卵细胞一样是卵母细胞（减数）分裂的结果；因卵母细胞成熟时形成极体，卵中的遗传物质得以减半。魏斯曼将卵母细胞形成卵的特殊分裂方式叫做减数分裂，并推测精子形成也需减数分裂过程。这就是减数分裂概念的缘由。后来，人们发现配子母细胞形成配子的过程包含了两次连续的分裂，法墨尔（Farmer）等于 1905 年用希腊文"meiosis（减少）"命名这包含两次连续分裂的过程，这就是沿用至今减数分裂的术语。

原始生殖细胞分化成精子和卵子的减数分裂是真核生物最根本的生命现象之一。在生物体中，所有的细胞都拥有减数分裂必需的基因，但只有原始生殖细胞才能发生减数分裂过程。2006 年，日本科学家以酵母为研究对象，发现了一种名为"Mei2"的核糖核酸结合蛋白，其功能是启动细胞减数分裂并控制分裂进程。换句话说，"Mei2"是切换有丝分裂和减数分裂两种分裂模式的开关。正常的生殖、发育离不开正常的生殖细胞形成，而不孕症和唐氏综合征（先天愚型）等，常源于减数分裂中染色体分离的异常。

图 3-1 胚胎学家比耐登

1.3.1 实验目的

1. 掌握动物细胞减数分裂的标本制作方法。
2. 观察了解小鼠或蝗虫精母细胞减数分裂各个时期染色体的动态变化。

1.3.2 实验原理

雄性动物性成熟后，性腺（精巢或睾丸）中某些原始细胞经多次有丝分裂产生出许多精原细胞，精原细胞呈圆形，核大而圆，有明显的核仁，它们体积逐渐增大，变成初级精母细胞，此时细胞体积变大，核中染色质聚集成团，进入了减数分裂前期的准备状态。初级精母细胞减数第一次分裂后，形成了两个染色体减半的次级精母细胞，次级精母细胞在体积、核的大小上均比初级精母细胞小。次级精母细胞经减数第二次分裂，形成了 4 个精细胞，精细胞通过进一步的发育，成为单倍体的精子(图 3-2)。

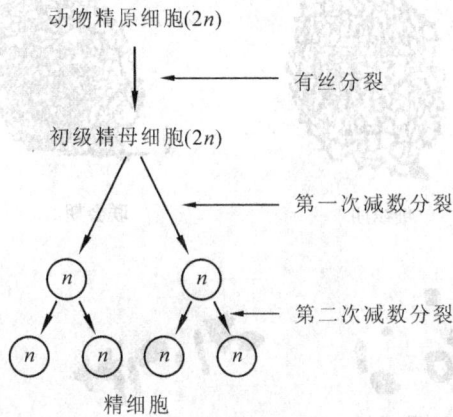

图 3-2　动物雄性性细胞各时期

对动物生殖细胞减数分裂过程的研究，不仅揭示了物种恒定性的原因，同时为遗传学的基本规律提供了细胞学基础。另外生殖细胞减数分裂的研究对单倍体核型分析，受精过程中染色体行为等方面的研究也有重要的作用。经研究发现，性细胞对电离辐射、化学诱变剂的作用十分敏感，因而可以通过检查减数分裂过程中染色体的各种异常，了解环境中有害物质对细胞中遗传物质的损伤情况。

本实验介绍蝗虫精巢和小鼠睾丸减数分裂的标本制作方法。

1. 蝗虫精巢减数分裂标本的制备及观察

蝗虫为 XO 型性别决定昆虫，雄性染色体数为 23，性染色体组成为 XO，产生两种类型的精子；而与此不同的是雌性染色体数为 24，性染色体组成为 XX，只产生一种类型的卵细胞。

蝗虫精巢性母细胞减数分裂各主要时期的特点，可参考玉米花粉母细胞减数分裂的实验(本书实验 3)。另有以下 5 个方面的特点需注意，可参考图 3-3 进行观察：

(1) 偶线期染色体的配对均从一端开始，所有染色体都聚集在核的一侧，另一端散开成花束状。

(2) 细线期和偶线期可见核膜内缘深染的 X 染色体小体。

(3) 双线期时，X 染色体开始活动，并向细胞中央移动。

(4) 中期 I，在细胞赤道板和细胞极面均可见到 11 个二价体和 X 染色体。

(5) 后期 I，可见到细胞一极的 12 个二价体和另一极的 11 个二价体。

2. 小鼠睾丸减数分裂的标本制备及观察

利用哺乳动物睾丸制备减数分裂标本，是进行减数分裂研究的主要途径，1964 年伊文斯(Evans)等人建立了哺乳动物睾丸生殖细胞制片的空气干燥法(airing)，此后学者们对这一方法又进行了许多改进。哺乳动物的睾丸内具有许多精小管，管内有许多处在不同发育阶段的生殖细胞，最外层是精原细胞，它不断进行有丝分裂，靠内层是精母细胞，精母细胞进行减数分裂，最后形成精细胞和精子。

小鼠 $2n=40$，为 XY 型性别决定的生物。睾丸减数分裂各时期的染色体行为基本与蝗虫相似，但小鼠的染色体较大，且所有染色体均为端部着丝粒染色体，在减数分裂的偶线期可见 X 染色体和 Y 染色体的端部联会。

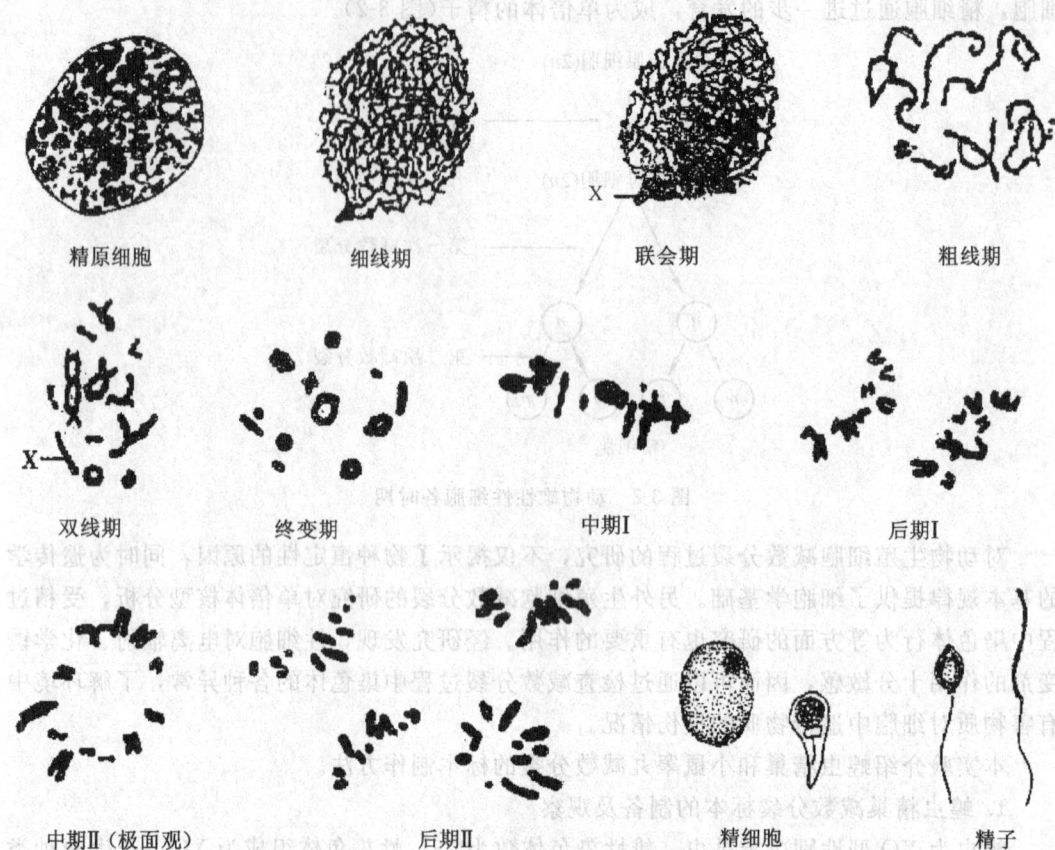

图 3-3 蝗虫精巢性母细胞减数分裂各时期染色体特征

1.3.3 实验准备

1. 实验材料

雄性蝗虫（$2n=23$，$22+X$）或性成熟的雄性小白鼠（$2n=40$，$38+XY$）。

2. 实验试剂和主要仪器设备

实验试剂：卡诺氏固定液，甲醇，冰醋酸（3∶1）固定液，2％柠檬酸钠，0.075 mol/L 氯化钾，秋水仙素（100 μg/mL），改良品红染液，吉姆萨（Giemsa）原液，0.066 mol/L 磷酸缓冲液（pH＝6.8）。

仪器设备：显微镜，离心机，天平，水浴锅，解剖器械，解剖盘，酒精灯，吸管，培养皿，载玻片，盖玻片等。

1.3.4 实验操作

1. 蝗虫精巢减数分裂标本的制备

（1）取材

夏末秋初在野外田间捕捉雄性蝗虫，浸入固定液中固定 24 h。取出蝗虫，剪去翅膀和后肢，用手术刀沿腹部中线轻轻挑开腹部，取出腹腔中的两个精巢（精巢为黄色组织块，由许多精小管组成），用 95％、85％乙醇各洗 2～3 次，分离精小管浸入 70％乙醇，置于

4 ℃冰箱保存备用。

（2）蝗虫精巢精小管纵切片的观察（图 3-4）

蝗虫精巢由许多精小管组成，每一小管一端游离，一端通向输精管，在低倍镜下，可见从精小管游离端（盲端）开始的几个区域，依次排列着不同发育阶段的生殖细胞（精原细胞、精母细胞、进行减数分裂的各期细胞、精细胞和精子）。

（3）蝗虫精巢精小管压片

① 取 1～2 根精小管，置于载玻片上，用解剖针将精小管纵向挑开，加 1～2 滴改良品红染液，染色 20～30 min，盖上盖片，进行常规压片，使细胞和染色体分散。

② 镜下可见呈圆形、核大、染色较深的精原细胞、精母细胞、减数分裂各期的细胞及细胞小、核大、胞质少的精细胞和精子。

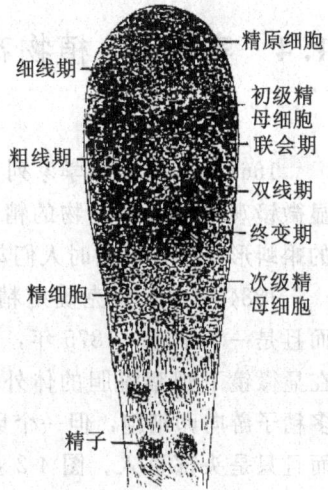

2. 小鼠睾丸生殖细胞空气干燥制片方法

（1）取材及制备细胞悬液

图 3-4　蝗虫精巢小管纵切面

在交配期，选择健康性成熟的雄性小鼠（性成熟标准为：睾丸肿胀且明显下降），处死前 3～4 h 腹腔注射秋水仙素溶液 0.2～0.4 mL，断颈处死后，取出睾丸，放入 2％柠檬酸钠溶液中，除去脂肪和结缔组织，剪开睾丸被膜，可见许多线状精小管，除去睾丸被膜，用柠檬酸钠溶液清洗一次，再加 6～8 mL 柠檬酸钠溶液，用弯头小剪刀剪碎（越碎越好）精小管，将材料移入 10 mL 离心管中。有的实验室在剪碎精小管后，再用乳钵研磨或电磁搅拌来制备细胞悬液。试验中用胶原酶处理睾丸组织，可使精小管结缔组织疏松，生殖细胞容易脱落，具体做法是：在剪碎精小管后，加入 6～12 μg/mL 的胶原酶溶液，用吸管吹匀，37 ℃条件下处理 15～20 min。

（2）收获细胞

细胞悬液以 200～300 r/min 离心 3～4 min，吸出中层的各期细胞，弃去沉淀。

（3）低渗、固定、制片及染色

低渗、固定、制片及染色过程同实验 6 中小鼠骨髓细胞染色体标本制备与观察。

3. 小鼠睾丸生殖细胞压片法

用空气干燥法制备小鼠睾丸染色体标本的方法，其优点是可以保证每张制片上都能具有减数分裂各期的分裂相，但该方法操作上较为复杂，在条件不具备的实验室中，为了在短时间观察到小鼠睾丸减数分裂过程，可采用传统的压片法。具体操作如下：

按空气干燥法得到切成若干小段的精小管，加入 0.075 mol/L 氯化钾，低渗 15～20 min（注意：切勿摇动容器，以免精小管内的细胞脱落），轻轻吸出低渗液，用固定液固定 30 min（也可不固定），取出一小团材料加 1 滴 1 mol/L 盐酸，解离数分钟，吸去盐酸，用蒸馏水冲洗数次。加 1％～2％醋酸洋红或改良品红染色 20～30 min，取一小段经染色的精小管置于载片上，加 1 滴 45％的醋酸，盖上盖片进行压片。

1.3.5　实验作业

1. 根据着丝粒位置判断，小鼠的染色体属于什么类型？

2. 绘图说明蝗虫、小鼠生殖细胞减数分裂各时期的特点。与玉米花粉母细胞减数分裂过程比较，有何异同或特点？

（王纯，梁前进）

1.4 实验4 植物花粉母细胞染色体制片技术

1667 年，荷兰科学家列文虎克（图 4-1）用自制的显微镜观察了人和动物的精液，看到了带着长尾巴的蝌蚪形精子，但当时人们却认为这是寄生虫。

1884 年，寇里克确定精子是动物自身产生的，而且是一个细胞。1875 年，德国动物学家赫德维希在显微镜下观察海胆的体外受精过程。他发现：许多精子游向卵细胞，但一个卵细胞只接受一个精子，而且只是头部进入。图 4-2 显示精子向卵子游动的过程。

1883 年，比利时胚胎学家贝内登，以马蛔虫为材料，发现其精子和卵细胞各自只有体细胞染色体数目（$2n = 4$）的一半（$n = 2$），受精卵又恢复了 2 对染色体。

图 4-1 显微镜的发明人列文虎克

1890 年，德国细胞学家鲍维里确认，精子和卵细胞形成要经过减数分裂。

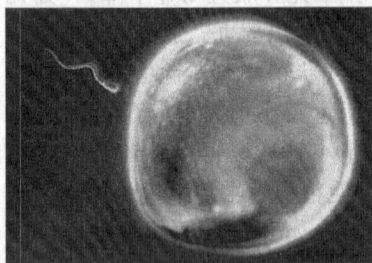

图 4-2 精子和卵子示意图

1891 年，德国动物学家亨金描述了形成精子和卵细胞的减数分裂的全过程。

1.4.1 实验目的

1. 了解植物花粉母细胞发育形成的基本过程。
2. 掌握植物花粉母细胞制片技术，学习永久片的制备方法。
3. 理解遗传的物质及结构基础。

1.4.2 实验原理

减数分裂（meiosis）是有性生殖生物形成性细胞的一种特殊的细胞分裂方式。在减数分裂过程中，二倍体的性母连续进行两次细胞分裂，而染色体只复制一次，从而形成含单倍数染色体的生殖细胞。

减数分裂是物种在延续过程中染色体数目维持相对恒定的保证。通过同源染色体（homologous chromosome）的配对、交换、分离和非同源染色体的自由组合，导致了各种遗传重组的发生，遗传重组是生物变异的主要来源。减数分裂过程中染色体行为的揭示又为基因的分离、自由组合、连锁互换规律提供了坚实的细胞学基础。

在高等植物的生殖细胞发育过程中，减数分裂发生在由小孢子母细胞至四分孢子之间。所以选用植物来观察减数分裂过程时选取合适发育时期的花药是很重要的。

植物减数分裂过程的观察通常以玉米、小麦、百合、鸭跖草、豆类以及各种花卉为材料。本实验以玉米为材料，练习玉米花粉母细胞染色体制片的技术方法。

1.4.3　实验准备

1. 实验材料

玉米雄花序(复总状花序，中上部小穗先成熟，上、下部小穗成熟较晚)，也可选用小麦幼穗(复穗状花序，中上部小穗较早成熟，上、下部小穗成熟较晚)等。

2. 实验试剂和主要仪器设备

实验试剂：卡诺氏(Canoy's)固定液，1％醋酸洋红染液或改良品红染液，95％乙醇，正丁醇，冰醋酸，二甲苯，加拿大树胶。

仪器设备：显微镜，镊子，铁制弯针或解剖针，酒精灯，打火机，载玻片，盖玻片，大培养皿或染缸。

1.4.4　实验操作

1. 玉米花粉母细胞染色体制片

(1) 取材和固定

玉米雄穗抽出前 7~10 d，于上午7：00~9：00，选择喇叭口下部有松软感的植株，用刀纵向划一切口，剥出发育适宜的花序(图 4-3)，立即浸入固定液中。固定后的材料置冰箱中保存备用，或者可于固定 24 h 后，将材料换入 95％的乙醇中，一昼夜后，换入70％乙醇中放入阴凉处保存。

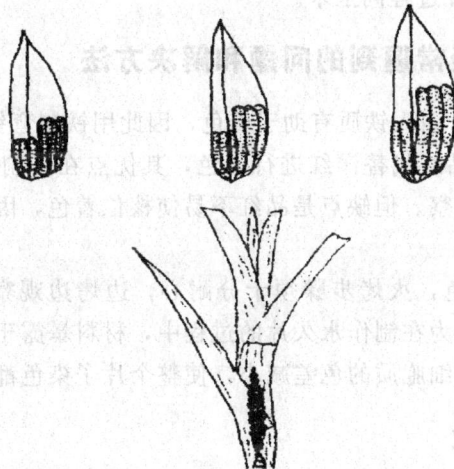

前减数分裂　　　减数分裂　　　四分体

图 4-3　玉米雄穗的选取

(2) 临时片的制备

取经固定的雄花序，选取发育适宜的小穗(每个小穗有 2 朵发育早晚不一的小花，每朵小花中有 3 个花药)，置于载玻片上，剥取 2~3 mm 长的花药，加一滴醋酸洋红染液于花药上，用解剖针横切花药，轻轻压挤断口两侧，使其内部的花粉母细胞散出(注意不要过分压碎花药，以免绒毡层细胞散出太多，影响制片效果)。染色片刻后，除去药壁，可先在低倍镜下镜检，若分裂时期合适，加盖片，在酒精灯上多次微微加热(勿使染液沸腾，不可烧干），并随时在镜下观察加热效果。这是使细胞质透明，染色体清晰，增大反差的关键步骤。镜检后，对细胞分裂时期合适、染色效果较为理想的临时片可做一些简单处理，如用石蜡封片可保存一周，若用 30％甘油或凡士林油做封片后，可在几周内观察使用。

（3）永久片的制备

理想的临时片最好及时制备成永久片保存。制备程序如下：首先将制片浸入盛有95％的乙醇和冰醋酸(1∶1)并加几滴正丁醇溶液的染色缸中，轻轻揭动盖片，使溶液浸过材料，处理时间为 5～6 min，目的是进行脱水和褪去浮色。然后将制片转入 95％的乙醇与正丁醇(1∶1)的溶液中，处理 1～2 min 进行脱水和透明。最后将制片转入纯正丁醇溶液中透明 1～2 min，取出制片，用滤纸吸去多余溶液，迅速进行镜检，若细胞保存较多，时期合适，染色理想，则揭开盖片加 1～2 滴加拿大树胶进行封片，并水平放置，直至干燥。干燥后的制片可保存数十年。经石蜡、甘油或凡士林处理的临时片在制作永久片前，须将石蜡、甘油或凡士林刮净或擦净。

2. 小麦花粉母细胞染色体制片

（1）取材与固定

待小麦植株挑旗后，当旗叶与第二片叶子之间的叶距为 3～5 cm 时，剥取穗子固定在卡诺氏固定液中备用。

（2）制片与观察

从固定液中选取发育适中的小穗（每一小穗下部的 2 个小花发育较好），选取 1～2 mm长的花药为宜，制片过程同玉米。

1.4.5　实验中经常遇到的问题和解决方法

1. 醋酸洋红染色时，引入铁质有助于着色，因此用铁制弯针效果会更好。

2. 本实验可用改良品红代替洋红进行染色，其优点在于制片比较干净，并可省去火烤的步骤，染色后直接观察。但缺点是品红不易使核仁着色，因此在前期过程中不易观察到核仁。

3. 若用醋酸洋红染色，火烤步骤须十分耐心，边烤边观察，要烤到背景褪至浅色，染色体颜色很深才好。因为在制作永久片的过程中，材料暴露于空气中，会使细胞质的颜色加深，而造成染色体与细胞质的色差减小，使整个片子染色都偏重，影响观察。

1.4.6　实验作业

1. 本实验利用醋酸洋红染色时为什么一定要进行火烤？在加热制片过程中，细胞的颜色上有什么样的变化？

2. 制作永久片的过程中，材料经过几个主要步骤，过每一缸溶液的目的是什么？

（王纯，梁前进）

1.5　实验 5　植物花粉母细胞减数分裂过程中染色体特征和行为的观察

在此实验内容叙述之前，首先要提到美国遗传学家巴巴拉·麦克林托克（Barbara Mc-Clintock）（图 5-1），她在利用玉米进行的遗传学研究中有重大发现。1919 年，麦克林托克入读康奈尔大学农学院。1921 年秋，她读大三的时候选修了一门唯一向本科生开放的、特别引起她兴趣的研究生课程——遗传学。当时很少有同学对遗传学感兴趣，他们大多热衷于农业学，并以此顺利就业。但麦克林托克却对遗传学很有兴趣，后来，她在康奈尔大学植物学系正式注册为研究生，主修细胞学，辅修遗传学和动物学。细胞学的染色体和遗传学的交叉研究就成为她研究的方向。

获得博士学位后，麦克林托克在康奈尔大学农学院的实验地里种下第一畦玉米，开始进行基因研究。她用玉米做出了许多重要的工作，发现了许多科学现象。其研究手段之一就是观察玉米小孢子母细胞减数分裂过程中的染色体行为。20 世纪 50 年代她根据对玉米子粒颜色的观察，提出了基因

图 5-1　著名遗传学家
麦克林托克

转座的概念，这项重要成就在沉寂了几十年后，在医学上得到了验证。在 1983 年她 81 岁时终因该项成就获得了诺贝尔生理学或医学奖。

减数分裂又称成熟分裂，是进行有性生殖的生物在形成性细胞过程中的一种特殊的细胞分裂方式。其过程包括两次连续的细胞分裂，而染色体只复制一次，结果形成的配子中染色体数目只有原来性母细胞的一半。作为典型的高等植物和重要的粮食作物，玉米是研究减数分裂的优良的模式物种，其花粉母细胞形成过程体现了减数分裂连续而有规律的细胞学行为。

1.5.1　实验目的

1. 熟练辨认植物减数分裂各个时期的细胞，掌握它们的形态特征。
2. 掌握一些关键时期的染色体行为在遗传学上的意义。

1.5.2　实验原理

减数分裂的两次连续分裂过程通常被称为减数第一次分裂（Ⅰ）和减数第二次分裂（Ⅱ），两次分裂的过程均可人为地划分为前、中、后、末 4 个时期（图 5-2），现将整个减数分裂过程概述如下：

1. 减数第一次分裂（Ⅰ）

（1）前期Ⅰ：在减数分裂过程中历时最长，期间染色体发生一系列复杂的变化，为方便研究，人们又将前期Ⅰ分为 5 个时期：

① 细线期（leptotene）：性母细胞的间期核中，染色质处于解螺旋状态，进入细线期后染色体浓缩呈细丝状，盘绕成团，在细丝的局部可见念珠状小结，称为染色粒（chro-

细线期

偶线期

粗线期

双线期

终变期

中期I

后期I

末期I

前期II

中期II

后期II

末期II

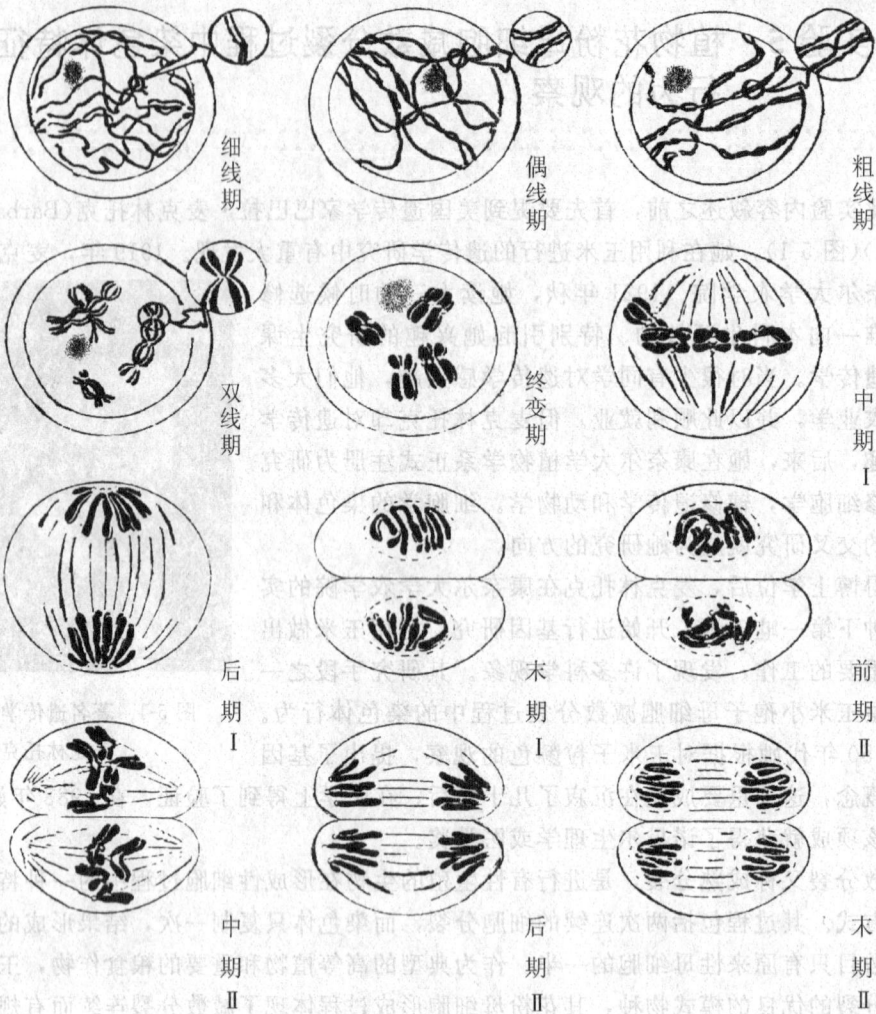

图 5-2 减数分裂模式图

momeres）。此时染色体已完成复制，每条染色体由两条染色单体组成，两个着丝粒并排接触，但此时期在一般光学显微镜下不能看出结构上的双重性，此期核的体积开始增大。

② 偶线期（zygotene）：染色体形态与细线期相似，来自父本与来自母本的同源染色体开始配对，又称为联会（synapsis）。同源染色体联会的结果使细胞中的染色体由 $2n$ 条单价体变为 n 条二价体。

③ 粗线期（pachytene）：同源染色体联会沿纵轴完成后就进入了粗线期，染色体逐渐缩短变粗。在粗线期同源染色体的非姐妹染色单体间可发生局部交换（crossing over），产生遗传重组，但由于同源染色体联会紧密，因此交换过程不能直接观察到。

④ 双线期（diplotene）：染色体进一步缩短变粗，组成二价体的两条同源染色体开始相互排斥而分离。但由于非姐妹染色单体间交换部分尚连在一起，因此在二价体的某些部位出现交叉的现象。由于交叉的部位不同，二价体可呈现出"X""V""∞"或"O"等形状。交叉在各条染色体上并无特定的数目和部位，随着时间的推移，交叉逐渐向染色体臂端移动，这种现象称作交叉端化。

⑤ 终变期（diakinesis）：又称浓缩期，染色体进一步螺旋化而缩至最短，并向核的周边移动，在核内均匀散开，交叉完成端化。核仁、核膜开始消失，此时是染色体计数的最佳时期。

（2）中期Ⅰ：核仁、核膜完全消失，纺锤体形成。同源染色体成对地排列在细胞的赤道面上。

（3）后期Ⅰ：成对的同源染色体在纺锤丝的牵引下，相互分离，开始向细胞两极移动，每条染色体仍由两条染色单体组成。此时移向每一极的染色体数目是原来细胞的一半。

（4）末期Ⅰ：到达两极的染色体开始解旋，呈细丝状。核膜、核仁重新形成，同时进行细胞质的分裂，在赤道面上形成新的细胞板，从而形成两个子细胞，减数第一次分裂结束。

减数第一次分裂和减数第二次分裂之间的间期很短，并且不进行 DNA 的合成和染色体的复制。有些生物甚至没有间期，而由末期Ⅰ直接进入减数第二次分裂的前期，即前期Ⅱ。

2. 减数第二次分裂（Ⅱ）

减数第二次分裂与普通的有丝分裂相似，也分为前、中、后、末 4 个时期。

（1）前期Ⅱ：历时很短，染色体开始缩短变粗，每条染色体含有一个着丝粒和两条染色单体，因此镜下可见染色体呈 X 状。此时核仁、核膜开始消失。

（2）中期Ⅱ：随着核仁、核膜的消失和纺锤体的出现，细胞进入中期Ⅱ，染色体缩得更为短粗并排列在细胞赤道面上。

（3）后期Ⅱ：着丝粒分裂，姐妹染色单体分离，并向细胞两极移动，每一极含有 n 条染色体。

（4）末期Ⅱ：到达两极的染色体解旋，核仁、核膜重现，在赤道面上形成新的细胞板。至此，一个性母细胞形成了四个子细胞。由于初形成时，四个子细胞聚在一起，故植物学上称之为四分体或四分孢子。

减数分裂在遗传学上有重要意义。通过减数分裂，配子染色体数目减少一半，经过受精作用，后代又恢复了亲代的染色体数目，这样在物种延续的过程中染色体维持了数目的恒定，从而使物种在遗传上的稳定性得到了保证。另外减数分裂过程中染色体的联会和分离、非姐妹染色单体的交换，以及不同对的同源染色体的自由组合均是遗传学三大定律的细胞学基础。通过减数分裂所产生的各种遗传重组为动、植物育种提供了新的变异来源，为生物界的复杂多样和进化提供了依据。

1.5.3　实验准备

1. 实验材料

植物花粉母细胞减数分裂各时期的永久制片及照片，也可与 1.2 结合，选用自己制作的临时装片进行观察。

2. 实验试剂和主要仪器设备

显微镜，擦镜纸。

1.5.4 实验操作

观察各时期的永久制片(图 5-3),掌握各时期的主要特征,选择各时期典型的细胞进行绘图(注意染色体特征、交换、核膜的有无等)。

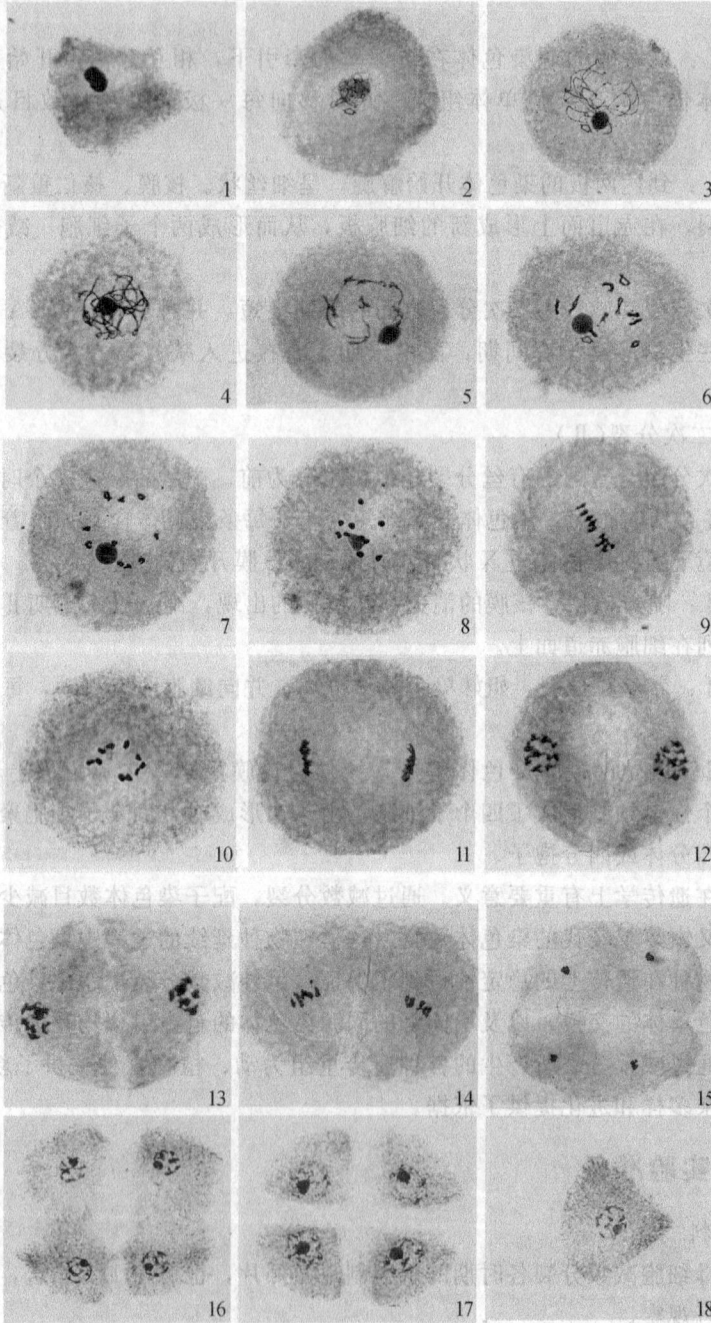

图 5-3 植物花粉母细胞减数分裂过程中的染色体特征

注:1. 间　期　2. 细线期　3. 偶线期　4. 粗线期　5~6. 双线期
7~8. 终变期　9~10. 中期Ⅰ　11. 后期Ⅰ　12. 末期Ⅰ
13. 前期Ⅱ　14. 中期Ⅱ　15. 后期Ⅱ　16. 末期Ⅱ　17~18. 四分孢子

1.5.5　实验作业

1. 试述减数分裂各主要时期的特点，特别是染色体的形态和动态变化。

2. 结合观察减数分裂过程中染色体形态结构的变化，简述减数分裂哪些过程与遗传学有密切关系。

3. 在光学显微镜下如何区分减数第一次分裂和减数第二次分裂的细胞？

（王纯，梁前进）

1.6 实验6 玉米成熟花粉粒单基因控制的性状分离观察

玉米是禾本科玉蜀黍属一年生草本植物，起源于美洲大陆，原产地是墨西哥或中美洲。人类栽培玉米的历史有七千多年，从野生状态改造成栽培类型四五千年。哥伦布发现新大陆后，把玉米带到了西班牙，随着世界航海业的发展，玉米逐渐传到了世界各地，并成为最重要的粮食作物之一。由于玉米具有易种植，产量高；繁殖能力强，生长周期短；表型丰富，利于杂交等特点。因此，一百多年前，玉米就成为遗传学家研究的宠儿。

1.6.1 实验目的

1. 理解遗传的分离定律。
2. 掌握玉米花粉粒制片技术，从配子体水平直接观察基因分离规律。

1.6.2 实验原理

1858 年，孟德尔(Gregor Johann Mendel)以豌豆为主要材料，并辅以菜豆、石竹等材料进行杂交实验，于 1865 年提出了遗传的分离定律(Law of segregation)和自由组合定律(Law of independent assortment)。

孟德尔分离定律认为：一对相对性状差异的亲本杂交(单因子杂交)，F_1代为一对基因的杂合体，它们表现显性性状。杂合体中来自父本雄性生殖细胞和母本雌性生殖细胞的等位基因相互独立，在形成配子过程中，它们相互分离，分别进入到不同的配子中，从而产生两种类型不同、数目相等的配子(不同配子的比例为1∶1)，F_1自交或互交时，由于雌雄配子的随机结合，F_2代基因型比例为 1∶2∶1，在显性完全时，表型分离比例为3∶1。

孟德尔分离规律的实验不仅可以重复而且在选用多种动、植物材料进行的杂交实验中都可以看到分离和自由组合规律的广泛存在。我们知道，单因子杂交的 F_2代表现 3∶1 分离的关键是 F_1代等位基因的分离，产生了 1∶1 两种配子；那么要证明分离规律的正确，就必须证明一对基因杂合体的 F_1代确实产生 1∶1 的配子，即可达到目的。为此可利用测交法和 F_3测验法来进行检验。另外若研究的等位基因所控制的性状可以直接从配子(成熟花粉粒)表现上观察到，则可采用配子的直接观察法来证明分离规律的正确。

本实验选用玉米为材料来直接验证孟德尔的分离规律。将糯与非糯玉米杂交后得到子一代玉米。通过观察子一代玉米花粉粒的碘化钾染色结果，来观察孟德尔的分离规律。

玉米有糯性和非糯性之分，其非糯性是由淀粉的直链结构决定的，显性基因Wx控制直链淀粉的合成；糯性是由淀粉的支链结构决定的，隐性基因wx控制支链淀粉的合成。该对等位基因位于玉米的第 9 号染色体上，Wx 对wx 显性。淀粉除大量储存在玉米的籽粒中外，在成熟花粉粒中也大量存在。当选用非糯玉米($WxWx$)和糯玉米($wxwx$)杂交，其 F_1代杂合体($Wxwx$)产生配子时，按分离规律必定产生一种含有支链淀粉的花粉和另一种含有直链淀粉的花粉，它们的比例为1∶1 。为证明这一假设的正确，用碘的碘化钾溶液对花粉进行染色时，由于含有支链淀粉的花粉遇碘液被染成红褐色，含有直链淀粉的花粉遇碘液被染成蓝黑色，这样 F_1代杂种的蓝黑色花粉和红褐色花粉即可呈现出 1∶1 的分离。由此通过显微镜可以直接观察到 Wx 和 wx 基因的分离，从而得到了等位基因在形成配子时必然分离的直接证据。

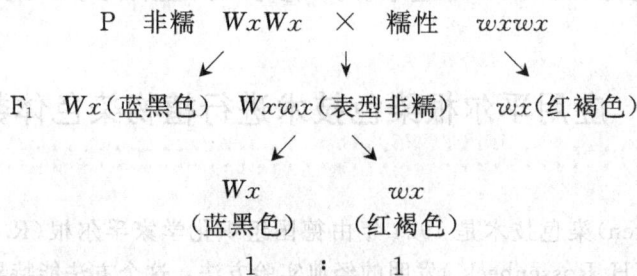

$$P \quad 非糯 \ W_xW_x \quad \times \quad 糯性 \ w_xw_x$$

$$F_1 \quad W_x(蓝黑色) \quad W_xw_x(表型非糯) \quad w_x(红褐色)$$

$$W_x \qquad\qquad w_x$$
$$(蓝黑色) \qquad (红褐色)$$
$$1 \qquad : \qquad 1$$

1.6.3 实验准备

1. 实验材料

三种类型的成熟玉米雄穗：糯性品系、非糯品系、杂种 F_1 代。

2. 实验试剂和主要仪器设备

实验试剂：无水乙醇、乙酸、75％的乙醇、I_2-KI 溶液（或医用碘酒稀释 2～3 倍代用）。

仪器设备：镊子、解剖针、刀片、载玻片、盖玻片、显微镜。

1.6.4 实验操作

糯与非糯玉米杂交 F_1 代花粉粒的观察：

1. 取材、固定：种植糯性、非糯性及糯与非糯杂交的 F_1 代玉米植株。待雄穗发育成熟，抽出喇叭口但未开花时，剪下花序，立即浸入卡诺固定液中；24 h 后，将材料转入70％乙醇中，于阴凉处保存。

2. 制片：分别从三种玉米雄穗上取下一小穗，置于载片上，剥取花药，加一滴 I_2-KI溶液，用刀片横切花药，再用镊子挤压出花药内的花粉粒，除去药壁，染色 2～3min，于低倍镜下观察。

1.6.5 实验中经常遇到的问题和解决办法

1. 每种玉米材料制片前，所用的器具均须清洗干净，以防不同类型花粉混杂影响观察结果。

2. I_2-KI 溶液的浓度和染色时间很关键，时间过长过短都不利于结果的观察，可以通过多次实验确定最佳染色时间。

附 I_2-KI 溶液配方：3 g KI /100mL 蒸馏水，再加入 1 g I_2 溶解后稀释 3～5 倍。（鉴定淀粉用）

1.6.6 实验作业

1. 本实验的目的何在？

2. 用花粉粒观察方法验证分离定律的实验结果如何？

（李洁）

模块 2——遗传物质的组成和功能

1.7　实验7　应用孚尔根染色技术进行植物染色体数目观察分析

孚尔根（Feulgen）染色技术是 1924 年由德国组织化学家孚尔根（R. Feulgen，1884—1955）和罗森贝克（H. Rossenbeck）发明的经典实验方法，这个方法能特异性显示 DNA 分子的形态和分布，至今这种方法仍是 DNA 定量测定的主要染色方法之一。具体来说，孚尔根染色法是一种鉴别细胞中 DNA 的组织化学方法，用于染色体染色时，染色体臂着色均匀一致，而在异染色质集中的着丝粒部位着色较深，使染色体形态清晰。染色体与其背景形成的反差较大，比较适合显微摄影，染色效果很好。孚尔根染色法由于可以特异性地鉴别 DNA，在研究细胞核及染色体变异方面有独特的作用。

1.7.1　实验目的

1. 学习染色体的孚尔根染色方法，了解孚尔根染色的原理，进一步训练和掌握植物染色体的制备方法。

2. 观察植物染色体，并对几种植物的染色体数目进行鉴定，掌握染色体的计数方法，进行简单的核型分析。

1.7.2　实验原理

染色体是以 DNA 双链分子为骨架，结合组蛋白和非组蛋白以及少量 RNA 分子的复合结构，其中的 DNA 分子经过弱酸水解后，嘌呤碱和脱氧核糖之间的键打开，使脱氧核糖的一端形成游离的醛基，这些醛基在原位与希夫（Schiff）试剂反应，形成紫红色的化合物，使细胞内含有 DNA 的部位呈紫红色阳性反应。紫红色的产生，是由于反应产物的分子内含有醌基，醌基是一个发色团，所以具有颜色。因而所有细胞中含有 DNA 的细胞核和染色体都能被染成紫红色，其他部位则不被染色。具体做法是：利用 1 mol/L HCl 60 ℃水解（15 min），可将 DNA 分子中嘌呤碱基和脱氧核糖间的糖苷键打断，使 DNA 链上的嘌呤脱掉，并使脱氧核糖 C-1 位置释放醛基与希夫试剂反应显紫红色。这就是细胞中只有 DNA 才具有的孚尔根反应。由于孚尔根反应不仅可以鉴定 DNA 的存在，还能够定量，因而广泛应用于细胞核和染色体的研究。

植物根尖是有丝分裂最旺盛的组织，在培养过程中经过秋水仙素处理，可以获得大量处于分裂中期的细胞，此时染色体形态最清晰，但由于不形成纺锤丝，因此染色体未排列在赤道板上，而是分散在细胞中，因此经过预处理的植物根尖细胞通过孚尔根染色和常规的压片法制备，可获得植物有丝分裂细胞不同时期的染色体标本。

1.7.3　实验准备

1. 实验材料

大蒜、洋葱、蚕豆、小麦种子等。

2. 实验试剂和主要仪器设备

实验试剂：卡诺氏固定液，1 mol/L HCl，45％醋酸，希夫试剂，亚硫酸水溶液，0.02％秋水仙素溶液。

仪器设备：恒温水浴锅，显微镜，恒温培养箱，手动计数器。

1.7.4　实验操作

1. 根尖培养及前处理。大蒜鳞茎置于盛少量水的盘子中，在 25 ℃培养箱中培养，待根长到 2 cm 左右时，最好在上午 9：00（分裂高峰期）转移到 0.02％秋水仙素溶液中培养 2 h 后剪取根尖，放在卡诺氏固定液中固定 24 h。然后转入 70％的乙醇中，4 ℃保存。如果是蚕豆或小麦种子，在培养前应先浸种促进萌发。

2. 解离。固定好的根尖，经蒸馏水漂洗后放在 1 mol/L HCl 中，60 ℃水浴解离 8～10 min，再用蒸馏水漂洗，去除残留的盐酸。

3. 染色。取一根尖置于载玻片上，用解剖刀把根冠及伸长区截去，滴加希夫试剂 2～3 滴，染色 30～60 min（注意染色液会蒸发，染色时间较长时应不时观察并补加染色液，使其不干为宜）。然后漂洗去希夫试剂，滴加 45％醋酸 1～2 滴。

4. 压片。根尖着色后，加盖片，用滤纸条在盖片处绕载玻片紧紧缠绕起来，大拇指轻按，再用铅笔的橡皮头适当用力敲打盖片，使染色体渐渐分散，去除滤纸条。

5. 镜检。观察染色体，选取染色体分散好的分裂相进行染色体计数（观察时先在低倍镜下找到分裂相，再用高倍镜观察）。

1.7.5　实验结果与分析

1. 在显微镜下可清楚地观察到被染成紫红色的细胞核和染色体。圆形较大的为细胞核。染色体较小，呈棒状，由着丝粒连接着姐妹染色单体。

2. 一个细胞内的染色体会分散在较集中的区域，即一个分裂相。一个良好的分裂相，要求染色体数目全、形态清晰和分散良好，能够明确地计数。要达到这样的标准，关键是在染色体的制片过程中应注意解离和压片要适度。植物细胞由于具有细胞壁，需要经过解离使细胞壁和细胞之间的果胶质分解，才能使细胞分散、进行有效的染色和压片。用 1 mol/L HCl 解离时，用镊子夹根组织时感觉没有明显的阻力，较为柔软即可。如果解离时间过长会造成细胞崩解，使染色体解体。如果解离时间太短，则会造成根尖较硬而不能压平，同时染色会很淡。压片时要用力均匀，避免气泡产生，将细胞尽可能压平，使染色体能够分散，不重叠，处于同一平面上。

3. 在制片过程中，细胞被压破后，染色体可能会漂离细胞周围，观察到的每个细胞的染色体数目可能会有差异。因此，计数染色体数目时，要观察较多的细胞，通常计数 100 个中期分裂相，取众数为该物种的染色体数目，即当具有某一染色体数目的中期分裂相所占比例最多，就把这一染色体数目作为该物种的染色体数。

1.7.6　实验中经常遇到的问题和解决办法

1. 固定剂的选择。一切好的组织学固定剂均适用于孚尔根反应。如 Bhampy 固定剂、Helly 固定剂、Flemming 固定剂、OsO_4 固定剂、Carnoy's 固定剂、Zenker 固定剂和 Bouin-Aller 固定剂。但以 OsO_4 和 Carnoy's 固定液效果较好，因为 Carnoy's 固定液价格更低廉，所以被广泛采用。

2. 水解时间。孚尔根反应通常用稀酸进行水解，但水解的时间一定要适当。如水解时间不够，反应就会变弱；如水解时间过长，或水解过于剧烈，则脱氧核糖也易掉下来，反应也会减弱。如用 Carnoy's 固定液固定的材料，水解时间一般应控制在 8～15 min。

3. 希夫试剂的作用。孚尔根反应成功与否的一个非常关键的因素，就是希夫试剂的质量。有一大类试剂均称为碱性品红，它们实际上是由几种产品分别组成的。因此只能选用注明"DNA 染色反应用"的碱性品红才行。此外，希夫试剂的配制方法也可影响 DNA 的染色反应。配好的希夫试剂须在 5 ℃以下冰箱内避光保存。

4. 漂白液的重要性。漂洗时，所用的亚硫酸水，最好在每次实验前临时配制，以便保持较浓的 SO_2。

5. 操作过程中，用镊子镊取根尖的生长区部位时，切勿夹取根冠部位。截取根尖分生区时，用解剖刀将根冠切去少许即可，不能切除太大，否则很容易将分生区细胞切除。切除伸长区，留下分生区部分 1～2 mm 为宜。留下太多组织会影响压片效果，太少则容易将分生区丢失。

1.7.7 实验作业

1. 简述孚尔根反应的染色原理。
2. 希夫试剂的主要作用是什么？
3. 选取 100 个分散较好的中期分裂相，计数每个分裂相的染色体数目，计算众数，确定该物种的染色体数目，并选取一个染色体数目完整、分散良好的中期分裂相拍照。

（高建国，李宗芸）

1.8　实验 8　小鼠染色体标本制备及染色体特征观察与数目鉴定

小鼠(*Mus musculus*)(图 8-1)属于脊椎动物门,哺乳纲,啮齿目,鼠科,小鼠属动物, $2x＝40$,品种和品系很多,是实验动物中培育品系最多的动物。目前世界上常用的近交品系小鼠约有 250 多个,均具有不同特征;同样突变品系小鼠也有 350 多个。不同品系的小鼠在基因定位、遗传病、肿瘤及比较遗传学的研究中均具有重要理论及实际意义。在各种实验研究中,以小白鼠的应用最为普遍。小白鼠是野生鼷鼠的变种,有英国种、法国种、德国种和瑞士种等,而以瑞士种最著名。目前我国各生物制品、医学研究单位繁育的小白鼠为昆明种,该品系为封闭种群。2002 年,小鼠基因组图谱绘制完成。

图 8-1　不同品系的小鼠

遗传学实验中经常要求表述实验材料的品系特征。纯系(pure line)的获得一般是由所有有关基因均为纯合的个体进行自交,或是通过长期的连续近亲交配而产生。因此,同属于一个纯系的个体,基因型全部相同。纯系内的个体所表现的变异是环境作用的结果,不会遗传给后代,只有突变才能使之有新的可遗传的表型变化,因此在纯系内的选择是无效的。可以利用纯系研究基因的表现方式,判断用于杂交的亲本,也可以估算环境方差的大小。

1.8.1　实验目的

1. 学习小鼠骨髓细胞的染色体制片程序;掌握动物细胞染色体空气干燥法制片技术方法。

2. 观察了解小鼠的端着丝粒染色体的形态。

1.8.2　实验原理

染色质是生物体内的基因载体。真核细胞染色体的数目和结构是重要的遗传标志之一。制备染色体标本无疑是细胞遗传学的最基本技术,优良的染色体制片是其他现代高技术(如高分辨显带、原位杂交等)运用的先决条件。

染色体的制备原则上可以从所有发生有丝分裂的组织和细胞悬浮液中得到。动物染色体的制备最常用的途径是从骨髓细胞、血淋巴细胞和组织培养的细胞制备染色体。在骨髓细胞中有丝分裂的指数很高,可以直接得到中期细胞而不必像血淋巴细胞或其他组织需要经过体外培养。

小型动物的染色体制片最有效的材料就是骨髓组织,所观察到的细胞的染色体中期相主要来自于成红细胞系统，也来自于各种骨髓母细胞；单核细胞和淋巴细胞分裂相是偶见的，但在染色体制片上已经无法区别上述来源。而多倍染色体的中期相($4x$、$8x$ 和 $16x$)往往来自于巨核细胞。

通过骨髓得到染色体比较简便，一般不需要无菌操作。在临床上多用于白血病的研究。在实验条件下，来自骨髓细胞的染色体是机体内真实情况的反映，在药品检验、环境监测、食品质量监测等工作以及某些化合物的致畸、致癌、致突变作用等研究中，利用骨髓制片的方法易于观察毒性物质在体内对细胞和染色体的影响。

在骨髓细胞染色体制片中主要涉及以下两种技术：

(1)直接制片法。即直接从骨髓中取出细胞，直接制片观察。为了提高有丝分裂的指数，进行动物实验研究时，通常在取材前经腹腔注射有丝分裂抑制剂(一般常用秋水仙素)。注射有丝分裂的抑制剂对于动物的核型分析是非常有用的。

(2)空气干燥法。指细胞经过秋水仙素处理、低渗处理、充分固定和滴片等步骤之后，使载片在空气中自然干燥的方法。有时，人们把滴片的步骤叫做染色体分散，也有人把这一步和随后的干燥称为空气干燥法(简称气干法)。

1.8.3　实验准备

1. 实验材料

小鼠：体重 18～20 g(60～90 日龄)，雌雄皆可。

2. 实验试剂和主要仪器设备

实验试剂：秋水仙素溶液 0.1%(100 µg/mL)，2%柠檬酸钠溶液，0.075 mol/L KCl，冰醋酸，甲醇，吉姆萨(Giemsa)原液，0.01 mol/L 磷酸缓冲液(PBS，pH＝6.8)。

仪器设备：解剖器具(剪刀、镊子)，2 mL 注射器，5 号针头，10 mL 刻度离心管，吸管，试管，试管架，载玻片，盖片，离心机，显微镜，染色板或染色缸。

1.8.4　实验操作

1. 预处理。为获得更多的分裂细胞便于观察中期染色体，通常在取骨髓前 3～4 h 经腹腔给小鼠注入 0.1%秋水仙素 0.3～0.4 mL。

2. 取骨髓。以脱颈椎法处死小鼠，立即取后肢骨。用剪刀剔除腿部的皮肤和肌肉，连同关节头一起取下两侧的股骨和胫骨，清除其上残余的肌肉，用 2%柠檬酸钠溶液冲洗干净。然后，分别剪掉股骨、胫骨两端膨大的关节头，使其露出骨髓腔，用注射器将适量的 2%柠檬酸钠从骨髓腔注入，将骨髓吹入 10 mL 刻度离心管中，可反复吹洗数次，直至骨髓腔变白为止。2%柠檬酸钠为等渗溶液，可以用 0.85%的 NaCl 替代。

3. 低渗处理。将所获得的细胞悬浮液经 1 000 r/min 离心 10 min，吸去上清液，加 0.075 mol/L KCl 6～8 mL，并立即将细胞团吹散打匀。室温下静置 25 min。

4. 固定。低渗处理后的细胞，迅速经 1 000 r/min 离心 10 min。吸去上清液，沿管壁加 6～8 mL 3∶1 甲醇冰醋酸固定液，立即吹散细胞团，使其在固定液中悬浮均匀，静置固定 30 min，即第一次固定。再经 1 000 r/min 离心 10 min，去上清液，加入 3∶1 甲醇冰醋酸固定液 6～8 mL，进行第二次固定。30 min 后弃去上清液，用 1∶1 甲醇冰醋酸固定液进行第三次固定，20 min 后经 1 000 r/min 离心 10 min 弃去上清液，仅留 0.1～0.2 mL 的细胞团和上清液，再加 1∶1 甲醇冰醋酸固定液 2～3 滴(视细胞多少适当滴加，保持大约

5 倍于细胞的体积），摇匀制成细胞悬液。实验时要掌握好细胞悬液的浓度，细胞密度过大或细胞数量太少，都会影响观察效果。

5. 滴片和空气干燥。取事先在冰水中预冷的载玻片，滴 1～2 滴细胞悬液于粘有冰水的载玻片上，立即用吸管轻轻吹开，使细胞迅速分散。将制片平放或 45°斜放，待其自然干燥。为了让细胞破裂、分散得更好，滴片时滴管与载片之间要保持一定距离，让细胞摔破。

6. 染色。取经过空气干燥的染色体制片反扣在染色板上，用 Giemsa 染液（0.5 mL Giemsa 原液加 9.5 mL 的 0.01 mol/L PBS，pH＝6.8）进行扣染，将染液用吸管缓缓地加入制片下，注意不要形成气泡。扣染 20～30 min 后，用蒸馏水冲洗。也可以将载片放入染缸中进行染色。染色后的载片晾干后即可进行观察。原则上，任何能使 DNA 着色的染料都可以使用，但是 Giemsa 染料使用方便，效果良好，价格便宜，因此被广泛使用。

染色之后，要进行水洗，最好的水洗方法是流水洗，但应注意不要冲掉细胞，水洗的目的是洗去多余的染料。

7. 镜检。先在低倍镜下观察 Giemsa 染色之后分散良好的中期分裂相细胞的染色体形态。然后在高倍镜下选择分散适度，不重叠的染色体分裂相，在油镜下进行观察、计数和绘图，有条件的最好是照相，以备核型分析。

1.8.5 实验结果与分析

一个优良的动物骨髓细胞染色体制片应该是：全部染色体较集中，其中各个染色体分散均匀且互不重叠（图 8-2），染色体长度适中，能清晰地显示出着丝点位置，染色体呈玫瑰红色。

1. 观察小鼠细胞的端着丝粒染色体的特征，识别着丝点、染色单体、染色体。

2. 计算 $2n$ 的染色体数目，小鼠染色体为 $2n＝40$。寻找两性之间在核型上的差别，性染色体雄性为 XY，雌性为 XX。正常情况下，常规染色时雄性小鼠有 3个最短的染色体（1 对 19 号染色体和 1 个 Y 染色体），

图 8-2 小鼠细胞有丝分裂后期的染色体形态特征

而雌性小鼠只有两个最短的染色体，X 染色体与 1 号染色体相似。

3. 观察并区别小鼠染色体中期、后期的特征。

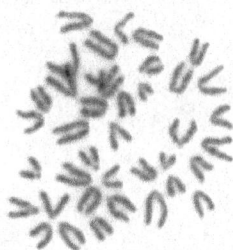

1.8.6 实验中经常遇到的问题和解决办法

1. 秋水仙素的使用。秋水仙素的作用是破坏细胞分裂中纺锤体的形成，积累细胞中期分裂相。秋水仙素的浓度、注射剂量和作用时间对小鼠染色体形态影响很大，秋水仙素浓度高、剂量大时染色体短粗，秋水仙素作用时间长时，小鼠细胞多是晚中期。在中期阻断时秋水仙素的传统注射用量是 1.5～2 μg/g 体重，经试验把剂量适当增加到 4 μg/g 体重，则能获得更多的中期细胞，并且染色体长度适中。

2. 低渗强度的控制。低渗的目的是为了在滴片时使细胞容易破裂，便于染色体散开。低渗强度与低渗时的温度、时间有关，对小鼠染色体形态影响很大。低渗过度，如低渗时间长或低渗温度高会使大量细胞提前破裂，染色体过度分散，且边缘发毛，结构模糊；低

渗不足，如低渗时间短或低渗温度低均会造成制片后染色体分散不好，多重叠在一起。

3. 固定液的使用。固定可使染色体形态清晰、分散良好。固定液使用时要求临时配制，时间长了会形成酯类而影响固定效果。固定处理时注意保证足够的固定液用量和固定时间，注意细胞与固定液的充分混匀。固定不足，可能出现染色体边缘发毛、结构模糊等现象。

4. 载玻片的预冷处理。载玻片预冷处理的目的是为了使细胞在滴片时更易破裂，为了使染色体更好地附着在载玻片上，载玻片应洗净后做预冷处理。

5. 染液的使用。一般用 Giemsa 染液，其浓度过高会使染色体着色过深，不利于对裂隙、断裂的检出，因此染色时染液浓度要适中，染色时间不能太长。染液 pH 的高低对染色体的颜色会有影响，pH>7 时染色体色泽发蓝，pH 为 6.8 时，染色体色泽呈鲜艳的玫瑰红色，形态结构易于观察，便于进行核型分析。

1.8.7　实验作业

1. 绘图描述小鼠细胞染色体的基本特征。

2. 要获得较好的有丝分裂相需要注意哪些实验环节？

3. 通过观察说明端着丝粒染色体在中期和后期的形态特征，并说明区分小鼠染色体的中期相和后期相的依据。

（周宜君，高飞）

1.9 实验9 果蝇唾腺染色体标本制备和染色体特征观察

布里吉斯，美国著名的遗传学家。自大学三年级开始加入 Morgan 的研究小组，以其敏锐的洞察力和高超的实验技能取得了许多遗传学研究成果。果蝇唾腺染色体的不分离现象就是他研究工作的一大发现。1935 年，布里吉斯绘制了第一张比较完整的果蝇唾腺染色体的细胞学图，并于 1938 着手修订此图。在完成 X 染色体的修订后不幸于 1939 年去世，余下的工作是由他的儿子继续完成的。

双翅目昆虫，包括果蝇、摇蚊等，在幼虫期唾腺细胞中的染色体比普通染色体大得多，又称为巨大染色体。唾腺染色体经过多次复制而并不分开，产生多线染色体。多线染色体经染色后，出现深浅不同、密疏各异的横纹。横纹的数目和位置往往恒定，代表着物种的特征；并且染色体有缺失、重复、倒位和易位等，很容易在唾腺染色体上识别出来。因此果蝇等的唾腺染色体不仅是遗传物质结构的良好研究材料，而且是研究物种染色体变异的良好材料。

1.9.1 实验目的

1. 掌握剥取果蝇三龄幼虫唾腺的方法和制作果蝇唾腺染色体标本的技术。

2. 观察果蝇唾腺染色体的形态特征，对各条染色体进行辨别，对各条染色体的带型、疏松区特征进行观察与画图。

3. 利用组织化学的方法对果蝇唾腺染色体膨泡进行 DNA、RNA 区分染色，进一步探讨不同发育阶段的基因表达模式。

4. 了解果蝇唾腺染色体在遗传学研究中的作用与意义。

1.9.2 实验原理

意大利学者 E. G. Balbiani 于 1881 年在双翅目昆虫摇蚊（*Chironomid*）的幼虫唾腺中，观察到一种巨大染色体。1933 年美国学者 T. S. Painter 等在黑腹果蝇（*Drosophila melanogaster*）和其他蝇类的幼虫唾腺中也发现了这种巨大染色体，这引起了科学家的关注。之后，在蝇类的气管、肠和马氏管的细胞中也相继发现了这种巨大染色体。

这种巨大染色体宽约 $5\ \mu m$，长约 $400\ \mu m$，比一般体细胞的染色体长 $100\sim200$ 倍，体积大 $1\,000\sim2\,000$ 倍（图 9-1）。唾腺细胞发育到一定阶段后就不再进行有丝分裂，而停止在分裂的间期，但细胞中的染色质丝却仍在不断地进行复制，这样就形成了含有千条以上（有 $1\,000\sim4\,000$ 条）平行紧密排列的多线化的染色质丝拷贝，所以这种巨大染色体又称为多线染色体（polytene chromosome）。

多线染色体的同源染色体是以联会的状态存在于体细胞（唾腺细胞）中的，遗传学上称之为"体联会"（somatic synapsis）。另外值得注意的是，唾腺染色体在染色后可出现深浅相间、宽窄不同的横纹，深者称为带（band），浅者称为带间（interband）。据认为带的形成是由于在每条染色质丝上经一定间隔有一袢环区，多次的 DNA 复制造成大量染色质丝成平行排列，袢环区亦整齐而致密地排列在一起而形成带（图 9-2）。在多线染色体上有 85% 的 DNA 分布在带上，15% 的 DNA 分布在带间。染色体上这些带纹的数目、排列顺

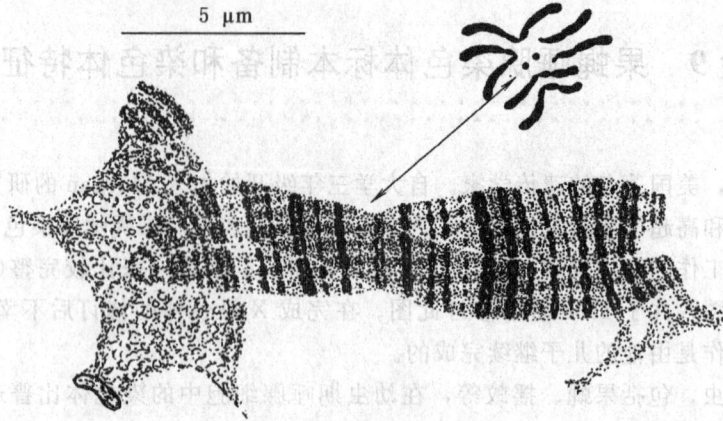

5 μm

图 9-1　同样放大倍数下黑腹果蝇唾腺第 4 染色体(下)与体细胞有丝分裂
中期的第 4 染色体 (图右上箭头所指的点状染色体)大小比较
(图解引自：Bridges，1935，略有改动)

序均具有种属特异性。在果蝇总基因组中，约有 5 000 条带和 5 000 条带间，学者们根据带的特点把果蝇的染色体分成 102 个区，每个区又分成 A～F 6 个亚区，每个亚区按排列顺序将带纹加以编号(1、2、3…)。因此，利用果蝇唾腺染色体可以开展染色体结构变异方面的研究。

D. melanogaster 果蝇的唾腺染色体数 $2n=8$，4 对染色体中 2 对染色体为中部着丝粒染色体，呈"V"形；1 对染色体短小，呈短棒状甚至点状，为端部着丝粒；另 1 对为性染色体(XX 或 XY)，X 染色体为端部着丝粒染色体，呈棒状，Y 染色体为"J"形。体联会时，所有染色体的着丝粒区(异染色质区)聚在一起，形成染色中心(chromocenter)。由于 Y 染色体主要由异染色质组成，因此几乎包含在染色中心内，所以理想的制片中，不论

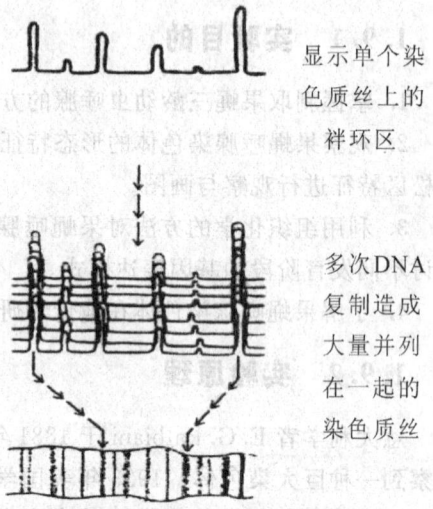

显示单个染色质丝上的祥环区

多次DNA复制造成大量并列在一起的染色质丝

果蝇多线染色体5 000条带中的6条

图 9-2　多线染色体上的带和带间

雌、雄果蝇的唾腺染色体均可显现 5 条长臂(X、2L、2R、3L、3R)和 1 条短臂(第 4 对呈短棒状甚至点状的染色体)，从中央向四周呈放射状伸展的图像(图 9-3)。只是雄果蝇唾腺细胞中的 X 染色体臂比雌果蝇的稍细。

在幼虫发育的不同阶段，染色体的不同部位上会出现膨大的区域，称为疏松区(puff)又称膨泡和巴氏环(Balbiani ring)(巴氏环为膨胀得更大而成环状的膨泡)。这是由于带的位置上折叠的祥环松解的缘故。当某基因启动或进行表达时，对应该基因的斑带中的染色质纤维松散开来，形成一个疏散的区域，称为"泡(膨泡)"或疏松区(图 9-3 和图 9-4)。每一个"泡"代表基因的活动区，从分子遗传学角度看，每一个疏松区是一个正在转录的区域，有大量前体 RNA 被合成。多线染色体经 ^{3}H 尿嘧啶标记进行放射自显影的检测，可

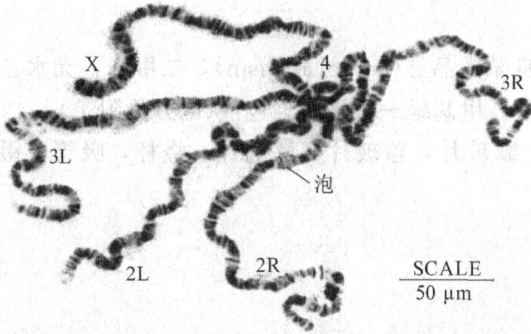

图 9-3 示 *D. melanogaster* 果蝇唾腺染色体 5 条
长臂(X、2L、2R、3L、3R)和 1 条短臂(4)

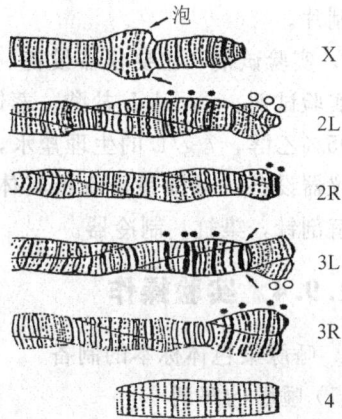

图 9-4 示 *D. melanogaster* 果蝇唾腺染色体
各臂末端带的分布情况

发现"泡"内 RNA 的存在，且合成的速度与"泡"膨大的程度有关。当某基因表达关闭时，疏散的核酸蛋白纤维又紧缩成为一个可辨的、明显的斑带。

在果蝇不同发育阶段的唾腺细胞中，这些疏松区的数目和形态随着细胞分化的状况不同而不同。通过制作不同发育阶段的唾腺染色体标本，可以观察到染色体上的不同"泡"的发生、发展、衰退和消失的过程，从而可知染色体的功能和结构的变化与细胞分化之间的因果关系。在同一发育阶段中，不同类型的细胞之间，"泡"的形态、数目亦不相同，从不同膨泡分离出的 RNA 具有位点(locus)的特异性，可直接用来研究染色体上特定位置的基因表达和 RNA 合成的器官特异性。所以说膨泡是用来研究细胞分化过程中基因表达的好材料。同时，实验中可以利用组织化学的特异染色法把多线染色体上的 DNA 和 RNA 染成不同的颜色，从而将其选择性地区分开来，甲基绿-派洛宁染液可选择性地将 DNA 染成绿色，RNA 染成红色。在实验中一般可见多线染色体的斑带呈现蓝绿色，核仁 RNA 及巴氏环呈现粉红色，这样就可以较为准确地观察到 DNA 和 RNA 在染色体上的分布及变化活动的情况。

1.9.3 实验准备

1. 实验材料

选取肥大的三龄幼虫是制作理想染色体制片的先决条件，因此，果蝇幼虫的培养应注意以下几个方面：

(1)配制良好的培养基：培养基要求营养丰富，含水量较高，可适当增加培养基中水的比例或降低琼脂的比例。此外，可多加些酵母粉，使发酵良好。

(2)控制幼虫密度：一般 250 mL 的培养瓶接 10 对成虫即可，12 h 后移出成虫，控制幼虫的密度，保证幼虫生长良好。

(3)补加酵母液：一龄幼虫出现后，可往培养基中补加 2%～4.5% 的酵母水溶液，2～3 龄幼虫时期，可再补加 10% 的酵母液，每次滴加的量以覆盖在培养基表面薄薄一层为宜。

(4)低温培养：将幼虫置于 15～20 ℃的条件下低温培养，待三龄幼虫大量爬出培养基时，也可将培养瓶移至 8～10 ℃的低温培养箱中放置 12 h 或 24 h，以获得染色体分散良好的制片。

2. 实验试剂和主要仪器设备

实验试剂：5 mol/L 盐酸，蒸馏水，改良苯酚品红(carbol fuchsin)，二甲苯，无水乙醇，95％乙醇，7 g/L 的生理盐水，45％醋酸，甲基绿—派洛宁染色液(配方见附录)。

仪器设备：显微镜，双目实体解剖镜，载玻片，盖玻片，解剖针，烧杯，吸管，镊子，解剖针，染缸，制冷器。

1.9.4　实验操作

1. 唾腺染色体标本的制备

(1) 唾腺的解剖

果蝇唾腺位于幼虫体前 $1/4\sim1/3$ 处(图 9-5)。选取肥大、行动迟缓的三龄幼虫，放在载片上，加一滴生理盐水。在实体镜下，仔细辨认幼虫的头尾后，左手持解剖针按住幼虫的中部，右手持解剖针压住幼虫头部并向外拉(图 9-6)，随着头部脱离身体，可将一对呈半透明袋状的唾腺拉出(一般呈"V"形，图 9-7)，此时食管和肠道也会随之飘出，有时会和唾腺缠绕，须仔细分辨。唾腺由单层细胞构成，往往和一些脂肪体相连，可用解剖针将唾腺周围的脂肪体剥离干净。清除其他的器官杂质，并将唾腺移至干净处。

(2) 酸处理

吸去多余的生理盐水，加 1 滴 5 mol/L 盐酸处理 $5\sim10$ min 或 45％的乙酸处理 $1\sim2$ min，目的在于松软组织和利于着色。

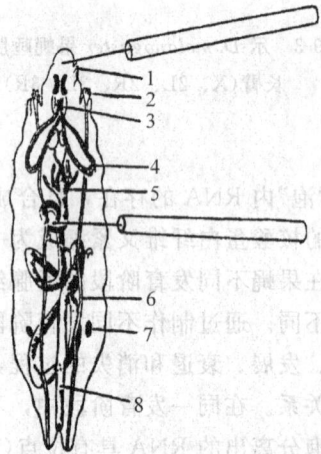

图 9-5　果蝇三龄幼虫侧面观
1. 口沟　2. 气门　3. 咽　4. 唾腺　5. 中肠
6. 呼吸管　7. 生殖腺　8. 后肠

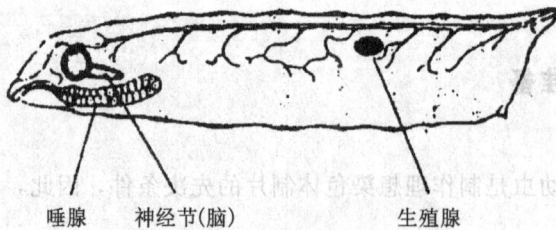

唾腺　　神经节(脑)　　　　生殖腺

图 9-6　果蝇幼虫唾腺的解剖方法

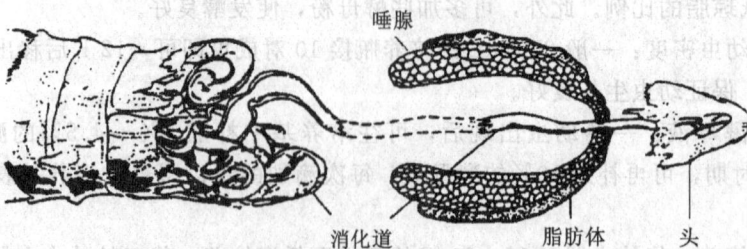

唾腺

消化道　　脂肪体　　头

图 9-7　果蝇唾腺的分离示意图

（3）水洗

用滤纸吸去多余的盐酸，在载片上滴加蒸馏水，冲洗腺体，重复此步骤。此步操作要十分小心，谨防腺体因蒸馏水冲洗而丢失。

（4）染色及压片

用滤纸吸净水分后，在唾腺上加 1 滴改良石炭酸品红，染色 10 min 左右，染料干涸时需及时补充。当腺体被染成红色后，即可盖上盖片进行压片，压片用力要适当，既要使染色体分散，又不至于将染色体压碎。

（5）永久片的制作

将理想的临时片扣置于 70% 乙醇中（垫起载片的一端），令其盖片自行脱落。然后经 95% 乙醇、无水乙醇脱水（各 3～5 min），再经二甲苯透明（3～5 min），最后封片即可。

2. 果蝇唾腺染色体转录区 DNA、RNA 的差别染色

（1）取材及材料处理

拨取果蝇幼虫的唾腺（方法同上），将材料放于预先滴有 45% 醋酸的载片上，盖上盖片，覆滤纸压片（压片方法同上），然后将片子扣置在制冷器上，待冻硬后，用单面刀片挑开盖片，这样可最大限度地使压好的细胞不变形、不受损。如无制冷设备，也可将压好的片子扣在 45% 醋酸中（将载片一端架起于一玻璃棒上，注意要全部浸没于醋酸中），令盖片自行脱落，然后将载片和盖片都放入蒸馏水中浸洗 5～10 min，其间换 1 次水。

（2）染色（Unna 法）

将载片、盖片浸入甲基绿—派洛宁染液中 6 min，然后取出用滤纸吸干染液，再将载片和盖片放入 70% 乙醇 2 min，80% 乙醇 5 min，90% 乙醇 5 min，95% 乙醇 5 min，100% 乙醇 5 min（重复一次），进行脱水，最后将载片和盖片放入二甲苯 5 min，封片即可观察。

1.9.5　实验结果与分析

D. melanogaster 果蝇的唾腺染色体的形态以及各条臂的特征如图 9-3、图 9-4 所示。在光学显微镜下可观察到果蝇的巨大染色体均由染色中心向四周呈放射状地伸出 5 条长臂和 1 条短臂。由于体细胞联会，因此，在显微镜下可观察到单个唾腺细胞中巨大染色体的数目为果蝇染色体数的一半。

巨大染色体每条臂端部的横纹、膨泡等结构是特定的，并且是相互不同的。我们根据这些特征即可识别每条臂，每条臂的精细结构可参见图 9-3 和图 9-4。

染色体上"泡"的变化：Unna 方法的特点是 DNA 被甲基绿染成绿色，而 RNA 则被派洛宁染成红色。唾腺染色体的带纹呈蓝绿色，由于转录区带纹的松散，促使染色体纤维上的蓝绿色在显微镜下难以观察到，因此"泡"中的 RNA 呈粉红色。特异染色方法使我们可以在不同的发育阶段中看到蓝绿色带纹的消失，代之以红色的泡状结构。确定每个染色体上"泡"的位置后，就可观察各个"泡"在果蝇幼虫到成虫的不同发育阶段中的变化。这样，可以在细胞水平上观察到染色体上转录活动的过程。

1.9.6　实验中经常遇到的问题和解决办法

1. 制作唾腺染色体标本时，酸解的时间要适度，时间过长过短都不利于唾腺染色体的制备。

2. 酸解后用蒸馏水冲洗唾腺时要小心，最好在体系显微镜下进行，谨防剥离的腺体

被冲洗掉。

3. 压片时力度要适中，方向要垂直下压，力度要均匀。

1.9.7 实验作业

1. 每人制作 2 张以上合格的唾腺染色体制片，并拍照保存。

2. 参照模式图，认真观察 *D. melanogaster* 的唾腺染色体，根据各染色体端部特征仔细辨认染色体的各条臂，并绘示意图表示。

3. 试述果蝇唾腺染色体带的形成及其在遗传研究上的意义。

4. 不同的"泡"所含的 RNA、DNA 是否相同？一个特定的"泡"在不同发育时期的出现或消失说明了什么问题？

5. 用什么办法可以验证"泡"中 DNA 的存在？

(李洁，张根发)

1.10 实验10 人类染色体的识别与核型分析

染色体病(chromosomal disease)是染色体遗传病的简称，主要指染色体的数目异常和形态结构畸变引起的疾病。染色体病通常分为常染色体病和性染色体病两大类，常染色体病由常染色体异常引起，已发现的临床表现主要为先天性智力低下、发育滞后及多发畸形。性染色体病由性染色体异常引起，主要临床表现为性器官发育不全、智力低下、多发畸形等。在自然流产胎儿中有20%～50%是由染色体病引起；染色体病在新生儿中发病率约为1%。染色体病是性发育异常及男女不孕症、不育症的重要原因，也是先天性心脏病、智能发育不全等的重要原因之一。

最早发现的染色体病是唐氏综合征，又称先天愚型或 Down 综合征(Down syndrome)即21染色体三体综合征(图10-1)。1959年，法国遗传学家杰罗姆·勒琼(Jerome Lejeune)发现唐氏综合征是由人体的第21对染色体的三体变异造成的。此后，染色体病的诊断研究便广泛开展起来。1966年 M. W. 斯蒂尔等人用离体培养技术通过羊膜穿刺法成功得到胎儿脱屑细胞，并成功地对培养的胎儿细胞进行染色体核型分析，从而使染色体病的产前诊断成为现实。1970年瑞典细胞化学家 T. O. 卡斯珀松开创的人类染色体显带技术，使染色体的核型分析更加简便和精确，有力地推动了染色体病的胎儿早期诊断研究。

对培养后的羊水中的胎儿胎盘绒毛膜细胞进行核型分析，可进行胎儿性别鉴定和染色体病的产前诊断；对培养后的淋巴细胞或皮肤成纤维细胞进行核型分析，可诊断人的生化

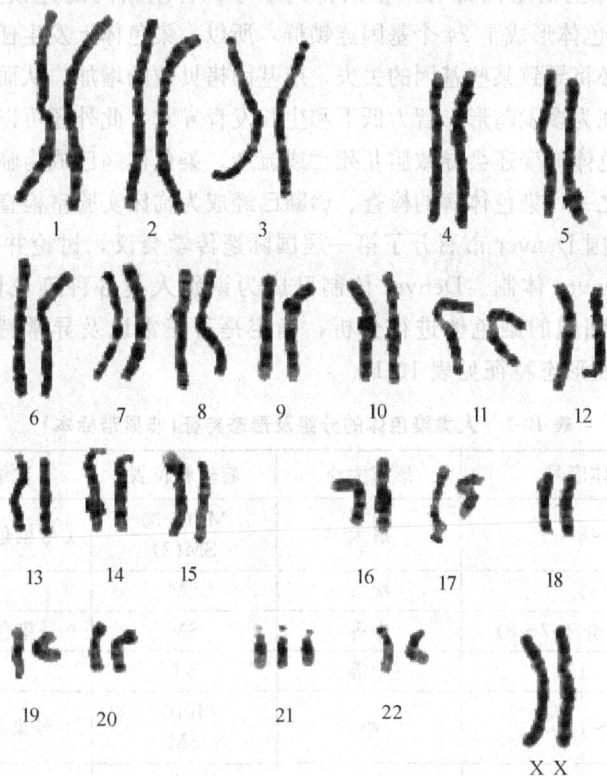

图10-1 唐氏综合征患者(女)的染色体显带标本的核型(21三体)

水平的隐性染色体病；对肿瘤细胞进行核型分析，有助于肿瘤的临床诊断、预后分析和药物疗效观察。因此，人类染色体核型分析对于人类医学遗传研究和临床应用均具有重要的意义。

1.10.1 实验目的

1. 系统学习染色体核型的分析方法；了解人类染色体组成的数目和不同组染色体的基本的特征。

2. 了解染色体病的发生机理和基本诊断方法，认识染色体数目和结构异常对人体结构和器官发育以及生理生化的影响。

1.10.2 实验原理

染色体组型（核型，karyotype）是指生物体二倍体细胞中全部的染色体表型特征的总称。包括：染色体总数，染色体组的数目，组内染色体基数，每条染色体的形态、长度和着丝粒的位置，随体和次缢痕的有无等。染色体组型是物种特有的染色体信息之一，具有很高的稳定性和再现性。组型分析是研究染色体的基本手段之一，通过组型分析，能进行染色体的分组，还能对染色体的各种特征作出定量和定性的描述。组型分析可以用于鉴别染色体结构变异和数目变异，同时组型分析也是研究物种的起源、遗传与进化和现代分类学的重要手段之一。

人类的单倍体染色体组（$n=23$）上有 30 000~40 000 个基因，平均每条染色体上有上千个基因。各染色体上的基因都有严格的排列顺序，各基因间的连锁关系也是较为恒定的。人类的 24 种染色体形成了 24 个基因连锁群，所以，染色体上发生任何数目异常，或微小的结构变异，都必将导致某些基因的丢失，或基因拷贝数的增加，从而产生临床效应。染色体病的症状可表现为多发畸形、智力低下和生长发育异常，此外还可以观察到一些特征性皮肤纹理改变。染色体畸变还会导致胎儿死亡或流产。染色体病已成为临床上较常见的、危害较为严重的病种之一，染色体病的检查、诊断已经成为临床实验室检查的重要内容。

1960 年，在美国 Denver 市召开了第一届国际遗传学会议，讨论并确定了正常人核型的基本特点，即 Denver 体制。Denver 体制已成为识别人类各种染色体病的基础。按照 Denver 体制将待测细胞的染色体进行分析，确定是否正常以及异常特点即为核型分析。人类染色体的分组及形态特征见表 10-1。

表 10-1 人类染色体的分组及形态特征（非显带标本）

组别	染色体序号	形态大小	着丝粒位置	次缢痕	随体
A	1~3	最大	M(1、3) SM(2)	1号染色体常见	
B	4~5	次大	SM		
C	6~12，X(介于7~8)	中等	SM	9号染色体常见	
D	13~15	中等	ST		有
E	16~18	小	M(16) SM	16号染色体常见	
F	19~20	次小	M		
G	21~22，Y	最小	ST		有(21、22)

A组：1～3号染色体，可以区分。1号，最大，中着丝粒（M），长臂近侧有一次缢痕；2号，较大，近中着丝粒（SM）；3号，较大，比1号染色体短1/4～1/3。

B组：4～5号染色体，体积较大，近中着丝粒（SM），短臂相对较短，两者不容易区分。

C组：6～12号染色体，X染色体。中等大小，近中着丝粒（SM），较难区分。6、7、8、11号和X染色体的着丝粒略近中央，短臂相对较长，9、10、12号染色体的着丝粒偏离中央。9号染色体长臂有较大次缢痕。X染色体介于7～8，但在非显带标本中难以区分。

D组：13～15号染色体，中等大小，近端着丝粒（ST），均具有随体，但不一定显现或同时显现，随体的大小存在个体差异。在非显带标本中难以区分13～15号染色体。

E组：16～18号染色体，染色体小。16，中着丝粒（M），长臂近着丝粒处有一次缢痕，其存在使16号染色体的大小存在较大差异；17，近中着丝粒（SM），短臂较长；18，近中着丝粒（SM），是SM中最短的一对染色体，短臂较短。在质量较好的标本中，一般可以区分16～18号染色体。

F组：19～20号染色体，次小的M。在非显带标本中难以区分。

G组：21～22号染色体，Y，最小的ST。21、22号染色体的长度略有差别，但为适应临床上已将Down综合征沿用为21三体（而显带证明与此综合征相关的是较小的那条染色体）综合征的叫法，巴黎会议（1971）建议，把这最小的一对改称为第21号（而稍大的一对称为22号），而把较小的这对第21号染色体排在稍大的22号前面。

Y染色体无随体，染色体一般比21、22号染色体长；两条姊妹染色单体长臂常平行并拢，而21、22号染色体则相互叉开；长臂端部常呈现绒毛状，形态不清晰；与其他染色体相比，着色往往较深；着丝粒不明显。

根据Denver体制规定，正常核型的描述方式为：女性46，XX；男性46，XY。

由于染色体非显带标本有时难以识别，特别是存在结构畸变时，经常难以确定。而染色体显带技术使染色体呈现较为稳定的带纹可用于识别染色体。染色体的显带技术（banding technique）是指用各种不同方法，以及用不同染料处理染色体标本后，每条染色体上出现明暗相间或深浅不同带纹的技术。每条染色体带纹相对固定，可用于鉴别。染色体显带的种类包括Q带、G带、C带、R带、T带等。其中G带是被广泛应用的一种带型。

染色体标本经胰蛋白酶、NaOH、柠檬酸盐或尿素等试剂处理后，再用Giemsa染色，每条染色体上显示出深浅交替的横纹，即染色体的G带（G-banging），称之为G显带技术，所显示的带纹分布在整个染色体上。由于每条染色体都有其较为恒定的带纹特征，所以G显带后，可以较为准确的识别每条染色体，并可发现染色体上较细微的结构畸变。

遗传学中常用于对染色体和核型分析的指标，描述如下：

界标（landmark）：稳定、明显标记的指标，包括末端、着丝粒和带；区（region）：两相邻界标之间；带（band）：着色处（浅、深；亮、暗）；臂（arm）：短臂（p）和长臂（q）。

其中，区、带命名都从着丝粒开始，沿每一条染色体臂向外顺序编号。记述某一特定带时，需要写明4个内容：染色体号、长短臂、区的序号和带的序号。如2p13和2q31（图10-2）。

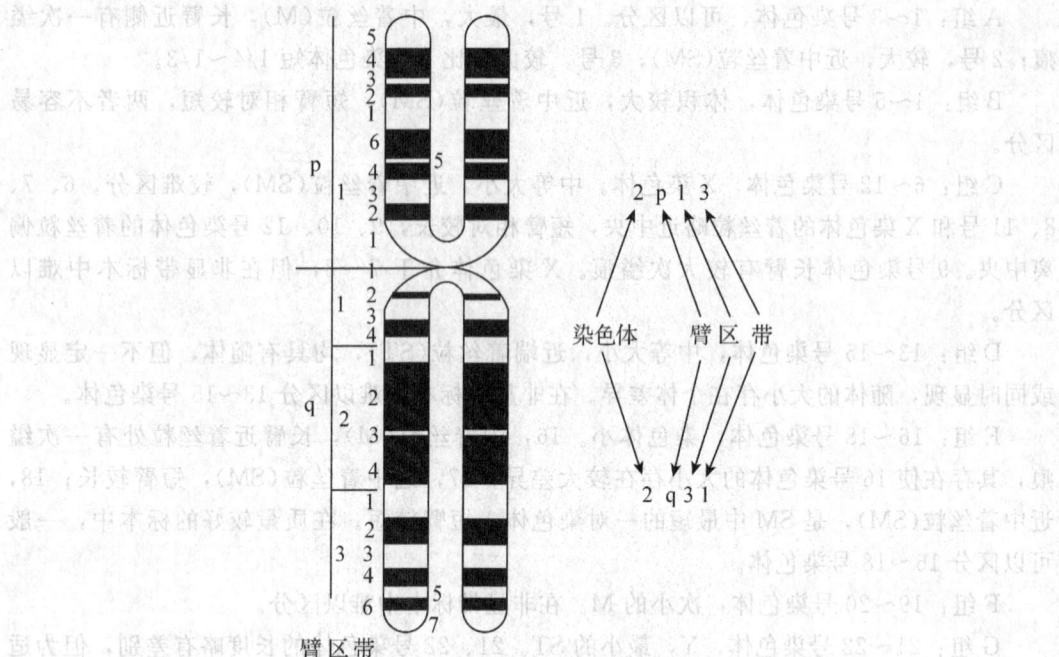

图 10-2 染色体带纹描述术语

1.10.3 实验准备

1. 实验材料

人类细胞有丝分裂中期相染色体放大照片(人类染色体非显带标本),见图 10-3。

图 10-3 人类染色体非显带标本(左为男性,右为女性)

2. 实验试剂和主要仪器设备

剪刀,尺子,计算器,胶水。

1.10.4 实验操作

1. 分析的主要依据

测量每一条染色体的各项指标:染色体长度,短臂和长臂的臂长;

描述染色体的主要特征:着丝粒特点,随体有无等。

计算：

着丝粒指数（％）——短臂占整条染色体的百分比：$\frac{p}{p+q}\times 100\%$。

臂比——长臂与短臂的比值：$\frac{q}{p}$。

臂比是反映染色体的着丝粒位置的指标：比值为 1.0～1.7 称为中着丝粒（M）；1.7～3.0 称为近中着丝粒（SM）；3.0～7.0 称为近端着丝粒（ST）；7.0 以上称为端着丝粒（OT）。

相对长度（％）——某条染色体的相对长度为该染色体长度占染色体总长度的百分比，

人类某条染色体的相对长度（％）$=\dfrac{\text{该条染色体长度}}{\sum 22 \text{条染色体长度}+X\text{染色体长}}$。

2. 分析的主要步骤

(1) 测量、计算。

(2) 配对。

(3) 剪贴。

(4) 排列——原则：从大到小；短臂向上；着丝粒在一条线上，相同大小的染色体按中着丝粒、近中着丝粒、近端着丝粒和端着丝粒的顺序排列；性染色体单排。

(5) 画出模式图——（相对比例）原则同上。

(6)写出该物种的染色体核型公式：如 $2n=2x=10=8M(2SAT)+2SM$。

1.10.5 实验结果与分析

1. 根据测量结果填写表 10-2。

表 10-2 人类染色体分析数据

编号	绝对长度	相对长度	短臂	长臂	臂比	着丝粒指数	随体	类型

2. 按照 Denver 体制规定，制备出人类染色体的分组贴图。

1.10.6 实验中经常遇到的问题和解决方法

1. 对未知物种染色体核型的描述方法

如果对未知物种染色体的核型进行综合描述，相关指标即计算方法如下：

(1)计数体细胞染色体数目：统计细胞数≥30，85％具有恒定一致的数目；

(2)以分裂中期、高质量的体细胞染色体图像进行形态描述，以 5 个以上细胞染色体作为研究材料，计算其平均值。

(3)核不对称系数＝长臂总长÷全组染色体总长×100％。

(4)染色体的长短：按 Kuo 等的方法，以染色体相对长度系数($I.R.L$)组成划分染色体的长短。

相对长度系数($I.R.L$)＝ 每条染色体的相对长度÷染色体的平均相对长度

其中：$I.R.L \geqslant 1.26$ 为长染色体（L）；$1.01 \leqslant I.R.L \leqslant 1.25$ 为中长染色体（M2）；$0.76 \leqslant I.R.L \leqslant 1.00$ 为中短染色体（M1）；$I.R.L < 0.76$ 为短染色体（S）。

例如对于一个二倍体的物种，表示为：$2x = 24 = 8L + 2M2 + 10M1 + 4S$。

2. 染色体核型分类方法

进一步描述一个物种的核型特点可以采用 Stebbins(1971)核型分类表（表 10-3）。

表 10-3　染色体核型分类表

染色体长度比	臂比值＞2 的染色体的比例			
	0.00	0.01～0.50	0.51～0.99	1.00
＜2∶1	1A	2A	3A	4A
2∶1～4∶1	1B	2B	3B	4B
＞4∶1	1C	2C	3C	4C

注：染色体长度比＝最长染色体长度÷最短染色体长度。

根据 Stebbins 的核型分类标准，染色体核型类型为 1A 时属于最对称型，4C 时为最不对称型。其中核型越不对称越进化。因此可以用于近缘种间的进化比较。

3. 人类染色体符号和畸变的术语（表 10-4）

表 10-4　描述人类染色体符号和畸变术语

符号	意义	符号	意义
A～G	染色体组名称	inv	倒位(i)
1～22	染色体编号	t	易位
X，Y	性染色体		
del	缺失		在染色体符号前表示增加或减少；在染色体符号后表示染色体多出或缺少一部分
der	结构重排的衍生染色体	＋/－	
dup	重复		

1.10.7　实验作业

1. 进行核型分析有何意义？

2. 进行核型分析要注意哪些问题？

（周宜君，高飞）

1.11 实验11 人类性染色质的标本制作与观察

1949 年，M. L. Barr 等人首先发现雌猫的神经细胞间期核中有一个被碱性染色料深染的小体，而雄猫却没有。后来的研究发现，这个深染的小体和性别及 X 染色体数目有关，所以称为性染色质体，也叫巴氏小体（以第一发现者的姓氏命名）。之后，在其他雌性哺乳动物细胞和人类女性的许多细胞中发现有同样的小体。

性染色质体的发现对人类性别发育的鉴别具有重要的意义，当时各类性畸形患者的细胞被用于进行性染色质的检查。1955 年，Moor 和 Barr 应用人体口腔黏膜的巴氏小体诊断性发育异常，Sachs 等应用人胎羊水细胞中的巴氏小体鉴定胎儿性别。1962 年，莱昂（Lyon）提出了单个 X 染色体失活的观点，对性染色质体的形成进行了解释。

1970 年，Pearson 等人用芥子阿的平或盐酸阿的平染色法见到男性中期细胞中 Y 染色体长臂的远端比其他区域的荧光强度要强，并长期存在于间期细胞核内，好似一个异固缩的荧光小体，称之为 Y 小体。

1.11.1 实验目的

掌握观察与鉴别 X 染色质的简易方法，识别其形态特征及所在部位，为进一步研究人的染色体的畸变与疾病（性异常），鉴别胎儿性别（羊水细胞涂片）提供参考。

1.11.2 实验原理

雌体细胞中的两条 X 染色体在间期时有一条（或这条的大部分）处于凝集而不活动的状态（异固缩），形成明显的染色中心，叫 X 染色质或性染色质、Barr 小体。这一现象在所有哺乳动物雌性体细胞中都存在。人类正常女性体细胞中，两条 X 染色体也有一条不表现活性而保持浓缩状态。正常女性口腔黏膜细胞中 30%～50% 有一个 Barr 小体。男性中偶见不典型者。

X 染色质的表现为一结构致密的深染小体，轮廓清楚，大小约 $1~\mu m$，其形态有微凸形、三角形、卵形、短棒形、圆形等，常附着于核膜边缘或靠近内侧。但是在血液的多形核白细胞分裂形成过程中，X 小体裂出形成有一细缝连接的鼓槌状突出物。男性个体细胞用荧光染料如盐酸阿的平，QH 染色后，可在间期核中看到一个直径约 $0.3~\mu m$ 的强荧光小体或在中期核中看到 Y 染色体的长臂发出强荧光，称为 Y 小体。

Lyon 对这一现象进行了解释，认为雌性细胞中有两条 X 染色体，而雄性中只有一条 X 染色体，为了保持 X 染色体上的基因表达量在雌雄两性中相当，所以在雌性细胞中会有一条 X 染色体失活，称此为剂量补偿效应。X 染色体的失活发生在胚胎发育的早期，两条 X 染色体中的一条在间期时发生异固缩而失活，失活的染色体是随机的，可以是来自父方的，也可以是来自母方的 X 染色体失活，当一条 X 染色体一旦失活，则其子代细胞中失活的将是同一条 X 染色体。

在正常情况下，雌性中可以观察到巴氏小体，而在雄性中没有。当性染色体发生畸变时，可以通过观察巴氏小体的数目而得到确证。例如 47，XXX 核型的女性体细胞中会观察到两个巴氏小体；47，XXY 核型的男性体细胞中，也可以观察到一个巴氏小体；在

XO女性体细胞中则观察不到巴氏小体。对巴氏小体的研究有助于揭示X连锁基因的调控机理、性染色体的进化过程以及解释性染色体畸变患者的症状表现等。

1.11.3　实验准备

1. 实验材料

正常男、女性口腔黏膜细胞。

2. 实验试剂和主要仪器设备

实验试剂：5％ Giemsa染液，McIlvaine缓冲液，0.5％盐酸喹吖因染液，蒸馏水，香柏油。

仪器设备：显微镜，荧光光源或荧光显微镜，灭菌牙签，染色缸，载玻片，擦镜纸。

1.11.4　实验操作

1. X染色质制片及观察

(1)取材与涂片：受检者用水漱两次口后，用灭菌牙签从女性口腔两侧颊部刮取上皮黏膜细胞，原位刮2～3次(去掉第一次刮取的死细胞)，分别涂抹在干净的载玻片上，范围1～2张盖片大小；利用同样的方法刮取男性口腔上皮黏膜细胞涂片作为对照。

(2)染色：涂片稍干后，滴加5％ Giemsa染液2～3滴，染色10 min。

(3)漂洗：取出染色好的涂片，用缓慢流水冲洗1 min，再用蒸馏水漂洗一下，以除去多余的染料颗粒。

(4)观察与计数：用油镜观察。先在低倍镜下找到细胞核，高倍镜下观察性染色质。

2. Y染色质标本制备及观察

(1)取材与涂片：与上述X染色质标本制备相同，以女性口腔上皮黏膜细胞涂片作为对照。

(2)染色：涂片稍干后，将涂片投入0.5％盐酸喹吖因中染色10 min。

(3)漂洗：取出染色好的涂片，用缓慢流水冲洗1 min，再用蒸馏水漂洗一下，以除去多余的染料颗粒。

(4)盖片：在标本上滴加McIlvaine缓冲液少许，覆盖洁净盖片。

(5)观察与计数：将标本片置荧光显微镜下观察计数。

1.11.5　实验结果与分析

1. X染色质制片及观察

(1)选取典型细胞核观察：核质呈网状或细颗粒状分布；核膜清晰，核无缺损；染色适度，呈紫红色；周围无杂质。

(2)性染色质位置：通常位于细胞核的核膜内侧边缘。

(3)形态：较小，为一直径1～1.5 μm、边界清楚的深紫小体；X染色质呈深紫红色，染色比核质深；呈微凸形、三角形、卵形、短棒形、圆形等。

(4)计数：选择核较大，核质颗粒少，染色均匀清晰、核膜完整的细胞核作为计数，每份标本至少计数50个细胞。

(5)临床指标：正常值男性为0～3％，女性为20％以上。

2. Y 染色质制片及观察

(1)片子制好后静置 30 min 左右，保持室内光线较暗，然后在荧光显微镜下观察。

(2)Y 染色质的特点：低倍镜观察，可见细胞核被染成黄色。用油镜观察，在核内出现一个较强的荧光点，即 Y 染色质，小而亮，呈黄色，一般位于核的中部或边缘，直径约 0.25 μm，有的呈单点结构，有的呈双点结构。

(3)计数 50 个细胞 Y 染色质出现率。正常男性 Y 染色质在口腔黏膜细胞的出现率大于 10%，一般为 20%～30%，但由于个体的差异，出现率常有较大的不同。正常女性中出现较强的荧光小体的细胞应在 5% 以下，甚至不出现。

3. 注意事项

(1)制片时刮取细胞用的牙签一端可以削成扁平状，以便刮取细胞，但不要太薄，以免伤到口腔上皮。牙签必须灭菌后才可使用。

(2)刮取细胞时一定要在原位刮取，并去掉第一次刮取的死细胞。涂布细胞要均匀。

(3)所计数的细胞要完整，无缺损，无皱褶，核染色均匀。

(4)涂片要晾干后才能染色，以便细胞能牢固的粘到载玻片上，在染色时细胞不会脱落。

(5)染色时间不能太长，否则细胞核染色较深，颜色反差较小，性染色质不易观察。

1.11.6 实验中经常遇到的问题和解决办法

1. 荧光染料要新鲜配制，最好是现配现用，配制好的荧光染液要避光保存。用荧光染料染色时，染好色的涂片要避光存放，观察时保持室内光线较暗。喹吖因和吖啶橙等荧光染料是 DNA 的嵌合剂，属于致畸类试剂，因此在使用中要注意安全。

2. 制片时刮取细胞用的牙签一端可以削成扁平状，以便刮取细胞，但不要太薄，以免伤到口腔上皮。牙签必须灭菌后才可使用。

3. 刮取细胞时一定要在原位刮取，并去掉第一次刮取的死细胞。涂布细胞要均匀。

4. 所计数细胞要完整，无缺损，无皱褶，核染色均匀。

5. 涂片要晾干后才能染色，以便细胞能牢固地粘到载玻片上，在染色时细胞不会脱落。

6. 染色时间不能太长，否则细胞核染色较深，颜色反差较小，性染色质不易观察。

1.11.7 实验作业

1. 随机观察至少 100 个细胞，计数出现性染色质的频率。

2. 图示性染色质的位置与形态。

3. 简述巴氏小体形成的机制。

4. 检查 X 染色质和 Y 染色质有何意义？

（李宗芸，高建国）

1.12 实验12 人类染色体荧光原位杂交实验

染色体是基因的载体,自从摩尔根把第一个基因与一条染色体联系起来,遗传的本质、物质基础和功能就联为一体。在人类的遗传性疾病中,有一大部分已经找到了相关基因,它们各自在特定染色体上定位,有的功能可以直接从染色体异常性疾病中获得信息。用一种可视的方法,让人们直观地观察到特定遗传单位在染色体上的位置,往往是研究一个重要遗传问题的第一步。

1969年,Gall和Pardue成功地利用放射性同位素标记的DNA探针,对细胞制片上的非洲爪蟾细胞核内的rDNA进行了检测。Pardue等人在同年又以小鼠的卫星DNA作为模板,并利用体外合成的含有^{3}H的RNA作为杂交的探针,成功地与中期染色体标本进行了特异的原位杂交,RNA-DNA原位杂交技术从此开始应用。1974年,Evans第一次巧妙而成功地将染色体显带技术和原位杂交技术结合起来,使基因定位的准确性大大提高。

原位杂交组织(或细胞)化学(*In Situ* Hybridization Histochemistry,ISHH)简称原位杂交(*In Situ* Hybridization),属于一类固相分子杂交技术。这类技术利用以一定方式标记的核酸(DNA或RNA)分子作为杂交探针,在生物材料制备物的原位对组织细胞内的特定的核酸序列进行。识别和检测因使用的探针和靶核酸不同,我们可以将原位杂交分为3类,即DNA-DNA杂交、DNA-RNA杂交和RNA-RNA杂交。

原位杂交可以使用能直接检测的探针,也可以使用通过间接技术检测的探针。于是又可以分为直接法原位杂交和间接法原位杂交两大类。直接法主要是采用放射性同位素、荧光及某些酶对探针进行标记,然后与靶核酸进行杂交;杂交之后,再分别通过放射性自显影、荧光显微镜技术或生色的酶促反应直接显示杂交结果,图12-1显示荧光杂交显色21三体综合征的体细胞。间接法通常主要是采用半抗原标记的探针,杂交后经过免疫组织化学手段对半抗原进行定位,这样间接地显示出探针与靶核酸杂交体。

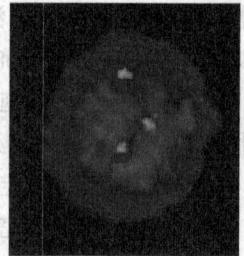

图12-1 示探针(21q22.2探针)在21三体综合征间期细胞中的杂交信号(3个荧光斑点)

原位杂交技术是一个经过不断革新的技术,对于揭示基因功能和遗传现象本质至关重要。

1.12.1 实验目的

1. 掌握染色体荧光原位杂交技术的基本原理。
2. 了解染色体荧光原位杂交在生物学、医学等领域的应用。
3. 准确掌握原位杂交的操作技术和实验步骤。
4. 利用此实验,熟练掌握荧光显微镜的使用方法。

1.12.2 实验原理

原位杂交技术出现后,最初是以同位素标记的探针进行杂交反应的。现在,尽管同位素标记(如^{35}S、^{3}H和^{32}P等)的杂交技术仍然被广泛使用着,但是非同位素标记的探针发展得很迅速——特别是生物素标记的探针和地高辛标记的探针，它们安全、方便，因而是科研工作者十分青睐的。

荧光原位杂交(Fluorescence in Situ Hybridization)是 20 世纪 80 年代末期才在原有的放射性原位杂交技术基础上发展起来的分子细胞遗传学技术。用英文名称首字母拼成一词，恰为"FISH"，这就是荧光原位杂交的简称。目前这项非放射性原位杂交技术已经在许多领域广泛应用，例如动植物基因组结构的研究、染色体精细结构变异的研究、病毒感染机理的研究、肿瘤遗传学分析、基因组进化分析以及人类产前诊断等。

FISH 的基本原理是用已知的标记单链核酸(SSDNA 或 RNA)为探针，按照碱基互补的原则，与待检材料中未知的单链核酸进行特异性结合，形成可被检测的杂交双链核酸(dsDNA)。由于 DNA 分子在染色体上是沿着染色体纵轴呈线性排列的，因而可以将探针直接与染色体进行杂交从而将特定的基因在染色体上定位。与传统的放射性标记原位杂交相比，荧光原位杂交具有快速、检测信号强、杂交特性高和可以多重染色等特点，因此在分子细胞遗传学领域受到普遍关注。

在 FISH 中，杂交所采用的探针大体上可以分成 3 种类别：

(1)染色体特异性重复序列核酸探针。如 α-卫星 DNA、Ⅲ类卫星 DNA 探针。其杂交的靶位常长于 1Mb，并且不含散在的重复 DNA 序列。探针与靶位的结合很紧密，杂交所得到的信号较强，比较容易被检测到。

(2)全染色体涂染探针(图 12-2)或染色体区域特异性探针。这样的探针由一条完整的染色体或者由染色体上的某一区段上非常特异的核苷酸片段组成。这类探针可以由克隆到噬菌体或质粒中的特异的染色体大片段获得。

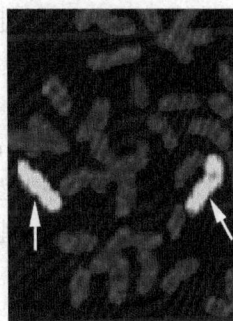

图12-2　全染色体涂染探针 原位杂交信号(箭头所指)

(3)位点特异性探针。这类探针由一个或若干个克隆序列组成。对这样的探针进行的荧光素标记可以采用直接法，也可以采用间接法。以直接标记法为例：将荧光素直接同探针的核苷酸或者磷酸戊糖骨架进行共价键结合，或者在缺口平移法标记探针时将荧光素连接的核苷三磷酸掺入到探针分子当中。直接标记法在识别、检测靶位目标时操作步骤比较简单，但是由于它不能对信号进行放大处理，灵敏度有限。间接标记法是以生物素标记的 dUTP(biotin-dUTP)为底物，经过缺口平移反应进行探针分子标记；杂交之后，再利用耦联了荧光素的抗生物素抗体进行目标检测。同时，还可以利用抗生物素蛋白—荧光素、生物素化的抗抗生物素蛋白、抗生物素蛋白—荧光素等几轮处理，把杂交反应所获得的荧光信号进行放大，因而可以检测 500bp 量级的片段。显然，间接标记的方法比直接法要灵敏得多。

本实验采用缺口平移法制备探针。制备过程包括：①以 DNase Ⅰ 在 DNA 双链上作用产生缺口；②以缺口为作用起点，以大肠杆菌 DNA 聚合酶 Ⅰ 自缺口处进行修补合成反应。在修补合成互补链时，生物素标记的 dNTP 即掺入 DNA 链中，从而合成出带生物素标记的杂交探针。

在本实验中，我们采用 Y 染色体探针对人的外周血细胞中期染色体标本进行 FISH 分析，目标是显示出 Y 染色体的杂交信号，通过相对基础的实验掌握 FISH 技术的机理和操作要领。

1.12.3 实验准备

1. 实验材料

Y染色体探针，人类外周血中期染色体细胞标本。

2. 实验试剂和主要仪器设备

实验试剂：指甲油，avidin-FITC[FITC标记的亲和素(抗生物素蛋白)]，antiavidin(抗生物素蛋白抗体)，甲酰胺，氯化钠，柠檬酸钠，氢氧化钠，Tween-20(吐温-20)，PI(碘化丙啶)，antifade(抗荧光衰减封片剂)。

仪器设备：染色缸，载玻片，荧光显微镜(带数码照相机)，盖玻片，封口膜，200 μL微量移液器，20 μL微量移液器，暗盒，培养箱，恒温水浴锅。

1.12.4 实验方法及操作步骤

1. 杂交探针和标本的变性处理

(1)杂交探针的变性处理

条件：75 ℃水浴；0 ℃冷却。

操作：事先准备好75 ℃的恒温水浴锅和冰水混合浴条件。把做杂交用的探针在75 ℃的恒温水浴锅中温育5 min，然后立即放置到0 ℃(冰水混合浴条件)冷却5~10 min，使双链DNA探针充分变性。

(2)标本的变性处理

条件：50 ℃烤片；70~75 ℃变性；冰乙醇系列脱水。

操作：① 烤片——事先准备好50 ℃培养箱。将制备好的染色体玻片标本放置到50 ℃培养箱中进行烤片(2~3 h)。

注意：经过Giemsa染色的标本需要预先在固定液中褪色，然后再进行烤片处理。

② 变性——从50 ℃培养箱中取出完成烤片的玻片标本，浸在70~75 ℃的体积分数70%甲酰胺/2×SSC变性液中，使标本变性(2~3 min)，然后立即进入下一步(脱水干燥)。

③ 脱水干燥——按顺序将变性处理过的标本经体积分数依次为70%→90%→100%的冰乙醇系列脱水。时间为每次5 min。然后在空气中进行干燥。

(3)杂交

条件：37 ℃暗盒中过夜，保湿。

操作：事先准备37 ℃恒温培养箱和内部潮湿的暗盒。把10 μL已经经过变性处理或完成预退火的DNA探针滴加到已经经过变性、脱水处理的玻片标本上，并加盖18 mm×18 mm规格的盖玻片，用Parafilm封片，放到潮湿的暗盒中，然后将暗盒置于37 ℃恒温培养箱内进行杂交，杂交反应持续过夜(时间15~17 h)。

注意：使用潮湿的暗盒是因为杂交液较少、杂交温度较高、杂交反应持续时间较长，需要保持湿度。

2. 杂交后洗脱

条件：42~50 ℃揭片、洗片；室温洗片。

操作：事先将适量甲酰胺/2×SSC、1×SSC预热到42~50 ℃。

① 揭片——杂交开始后的第2天(反应15~17 h之后)，将标本从暗盒中取出，然后

用刀片将盖玻片轻轻地揭下来，随即进入下一步——洗片。

②　洗片 1——将已完成杂交反应、揭片后的玻片标本放置于已经过预热的 42～50 ℃ 的甲酰胺/2×SSC 中(体积分数 50％)洗涤 3 次，每次洗涤时间为 5 min。

③　洗片 2——在已经预热的 42～50 ℃ 的 1×SSC 中洗涤 3 次，每次 5 min。

④　洗片 3——在室温条件下，将玻片标本在 2×SSC 中再短暂清洗 1 次。

注意：杂交后洗脱步骤有利于将非特异性结合的探针除去，从而降低本底反应信号。

3. 信号放大

条件：37 ℃ 温育；42～50 ℃ 洗脱。

操作：事先准备好 37 ℃ 温箱、42～50 ℃ 洗脱液。

①　用微量移液器吸取 150 μL 封闭液Ⅰ，加到玻片上的杂交部位，然后用保鲜膜覆盖、温育(37 ℃，20 min)。

②　去掉玻片上的保鲜膜，再用微量移液器吸取 150 μL avidin-FITC，加到玻片上的杂交部位，并用保鲜膜覆盖，继续温育(37 ℃，40 min)。

③　取出温育后的标本，放入已预热的 42～50 ℃ 洗脱液中洗涤 3 次，每次 5 min。

④　取 150 μL 的封闭液Ⅱ，加在玻片标本的杂交部位，并覆盖保鲜膜，在 37 ℃ 条件下温育 20 min。

⑤　去掉保鲜膜，取 150 mL antiavidin 加在标本上，再覆盖新的保鲜膜，在 37 ℃ 条件下继续温育 40 min。

⑥　取出温育后的标本，放入已预热到 42～50 ℃ 的新洗脱液之中洗涤 3 次，每次 5 min。

⑦　将步骤①②③重复一轮，再在 2×SSC 中于室温短暂清洗一次。

⑧　取出玻片，自然干燥后，吸取 200 μL PI/antifade 染液滴加到玻片标本上，并覆盖盖玻片。

4. 封片

使用指甲油将盖片周围封闭，以防止盖片与载片之间的溶液挥发(经过封片的标本可以在 −70～−20 ℃、黑暗条件下保存数月)。

5. 杂交结果观察

在荧光显微镜下观察本次的 FISH 结果。方法步骤如下：

①　将封片(保存)后的标本先在可见光源下找到具有细胞分裂相的视野。

②　打开荧光激发光源，选用 490 nm 的激发波长(对于 FITC)进行荧光激发。

③　观察——细胞核在 PI 染色作用下呈现红色荧光，经 FITC 标记的探针发出绿色荧光。对于本实验，在男性外周血染色体标本的杂交中呈现阳性(可以观察到明显的 Y 染色体杂交信号)。

④　图像采集、实验结果记录。

1.12.5　实验作业

总结荧光原位杂交实验的原理和操作技术，并指出关键步骤。如果出现假阳性，你能分析可能的原因吗？

附1 DNA 探针的制备

1. 质粒 DNA 克隆的提取、纯化和鉴定

(1) 在超净台上，用接种环挑取适量(一小块)冻存于−70 ℃的转化菌，接种到 5 mL 的 LB 培养基中，在 37 ℃温度下摇菌(剧烈震荡培养)过夜。

(2) 收集菌液，以 3 000 r/min 转速离心 10 min，弃掉上清液，留取菌体沉淀。

(3) 吸取 300 μL 溶液 I、350 μL 溶液 II 加入菌体沉淀中，混匀后将混合体系置于冰浴中冷却片刻，再吸取 350 μL 溶液 III 加入混合体系，混匀，最后加酚/氯仿($V : V = 1 : 1$)500 μL 后充分混匀。

(4) 以 12 000 r/min 转速离心 10 min，将上清液转移到新管。

(5) 向上清液中加入 600 μL 的异丙醇，充分混匀后以 12 000 r/min 转速离心 15～30 min，弃掉上清液，留取 DNA 沉淀。

(6) 用 1 500 μL 体积分数 70%的乙醇洗涤沉淀 2～3 次，在空气中晾干。

(7) 用适量 TE 缓冲液将 DNA 沉淀溶解。

(8) 将 DNA 溶液加水至 200 μL，并加 RNase A 至终浓度 200 μg /mL，在 50 ℃水浴中消化 DNA 溶液 30 min，以除去 RNA。

(9) 向 DNA 溶液中加入酚、氯仿和异丙醇($V : V : V = 25 : 24 : 1$)混合液 200 μL，混匀，在 12 000 r/min 转速下离心 2 min，将上清液转移到新管。

(10) 向上清液中再加入 200 μL 氯仿/异戊醇($V : V = 24 : 1$)，混匀，在 12 000 r/min 转速下离心 2 min，将上清液转移到新管。

(11) 以 20 μL 3 mol/L NaAc 及 500 μL 体积分数为 100%的乙醇沉淀上清液中的 DNA(可在−70 ℃放置 30～60 min，以使 DNA 充分沉淀，再以 12 000 r/min 的转速离心 15 min，收集沉淀)。

(12) 用 1.5 mL 体积分数 70%的乙醇清洗沉淀，并在空气中自然晾干。

(13) 溶解 DNA 于适量的 TE 缓冲液中，成为纯化的 DNA 溶液。

(14) 取 1～2 μL 纯化的 DNA 溶液，经过琼脂糖凝胶(8.0 g/L 的琼脂糖)/TBE 缓冲液电泳对 DNA 进行鉴定，并检测 DNA 的浓度。

(15) 取 1 μg DNA，用 4～5 U 相应的限制性核酸内切酶，在 BSA 100～200 μg /mL 体系中，于 37 ℃水浴中酶解 2～4 h 以消化 DNA。

(16) 利用琼脂糖凝胶电泳观察，根据酶切片段的数量及大小估计 DNA 克隆插入片段的大小。

2. 探针的标记(生物素标记法)

采用缺口平移法(注：亦可采用 PCR 方法)制备探针。

按 GIBCO 公司提供的方法以 biotin-14-dATP 标记探针(探针可在−20 ℃温度下长期储存)。

反应体系(50 μL)：

DNA	1 μg
10×dNTP	5 μL

10×Enzyme Mix　　　5 μL

无菌 ddH₂O　　　　　至 50 μL，混匀

其中 10×dNTP 的组成：

500 mmol/L Tris-HCl(pH＝7. 8)

50 mmol/L MgCl₂

100 mmol/L β-巯基乙醇

100 μg /mL 去除核酸酶的牛血清白蛋白

0. 2 mmol/L dCTP，0. 2 mmol/L dGTP，0. 2 mmol/L dTTP

0. 1 mmol/L dATP，0. 1 mmol/L biotin-14-dATP

10×酶混合液(Enzyme Mix)的组成：

0. 5 U/mL DNA 聚合酶 Ⅰ

0. 075 U/mL DNase Ⅰ

50 mmol/L Tris-HCl(pH 7. 5)

5 mmol/L 醋酸镁

1 mmol/L β-巯基乙醇

0. 1 mmol/L 苯甲基磺酰氟

体积分数 50％甘油

100 μg /mL 牛血清白蛋白

反应过程：将上述反应体系在 16 ℃条件下保持 1 h。

反应产物检测：用琼脂糖凝胶(8. 0 g/L 的琼脂糖)/TBE 缓冲液电泳检测标记产物 (DNA 片段以300～500 bp 大小为宜。如果片段偏长，应加适量的 DNase Ⅰ继续进行酶切消化，直至长度适中)。

加 5 μL 的 300 mmol/L EDTA(终止缓冲液)停止反应。

用乙醇进行沉淀，将探针与非掺入的核苷酸分开。

附 2　荧光染料的激发光和发射光波长及滤光镜选择

原位杂交相关实验中荧光染料同激发光和发射光波长及滤光镜选择搭配汇总于表 12-1。

表 12-1　荧光染料同激发光和发射光波长及滤光镜选择搭配汇总

荧光染料	激发波长/nm	发散波长/nm	适用激发光
异硫氰酸荧光素	490	520	IB
异硫氰酸四甲基罗丹明	511	572	IG
得克萨斯红	596	620	IY
色霉素	450	570	B，VB
2′[4-羟基苯]-5-[4-甲基-派嗪]-2,5′-二-1H-苯并咪唑	365	465	U
碘化丙啶(PI)	530	615	IB，G，IG
罗丹明毒伞素	550	680	G，IG
4,6-二氨基-2-苯基吲哚	372	456	U

附3　人外周血淋巴细胞培养及染色体组型分析

1. 淋巴细胞培养与处理

(1) 在无菌室内用移液管将培养液及其他各试剂分装入 10 mL 的细胞培养瓶中，并准备 RPMI 1640 培养液 4 mL，小牛血清 1 mL，PHA 0.2 mL，肝素 (500 U/mL)0.05 mL，双抗 (青霉素和链霉素) 100U/mL，用 3.5% 苯酚氢钠调节 pH 为 7.2~7.4。

(2) 用 5 mL 灭菌的注射器吸取肝素 (500 U/mL)0.05 mL 以湿润注射器内壁。用碘酒和乙醇消毒志愿者的皮肤，然后自其肘静脉采血约 0.3 mL。在酒精灯火焰旁边，自橡皮塞向装有生长培养基 5 mL 的培养瓶内接种，每瓶 0.05 mL 左右。接入培养瓶后轻轻摇动几次。

(3) 将接种的培养瓶直立地置于 37 ℃±0.5 ℃恒温箱内，培养 66~72 h。

(4) 细胞培养终止前，在培养物中加入质量浓度为 40 μg/mL 的秋水仙素 0.05~0.1 mL (终质量浓度为 0.4~0.8 μg/mL)，放入 37 ℃±0.5 ℃的恒温箱中作用 2~4 h。

(5) 小心地从温箱取出经秋水仙素处理过的培养物，用滴管吸出弃掉上清液，留用沉积在培养瓶底的培养物，然后加入温育的低渗液 (0.075 mol/L 的 KCl 溶液)5 mL。用滴管轻轻将培养的细胞抽打成悬液，分装到 2 个离心管内。

(6) 将细胞培养物置于 37 ℃±0.5 ℃恒温箱，处理 20 min，以使红细胞破碎，而白细胞得以膨胀。

(7) 在 1 000 r/min 转速下离心 5 min，弃除上清液，收集离心管底沉淀的白细胞。

(8) 在离心管中加入固定液 (甲醇/冰醋酸，$V:V=3:1$)2 mL，立即用滴管轻轻冲打成细胞悬液；在室温中固定 15 min 后，在 1 000 r/min 离心，弃除上清液，留下离心管底沉淀的白细胞。

(9) 重复步骤 (6)，收集的白细胞用于制片。

2. 染色体组型 (核型) 分析

(1) 向盛放白细胞的管中滴入固定液 0.2 mL，用巴斯德吸管小心地抽打成细胞悬液。取出事先准备的冰盒，将载玻片平铺于冰盒的表面。每个片子上滴加 1~2 滴细胞悬液，然后将载玻片置于玻璃架的表面，自然风干或在酒精灯火焰上烤干。

(2) 用经过磷酸缓冲液 (pH 7.4) 稀释的 Giemsa 染色液扣染白细胞制片，用蒸馏水轻轻冲洗载玻片的背面，除去颜料，然后在火焰上烤干。

(3) 在显微镜下，先用低倍镜寻找良好的有丝分裂相，再用高倍油镜观察细节。

（梁前进）

模块 3——基础性遗传分析

1.13 实验 13 粗糙链孢霉的杂交

粗糙链孢霉（*Neurospora crassa*，$2n=14$），又称为红色面包霉，属于真菌界（Fungi）子囊菌门（Ascomycota）粪壳菌纲（Sordariomycetes）粪壳菌目（Sordariales）粪壳菌科（Sordariaceae），已知的有 4～5 种，其基因组（约 43 Mb）已被测序。作为非酵母真菌的代表物种，目前粗糙链孢霉已被广泛用于真核生物遗传学、分子细胞和进化生物学研究。粗糙链孢霉的外部形态如图 13-1 所示。

利用粗糙链孢霉进行遗传学分析有如下优点：①个体小，生长快，容易培养；②既可进行有性繁殖，也可进行无性繁殖，一次杂交可产生大量后代；③染色体与高等生物一样，研究结果可广泛应用于遗传学上；④无性世代是单倍体，没有显隐性，基因型可以直接在表型上反映出来；⑤一次只需分析一个减数分裂的产物，就可以观测到遗传结果，简单易行，而二倍体合子是两个不同减数分裂产生的配子相互结合的结果，需要通过测交实验才能分析减数分裂的结果，过程繁杂。因此，粗糙链孢霉是进行基因分离和连锁交换遗传分析的好材料。

图 13-1 粗糙链孢霉的显微结构观察

粗糙链孢霉的营养体是由单倍体（$n=7$）的多细胞菌丝体和分生孢子所组成，生活方式有有性和无性两种。菌丝经有丝分裂直接发育成菌丝体，称为无性生殖。而两种不同接合型细胞结合产生有性孢子的过程称有性生殖。无性繁殖过程由菌丝顶端断裂形成分生孢子。分生孢子有两种，小型分生孢子中只含有一个核，大型分生孢子有几个核。分生孢子萌发成菌丝，可以再形成分生孢子，周而复始（图 13-2）。

1.13.1 实验目的

1. 通过对粗糙链孢霉杂交后代表现型的分析，掌握顺序排列四分体的遗传分析技术。
2. 学会着丝粒距离的计算和作图，加深对基因分离和连锁交换规律的理解。

1.13.2 实验原理

在有性生殖过程中，粗糙链孢霉的菌株有两种不同接合型（mating type），它们受一

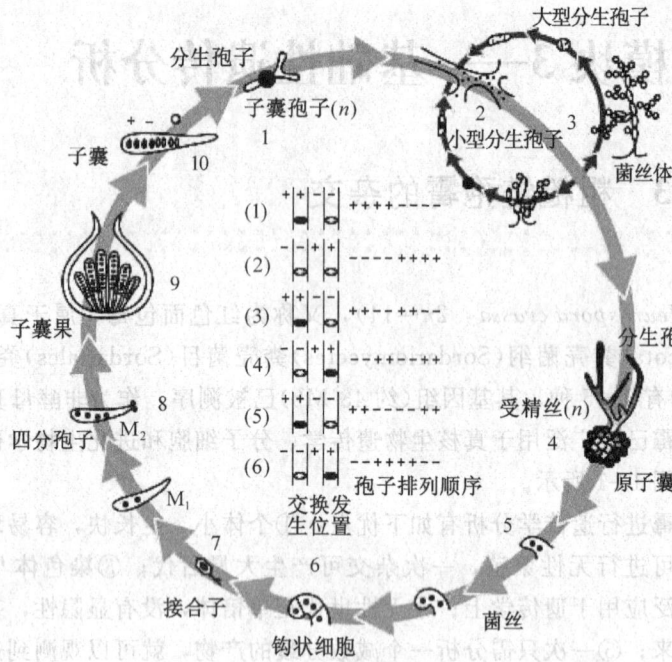

图 13-2　粗糙链孢霉的生活史

注：1～3为无性繁殖；4～9为有性繁殖。图中间示基因交换发生位置及
子囊孢子的排列顺序，(1)(2)为非交换型；(3)(4)(5)(6)为交换型。

对等位基因控制，不同接合型菌株的细胞接合后可产生子囊果及子囊孢子。

粗糙链孢霉的子囊孢子是单倍体细胞，由它发芽长成的菌丝体也是单倍体。所以由一对等位基因决定的性状在 F_1 就能分离。并且，它的一次减数分裂产物包含在一个子囊中，可以直接观察到基因分离，并证明基因在染色体上。同时，再一次有丝分裂后，8 个子囊孢子有顺序地排列在子囊中(图 13-3)，就可以测定着丝粒距离并发现基因转变。

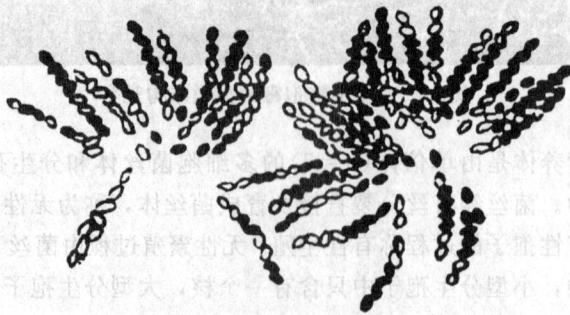

图 13-3　子囊中的子囊孢子

交换型子囊的出现，是由于核基因与着丝点之间发生了一次染色体片段交换的结果，即由第一次分裂分离形成的子囊为非交换型子囊，第二次分裂分离形成的子囊为交换型子囊，因而第二次分裂分离的子囊数量越多，表明有关基因和着丝粒的距离越远。根据第二次分裂分离子囊的频数，就可以计算出某一基因和着丝粒间的距离，这距离称为着丝粒距离。由于交换只发生在二价体的 4 条染色单体中的 2 条之间，每当发生一次交换时，便产

生一个第二次分裂分离子囊，所以交换型子囊中仅有一半子囊孢子属于重组类型，因此必须将第二次分裂分离子囊的百分率除以 2，就是某一基因与着丝粒间的重组值，计算公式如下：

$$着丝粒和基因间的重组值 = \frac{第二次分裂分离子囊数}{子囊总数} \times \frac{1}{2} \times 100\%$$

重组值除去%，即为图距：

$$某基因的着丝粒距离 = \frac{第二次分裂分离子囊数}{子囊总数} \times \frac{1}{2} \times 100 \ 图距单位$$

1.13.3 实验准备

1. 实验材料

粗糙链孢霉，野生型菌株 Lys⁺，接合型 a；赖氨酸缺陷型菌株 Lys⁻，接合型 a。

2. 实验试剂及主要仪器设备

实验试剂：基本培养基，补充培养基，完全培养基，杂交培养基（以上培养基配方见本实验附录，供选用），5%次氯酸钠(NaClO)，5%石炭酸。

仪器设备：显微镜，镊子，酒精灯，接种针，滤纸，载玻片，试管，培养皿，解剖针。

1.13.4 实验操作

1. 菌种活化

进行杂交实验前，要先把冷冻保存的菌种活化。把野生型和缺陷型菌种分别斜面接种到各自的试管培养基上，置于 28 ℃恒温培养箱中培养 5～7 d，直至菌丝上部有分生孢子产生，长好的菌株在菌丝上部可见红粉状孢子。保存和活化可用马铃薯培养基。

2. 接种杂交

在无菌条件下，先用接种环挑取 Lys⁻ 菌株的菌丝或分生孢子，团块直径 3～6 mm，接种于杂交培养基上，再挑取 Lys⁺ 菌株的菌丝或分生孢子，团块直径 1～2 mm，接种在同一杂交培养基上，让其杂交。接种时，试管口应靠近火焰，以防污染，并贴上标签，然后放在 25 ℃恒温培养箱中培养，约经 14 d，可看到棕黑色的成熟子囊，此时即可在显微镜下观察分析。观察时要注意掌握好孢子的成熟程度，如过早，子囊中的孢子尚未成熟而呈白色，若偏迟，则孢子全为黑色，对交换型和非交换型孢子难以区别。要掌握适宜的观察时期，最好是在子囊壳开始变黑时，每天取几个子囊果压片观察，当看到适合的子囊果时立即置于 4～5 ℃冰箱中，可保存 3～4 周，延长观察时间。

3. 压片观察

将附有子囊果的滤纸条放入 3%来苏尔溶液中处理 10 min，杀死孢子，以防孢子飞扬污染实验室。取一载玻片，滴 1 滴 3%来苏尔溶液，然后用接种针挑出子囊果放在载玻片上，用镊子柄平压，或盖上另一载玻片，用手指压片（这里用载玻片盖上压片而不用盖片，是因为子囊果很硬，盖玻片易破裂），压片时要适当用力压破子囊果，使子囊呈放射状逸出，但要注意不能让分生孢子散出，一个子囊果中会散出 30～40 个子囊。压片时最好一次一个子囊果，多了效果欠佳。片子压好后，置于 100×显微镜下观察，观察时要顺时针方向观察，自中心向外确定子囊类型，计数并做好记录。此过程不需无菌操作，但也要注意将观察过的载玻片、用过的镊子和解剖针等都放入来苏尔溶液中浸泡后取出洗净，以免污染实验室。

1.13.5 实验结果与分析

观察一定数目的子囊果，记录每个完整子囊的类型，按不同的子囊类型计数填入表 13-1 中，并计算 Lys 基因与着丝粒间的距离。

表 13-1 计数表

子囊类型		孢子排列方式	观察数	合 计
非交换类型 （第一次分裂分离）	1	＋＋＋＋－－－－		
	2	－－－－＋＋＋＋		
交换类型 （第二次分裂分离）	3	＋＋－－＋＋－－		
	4	－－＋＋－－＋＋		
	5	＋＋－－－－＋＋		
	6	－－＋＋＋＋－－		

1.13.6 实验中经常遇到的问题和解决办法

1. 30 ℃以上的温度抑制原子囊果的形成，因此菌株杂交后进行培养的温度应该控制在 25 ℃。另外，赖氨酸缺陷型菌株有时即使在完全培养基上也生长得不好，这时可加适量的赖氨酸加以改善。

2. 如果观察时间不当，有可能看不到真实满意的结果（过早，可能所有子囊孢子均未成熟，全为灰色；过晚，可能赖氨酸缺陷型孢子也成熟了，全为黑色）。所以，要预先观察子囊孢子的成熟过程，选取合适的时间进行显微镜下分析。

3. 为了避免对实验室环境的污染，用过的载玻片、解剖针和镊子等物品都需要经过 5％石炭酸溶液浸泡，再冲洗干净。

4. 实验前应提前活化菌种。

1.13.7 实验作业

1. 通过本次实验可以达到什么目的？

2. 请说明为什么利用粗糙链孢霉不同接合型杂交实验验证孟德尔分离规律，要比利用二倍体生物更加简单。

3. 6 种子囊型的细胞学基础是怎样的？

（高飞，周宜君）

1.14 实验 14 数量性状的遗传分析——人类指纹的分析

遗传学研究中根据遗传性状的表现特征将其分为两类，即数量性状（quantitative character）和质量性状（qualitative character）。质量性状通常差异明显，呈不连续变异，由主基因决定，杂交子代的表型呈现一定的比例，可直接采用孟德尔遗传原理进行分析。数量性状不同于质量性状，数量性状是可以度量的性状，呈连续变异，由多基因决定，各基因作用微小并且是累加的，呈剂量效应，因此通常要采用统计学方法分析。

皮肤纹理（dermatoglyphy）简称皮纹，由皮肤的真皮面向表皮突出形成的平行线称为嵴纹（ridge），嵴与嵴之间形成的凹陷称为皮沟（dermal furrow），嵴与沟就组成了人的皮纹。皮纹属于多基因遗传，在胚胎第12～13周皮纹即已形成并保持终生不变。皮纹主要存在于手掌（即掌纹）、手指（即指纹，图14-1所示为人体的指纹类型）、脚掌和脚趾上。皮纹具有高度的个体特异性。例如，每个人的指纹都是独一无二的，两人之间甚至双胞胎之间不存在相同的指纹，拥有相同指纹的可能性在十亿分之一以下，因此人类指纹具有高度的个体特异性和终生性两大特点，指纹被称作是无法伪造的身份证。研究皮纹的形态特征、发生、遗传变异规律及其应用的学科称为皮纹学（dermatoglyphics）。

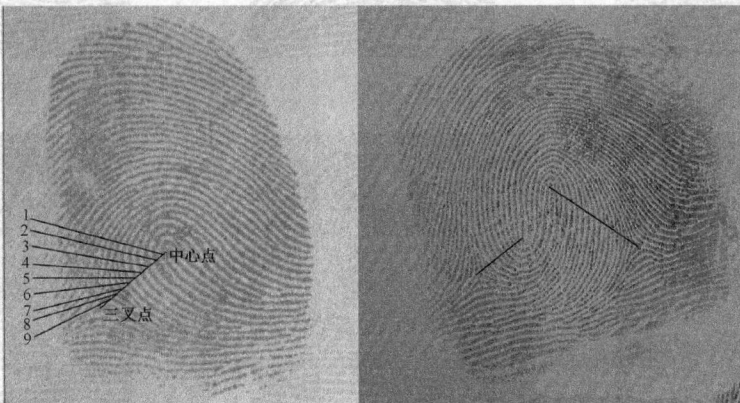

图 14-1 人体的指纹（左为箕形纹，右为双箕斗形纹）

对皮纹进行科学研究开始于17世纪。首先发表专著的是Purkinjie（1823），1892年Galton撰写了 *Finger-prints* 一书，为皮纹学奠定了基础。自Holt发现皮纹的种族差异后，世界各地学者对不同民族、不同地域、不同群落的人群进行了对比观察，以探索不同群体间的区别和亲缘关系及民族起源、迁移和相关民族间的关系。近年来，皮纹学在体质人类学、人类遗传学、临床医学、法医学等领域都得到广泛应用。

1.14.1 实验目的

1. 学习并掌握人类指纹的类型和特点。
2. 学习并掌握指纹的采集和分析方法。
3. 分析指纹在不同性别、不同民族之间的差异。

1.14.2 实验原理

人类的指纹分为弓形纹、箕形纹和斗形纹三种基本类型（图 14-2）。

（1）弓形纹（arch，A）：纹线从一侧到另一侧，并向指尖方向耸起弓形或拱形；可分为一般弓形和帐弓形，后者弓形纹线弯曲较大。

（2）箕形纹（loop，L）：纹线从手指一侧出发，绕过指垫的中心，又回到起始的一侧，形似簸箕。按箕口朝向的不同，箕形纹分为尺箕（正箕）和挠箕（反箕）2 种。尺箕（ulnar loop，U）的箕口朝向本手的小指，挠箕（radial loop，R）的箕口朝向本手的拇指。

（3）斗形纹（whorl，W）：斗形纹具有 2 个三叉点。根据纹线的分布和走向，斗形纹分为环形斗、螺形斗、双箕斗三种类型。环形斗（circular whorl）的纹理图案中心的纹线呈同心圆分布；螺形斗（spiral whorl）的纹理走向呈螺旋形；双箕斗又称绞形纹由 2 个箕形纹构成，两箕形纹相互绞着，两箕纹线的走行方向相反各有 1 个三叉点。

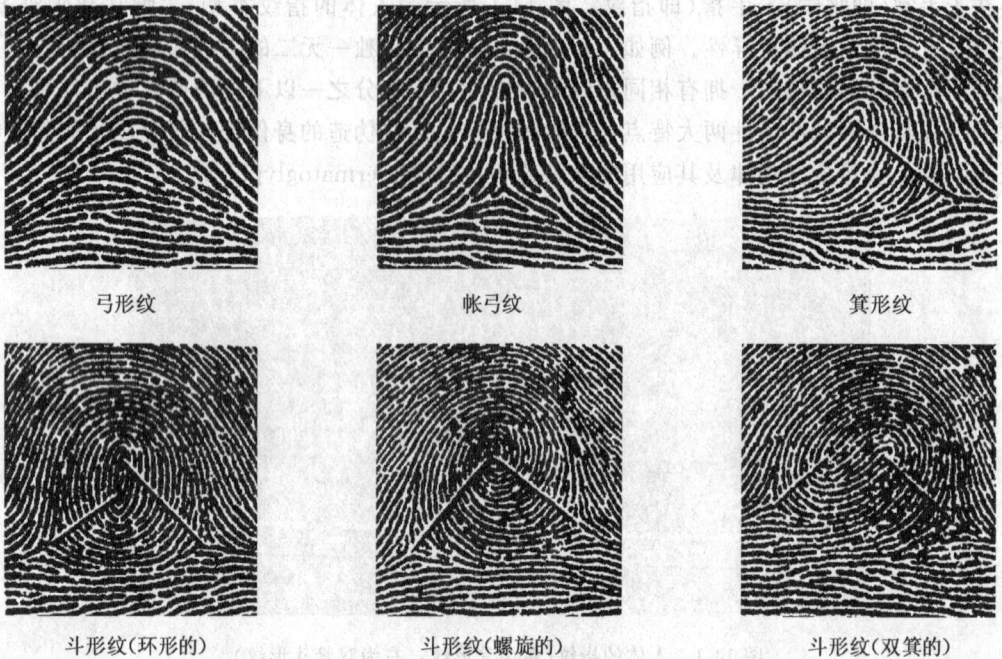

图 14-2　人体的各种类型指纹

在人群中，不同个体各种指纹出现的频率有种族差异，而对于同一种族的不同个体则比较近似，见表 14-1。

表 14-1　不同人种的指纹形频率 $n(\%)$

指纹类型	黄色人种	棕色人种	黑色人种	白色人种
弓形纹	2.0	0.9	7.2	7.5
箕形纹	51.2	22.1	63.0	64.5
斗形纹	46.8	77.0	29.8	30.0

指纹出现的频率在左右手间并不相同。左手的弓形纹、箕形纹通常高于右手；右手的

斗形纹通常高于左手。指纹在五指的分布的频率排序为（拇指1，食指2，中指3，环指4，小指5）：

弓形纹（2、3、1、5、4）；尺箕形纹（5、3、2、1、4）；挠箕形纹（2、3、1、4、5）；斗形纹（4、1、3、2、5）。

指纹在不同性别间的表现为：男性的斗形纹、挠箕形纹高于女性，而女性的弓形纹、尺箕形纹高于男性。

观察指纹时应注意三叉点（triradius）或三角点的识别。三叉点是3条方向不同的辐射线的会聚区，呈"Y"形。弓形纹没有三叉点，箕形纹有1个三叉点，斗形纹有2个三叉点。

在指纹分析中，不仅要区分指纹的类型，而且总嵴纹数（total ridge count，TRC）也是常用的统计指标。总嵴纹数可以判别该个体各种指纹纹理的细微特征和各种指纹比例情况。

从斗形纹或箕形纹的中心点到三叉点画一条线，数出与其连续相交的嵴纹数目（图14-3）。嵴纹数的计算原则为：两端不计；斗形纹有2个三叉点，以较大者为准；双箕斗，有2个三叉点，取均值。统计10个手指的嵴纹数之和即为总嵴纹数。染色体病患者的指纹的 TRC 与正常人相比差异明显，特别是 TRC 与性染色体数目异常有关，性染色体数越多，TRC 值越低。如 XY 个体的 TRC 为 145，XX 个体为 127，XXX 个体为 109，XXXXY 个体为 49.3，XO 个体为 200，所以统计 TRC 可以作为诊断某些染色体异常疾病的辅助指标。18 三体、13 三体、21 三体的 TRC 较低。

不同种族间、不同性别间的 TRC 存在差异。例如欧洲：男 145，女 127；美国白人：男 132，女 120；中国：男 163，女 153。中国不同民族的 TRC 表现为：汉族 140，维吾尔族 138，哈萨克族 150，回族 157，蒙古族 124，朝鲜族 137，藏族 144，苗族 132，壮族 133。

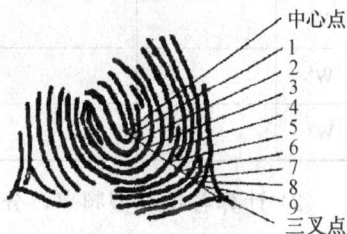

图 14-3　嵴纹数的计算

1.14.3　实验准备

1. 实验材料

实验者自身的指纹。根据实验要求选择特定人群（如同性别、同民族、同地域、同家系）采集指纹，为便于统计分析，样本数量应不少于 20 人。

2. 实验试剂和主要仪器设备

印泥或透明胶带，软铅笔，白纸，放大镜，扫描仪或照相机，计算机。

1.14.4　实验操作

1. 提取指纹。用手指蘸取印泥，从一侧到另一侧按在白纸上，使指纹线清晰。

2. 指纹类型的统计。指纹按三型六类统计：弓形纹（A）分为平弓（A^s）和帐弓（A^t），箕形纹（L）分为尺箕（L^u）和挠箕（L^r），斗形纹（W）分为简斗（环斗和螺斗 W^s）和双箕斗（W^d）。

3. 总嵴纹数的计算。确定每个手指的三叉点，分别计算每个手指的嵴纹数，统计每个人的总嵴纹数（TRC）。

4. 统计分析。采用 χ^2 检验。

1.14.5 实验结果与分析

1. 实验者自身的指纹的特征。描述本人指纹特征，包括双手十指的指纹类型，各种纹形的表现频率，左右手对应纹形特征，TRC 值。

2. 采集的群体样本指纹分析。

(1)计算各种纹形频率，分析特征。数据汇总于表 14-2。

表 14-2　男、女双手各种纹形频率 n（%）

指纹类型	男			女			男女合计
	左	右	总数	左	右	总数	
A							
A^s							
A^t							
L							
L^u							
L^r							
W							
W^s							
W^d							

(2)计算各指纹型频率，分析特征。数据汇总于表 14-3。

表 14-3-1　男、女左手各指纹形频率 n（%）

指纹类型	男（左）					女（左）				
	1	2	3	4	5	1	2	3	4	5
A										
A^s										
A^t										
L										
L^u										
L^r										
W										
W^s										
W^d										

表 14-3-2　男、女右手各指纹形频率 n（%）

指纹类型	男（右）					女（右）				
	1	2	3	4	5	1	2	3	4	5
A										
A^s										
A^t										
L										
L^u										
L^r										
W										
W^s										
W^d										

（3）计算双手十指同纹形频率。统计十指纹仅为某一种类型的频率。

（4）统计一手五指纹形组合特征，分析特征。数据汇总于表 14-4。

表 14-4　一手五指纹形组合的频率 n（%）

A	L	W	男	女	总数	A	L	W	男	女	总数
0	0	5				4	0	1			
0	5	0				1	0	4			
5	0	0				3	0	2			
同		形				2	0	3			
						A	O	W			
0	1	4									
0	4	1				1	1	3			
0	3	2				3	1	1			
0	2	3				1	3	1			
O	L	W				1	2	2			
						2	2	1			
1	4	0				2	1	2			
4	1	0				A	L	W			
3	2	0									
2	3	0									
A	L	O									

（5）分析左右手对应手指指纹形组合特征，数据汇总于表 14-5。

表 14-5 对应手指指纹形组合的频率 $n(\%)$

手指	性别	A/A	A/L	A/W	L/L	L/W	W/W
1	男						
	女						
	合计						
2	男						
	女						
	合计						
3	男						
	女						
	合计						
4	男						
	女						
	合计						
5	男						
	女						
	合计						
总计	男						
	女						
	合计						

(6)计算各指嵴纹数,分析特征。数据汇总于表 14-6。

表 14-6 男女左右手各指嵴纹计数($\bar{x} \pm s$)

手 指	男		女	
	左	右	左	右
1				
2				
3				
4				
5				
小 计				
左+右				

1.14.6 实验中经常遇到的问题和解决办法

1. 指纹的提取。获得清晰的指纹图像是进行指纹分析的前提。采用印泥法提取时,需要注意蘸取印泥浓度适量，并从一侧到另一侧按在白纸上，不仅要保证指纹线的清晰，而且要使指纹线完整。

2. 指纹的观察。可以借助放大镜观察，也可以将指纹图像进行扫描或拍照输入计算机，借助 Abode Photoshop 图像处理软件进行分析。

3. 指纹的分析。计算指纹分析中的相关指标后，可以采用 χ^2 检验方法，依据采集样本的性别、不同民族、不同地域等因素进行比较分析。

1.14.7　实验作业

根据实验结果与分析的内容完成：

1. 提供实验者自身的指纹图像，描述双手十指的指纹特征。
2. 对采集的样本进行统计，汇总于各表，并进行统计分析。
3. 根据实验结果讨论调查样本的指纹分布特征。
4. 讨论要获得较好的指纹图像应注意哪些问题。

（周宜君，高飞）

1.15　实验 15　Hardy-Weinberg 遗传定律数据统计与分析

遗传平衡群体的等位基因频率与基因型频率的这种恒定关系是由英国数学家哈迪 (G. H. Hardy，图 15-1 左)和德国医生温伯格(W. Weinberg，图 15-1 右)于 1908 年分别独立发现的，称为 Hardy-Weinberg 遗传定律(哈迪—温伯格定律)，也称遗传平衡定律(genetic equilibrium law)。在随机交配群体中，设一基因座有 2 个等位基因 A 和 a，频率分别为 p 和 q，组成的 3 种基因型 AA、Aa 和 aa 的频率分别为 p^2、$2pq$ 和 q^2，则该群体为遗传平衡群体。维持这种遗传平衡需要具备 5 个条件，分别是：群体无限大、没有突变、没有选择、没有迁移和没有遗传漂变。Hardy-Weinberg 遗传定律是群体遗传和数量遗传理论的基石，遗传学这 2 个分支学科的遗传模型和参数估算，就是根据该定律推导出来的。它提示我们在引种、留种、分群和建立近交系时，不要使群体过小，否则，将会导致群体的等位基因频率和基因型频率的改变，从而导致原品种(品系)"种性"或一些优良经济性状的丧失，因此 Hardy-Weinberg 遗传定律具有重要的实践指导意义。

图 15-1　哈迪(左)与温伯格(右)

Hardy-Weinberg 遗传定律也适用于人类。人类的许多性状是按照孟德尔方式遗传的，如卷舌与非卷舌、有耳垂与无耳垂、对苯硫脲(PTC)的尝味能力的差异、MN 血型，以及血友病、红绿色盲等遗传病性状。一般认为，这些相对性状均由一对等位基因控制。选择一定的人群进行相关遗传性状的调查，计算相关遗传性状的基因频率和基因型频率，不仅可以了解该群体中决定某一遗传性状的基因(型)频率的分布特征，同时通过遗传统计分析，可以了解该遗传性状的基因(型)频率在不同群体中是否存在差异。

1.15.1　实验目的

1. 学习并掌握 Hardy-Weinberg 遗传定律数据统计与分析的方法。

2. 学习并掌握人类相关性状(卷舌、耳垂、对 PTC 的尝味能力、ABO 血型、眼睑、发式和发旋等)的采集方法、遗传特征和分析方法。

3. 分析上述人类遗传性状在不同性别、不同民族之间的差异。

1.15.2　实验原理

1. 一对基因的遗传平衡

假定人类某群体在基因座上的基因 A 的频率为 p，基因 a 的频率为 q，若群体处于遗传平衡状态，则基因频率和基因型频率保持如下关系：

$$[p(A) + q(a)]^2 = p^2(AA) + 2pq(Aa) + q^2(aa)$$

由于等位基因间的作用方式，基因频率、基因型频率的计算主要存在 2 种情况：

（1）不完全显性

如人类对 PTC 尝味能力的差异表现为不完全显性遗传，因而观察到的 3 种表型也反映了 3 种基因型，这样可以直接利用 3 种表型的观察人数计算出表现型频率，进而计算出基因频率。

现假定某人群内有 N 个个体，在 $A-a$ 基因座上有

基因型	AA	Aa	aa
基因型观察人数	P'	Q'	H'

其中：$N = P' + Q' + H'$，上述 3 种基因型频率分别为：

$$P = \frac{P'}{N} \qquad H = \frac{H'}{N} \qquad Q = \frac{Q'}{N}$$

所以基因频率为：

$$p = P + \frac{1}{2}H \qquad q = Q + \frac{1}{2}H$$

如果该人群处于遗传平衡状态，根据已估算出的 p 和 q，可计算出 3 种基因型的理论频率及其相应人数，再与相应的实际观察人数比较，运用 χ^2 测验法，即可得出该人群是否处于遗传平衡状态的结论。

1932 年，Fox 首先发现通过对化学药品苯硫脲（phenylthiourea 或 phenylthocarbamide，缩写 PTC）的苦味反应差异，可以将受测人分为尝味者和非尝味者（也称为味盲）两类人。1932 年 Blakeslee 和 Snyder 分别对 PTC 苦味敏感的家系进行了调查，证实了人类对 PTC 的尝味能力是一种遗传性状。至今，一般认为人们在尝味阈值方面的差异属于单基因控制，且属于不完全显性遗传，相关基因在染色体上的位点是 7q33。

测定 PTC 尝味能力的方法有 3 种：临界溶液法、八杯法和阈值法。近年来国际上研究者采用的测定 PTC 方法为"阈值法"，该方法与其他 2 种方法相比具有较高的准确性和省时性。我国研究者采用的方法通常为阈值法。即将 1.3 g 的 PTC 溶于 1 000 mL 双蒸水中，此时的溶液定为 1 号，再取 1 号溶液 500 mL 与 500 mL 双蒸水混匀，定为 2 号溶液，如此等量对半稀释至 14 号溶液为止。

研究表明 PTC 尝味的敏感性与某些疾病存在一定的相关性，如甲状腺肿、先天愚型、原发性青光眼、抑郁症等。研究者发现 PTC 味盲者更易患结节性甲状腺肿，而先天愚型患者中 PTC 的味盲率大大高于正常群体。调查显示，被测试的中国各人群的味盲率范围很大，为 2.00% ～ 42.11%。其中，汉族人群的味盲率在 2.00% ～ 13.40%，平均为 8.28%。中国西北部的人群味盲率较高，如新疆的柯尔克孜族、哈萨克族、乌孜别克族、塔塔尔族、维吾尔族的味盲率分别为 42.11%、34.34%、30.36%、28.21%、21.74%，与欧洲的高加索人相近。中国南方的海南、云南、广西、福建等地的少数民族的味盲率均

偏低，如广西壮族为 3.62%，海南黎族为 4.62%。北方及东部的一些人群味盲率接近于 10.00%～15.00%，为中等水平。

对中国不同民族的平均尝味阈值的调查表明，中国人的尝味阈值范围为 7.27～10.13，大多数群体的平均尝味阈值为 8～9，总体上高于欧洲人群。中国人尝味阈值最低是鄂温克族，平均尝味阈值为 7.27±1.53，属于对 PTC 苦味最不敏感的人群；中国人尝味阈值最高的是哈尔滨的汉族，平均尝味阈值为 10.13±1.24，属于对 PTC 苦味最敏感的人群。

在男女尝味能力上，女性尝味能力总体上比男性敏感，通常高于男性 0.40。

（2）完全显性

人类的一些性状如卷舌与非卷舌，有耳垂与无耳垂，表现为完全显性，只有两种表现型的区别，因此不能用表现型观察数值直接计算出基因频率。但可以假定该性状处于遗传平衡状态，于是表现型[A]（显性性状，包括 AA 和 Aa 两种基因型）的频率为 p^2+2pq，而另一种表现型[a]（隐性性状，基因型 aa）的频率为 q^2，由此可用下列公式分别计算出 p 和 q：

基因 a 的频率为　$q=\sqrt{q^2}$　　基因 A 的频率为　$p=1-q$

根据基因频率推算出各基因型频率，最后计算出表现型[A]中纯合体与杂合体的比例。若该性状在某人群中已做过调查，并已知[A]和[a]的频率，那么通过 χ^2 测验法，即可得出你所调查的人群是否为该人群的一个样本的结论。

2. 复基因的遗传平衡

以 ABO 血型为例，设 I^A、I^B、i 基因频率分别为 p、q、r，若群体处于遗传平衡，基因频率与基因型频率的关系为：

$$[p(I^A)+q(I^B)+r(i)]^2=$$
$$p^2(I^AI^A)+q^2(I^BI^B)+r^2(ii)+2pq(I^AI^B)+2pr(I^Ai)+2qr(I^Bi)$$

由表型频率推知基因频率，假定 $\bar{A}$、$\bar{B}$、$\overline{AB}$、$\bar{O}$ 分别表示 A、B、AB、O 型的表现型频率，则有：

$$\bar{A}=p^2+2pr,\quad \bar{B}=q^2+2qr,\quad \overline{AB}=2pq,\quad \bar{O}=r^2$$

因　$p+q+r=1$　则有：

$$r=\sqrt{r^2}=\sqrt{\bar{O}}$$
$$p=1-(q+r)=1-\sqrt{(q+r)^2}=1-\sqrt{q^2+2qr+r^2}=1-\sqrt{\bar{B}+\bar{O}}$$
$$q=1-(p+r)=1-\sqrt{\bar{A}+\bar{O}}$$

计算出基因频率后，即可算出各种血型的理论频率及人数，最后运用 χ^2 测验法，即可得出该人群是否处于遗传平衡状态的结论。

ABO 血型的检测依据抗原抗体结合的原理。ABO 血型根据红细胞表面的抗原类型分类有四种血型：A、B、AB 和 O 型。A 型红细胞表面具有 A 抗原，可以与抗 A 结合，B 型红细胞表面具有 B 抗原，可以与抗 B 结合，AB 型红细胞表面具有 A 抗原和 B 抗原，可以与抗 A、抗 B 结合，O 型红细胞表面无 A 抗原和 B 抗原，因此不能与抗 A、抗 B 结合。用 A 型、B 型标准血清（分别含有抗 A 和抗 B）来鉴定未知血型。若某种血液红细胞在 A 型标准血清中发生凝集反应、在 B 型标准血清中不发生凝集反应者为 A 型，反之为 B 型，在两者中都发生凝集反应者为 AB 型，在两者中都不发生凝集反应者为 O 型。

学生可以选择相应的样本（如本班学生）进行下列性状的调查，这些性状是：卷舌、耳垂、对 PTC 的尝味能力、ABO 血型、眼睑、发式、发际、发旋、食指长短、拇指特征、双手手指嵌合等。根据调查数据，先分别计算出控制各性状的基因频率和基因型频率，然后运用遗传平衡定律对该人群作进一步的群体遗传分析。

1.15.3 实验准备

1. 实验材料

以实验班级内学生为选定人群，或到其他班级进行调查。为便于统计分析，样本数量应不少于 40 人。

2. 实验试剂和主要仪器设备

实验试剂：PTC（白色的结晶呈苦味，对人无毒副作用），A 和 B 型标准血清，70% 乙醇，0.9% 生理盐水。

仪器设备：天平，烧杯，量筒，容量瓶，滴管，镊子，显微镜，双凹玻片（或普通载玻片），采血针，青霉素小瓶，试管，吸管，记号笔，胶布，牙签或小玻棒，试管架，小镜子，棉球。

1.15.4 实验操作

1. PTC 的尝味能力的测试

（1）测试：以同班同学为受试对象，同学间可以相互检测对方。受试者从 14 号溶液开始依次尝味，测试时，受试者坐在椅子上，仰头张开嘴，用滴管向受试者的舌根部滴 5～6 滴溶液，然后记录受试者第一次尝到苦味时的溶液等级号。对尝味结果不确切或模棱两可者，要重复测试以确定溶液等级号。

测试时从低浓度溶液到高浓度溶液，每更换不同号的溶液时要用蒸馏水漱口。另外在测试时需用蒸馏水和 PTC 溶液交替测试，以避免受试者的臆想和猜测。

（2）确定受试者的基因型：尝味阈值≥11 号者，基因型为 TT；尝味阈值＜7 号者，基因型为 tt；尝味阈值在 7～11 号（即：11＞尝味阈值≥7），基因型为 Tt。

（3）将全班同学的测试结果列于统计表中，待做进一步统计分析。

2. ABO 血型的检测

采用玻片法检测。

（1）取一清洁玻片，用记号笔划分两个区域标明 A 和 B，并注明受试者。用吸管分别吸取 A 型、B 型血清滴加在已标注的两个区域内。

（2）采血。用 70% 乙醇棉球消毒受试者的耳垂或指端，乙醇干后用无菌采血针刺破皮肤，用吸管取 1～2 滴血放入盛有 0.3～0.5 mL 生理盐水的青霉素小瓶中，用吸管轻轻吹打制成约 5% 的红细胞生理盐水悬液。

（3）凝集反应测试与观察。取红细胞悬液分别向玻片中 A 型、B 型血清中滴 1 滴，并立即用牙签或小玻棒分别搅拌，使之充分混匀。在室温下每隔数分钟轻轻晃动玻片数次，以加速凝集，待 10～30 min 后观察有无凝集反应。判断标准为：若混匀的血清由混浊变为透明，出现大小不等的红色颗粒，表示红细胞已经凝集；若混匀的血清依旧为混浊状，则无凝集反应发生。可以在低倍显微镜下观察。

3. 卷舌性状的调查

能将舌的两侧在口腔中向上卷起呈 U 形者为卷舌，受显性基因 T 控制，表现型记为

[T]；不能卷舌者称之为非卷舌者，表现型记为[t]。卷舌性状受一对等位基因控制，表现为完全显性。

4. 耳垂性状的调查

观察耳垂的特征，有耳垂为显性基因控制，记为[F]，无耳垂为隐性基因控制，记为[f]。

5. 眼睑性状的调查

观察眼睑性状。眼睑为单重睑(即单眼皮)者，表现型记为[e]，眼睑为双重睑(即双眼皮)者，表现型记为[E]。一般认为，双重睑为显性基因控制的显性性状，单重睑为隐性性状。但眼睑性状的遗传方式尚有争议，有待进一步研究。

6. 发式、发旋、发际性状的调查

(1) 发式。人的发式有卷发和直发之分，直发为隐性性状，表现型记为[h]，卷发为显性性状，表现型记为[H]。

(2) 发旋。发旋是指人头顶稍后方的中线处有一个螺纹，螺纹方向受遗传基因控制，顺时针为显性性状，记为[A]，逆时针为隐性性状，记为[a]。

(3) 发际。发际是指前额的发际线，"V"形发际线为显性性状，俗称美人尖，记为[V]，"一"字形发际线为隐性性状，记为[v]。

7. 食指长短、拇指特征、双手手指嵌合性状的调查

(1)食指长短。食指与无名指长度比较，食指长或等于无名指为显性性状，记为[M]，食指较无名指短为隐性性状，记为[m]。

(2)拇指弯曲。拇指直立，不能向后弯曲，为显性性状，记为[N]。拇指第一节向指背弯曲大于60°，为隐性性状，记为[n]。

(3)双手手指嵌合。左手拇指在上为显性性状，记为[O]，右手拇指在上为隐性性状，记为[o]。

(4)用手习惯。惯用右手为显性性状，记为[P]；惯用左手为隐性性状，记为[p]。

1.15.5 实验结果与分析

1. 将检测和调查的结果填入表15-1。

2. 根据性状的遗传特征，计算调查群体的每一个遗传性状的基因型频率和基因频率，运用 χ^2 测验法，检验该人群是否处于遗传平衡状态。

1.15.6 实验作业

根据实验结果与分析的内容完成：

1. 对检测和调查的结果进行分析，分别计算调查群体的每一个遗传性状的基因型频率和基因频率。运用 χ^2 测验法，检验该人群是否处于遗传平衡状态。

2. 根据实验结果讨论调查群体的每一个遗传性状的基因频率的特征。

3. 查阅相关文献，运用 χ^2 测验法，分析调查群体与某一群体的遗传性状的基因型频率和基因频率是否存在差异。

4. 在人类遗传性状的调查和检测中应注意哪些问题？

(周宜君，高飞)

调查日期：

表 15-1 人类遗传性状的调查表

姓名	民族	性别		PTC 的尝味能力			卷舌		耳垂		眼睑		发式		发旋		发际		食指长短		拇指弯曲		双手手指嵌合		ABO 血型			
		男	女	TT	Tt	tt	[T]	[t]	[F]	[f]	[E]	[e]	[H]	[h]	[A]	[a]	[V]	[v]	[M]	[m]	[N]	[n]	[O]	[o]	A	B	AB	O

1.16　实验16　植物单倍体的培养与遗传分析

自然界中天然存在着频率为 $10^{-7} \sim 10^{-6}$ 的单倍体（haploid）植物，但难以用于植物研究，利用花药或未传粉子房人工培养的方法可分别获得单倍体。

花药培养（anther culture）最早于1953年由Tulecke在裸子植物（gymnosperm）中获得成功；1964年印度学者在培养毛叶曼陀罗（*Datura innoxia* Mill.）的花药时，偶然发现长出的胚状体是来源于花粉的单倍体植物，这很快引起世界各国遗传育种学家的重视；1967年，Bourgin等对烟草（*Nicotiana tabacum* Linn.）花药进行的培养也获得了成功。1979年我国学者培育单倍体橡胶树获得成功（图16-1）。未传粉子房的培养首次由法国的San Noeum于1976年以普通大麦（*Hordeum vulgare* Linn.）为材料培养成功，开辟了单倍体育种的另一途径，随后我国许多学者也陆续由未传粉子房成功地培养出小麦（*Triticum aestivum*）、烟草、水稻（*Oryza sativa*）等植物的单倍体。

图16-1　1985年，广东省热带植物研究所，科研人员在检测1979年培育成功的世界上第一株单倍体橡胶树

单倍体培养的成功，在个体发育和细胞分化的理论等研究上是一个重大的突破，为研究基因表达尤其是隐性基因的作用等提供了方便，通过愈伤组织分化培养所获得的植株，易产生单体、缺体和其他非整倍体，可用于基因组分析和作为育种中的新类型，由完整单倍体加倍而来的二倍体，都是纯系，自交后代不会发生性状分离，可大大加快育种的速度。

1.16.1　实验目的

1. 掌握烟草花药培养技术，了解培养单倍体在植物基因表达及育种研究中的意义。
2. 进一步理解从花药或未传粉子房能够获得完整分化植株的植物发育原理。

1.16.2　实验原理

植物体任何部位，包括营养器官的根、茎、叶组织的单个细胞以及种子中的幼胚、成熟胚细胞等均可通过诱导分化再生出新植株，这就是植物细胞具有遗传上的全能性（totipotency），再生的新植株仍保持原来组织细胞的双倍染色体；而植物花药中的雄配子以及未传粉子房中的雌配子是经过减数分裂形成的单倍体细胞，也具备一套完整的染色体及控制植物发育的全部基因，因此也就具备了发育成完整植株的遗传潜力。

花药培养即是把发育到一定阶段的花药，通过无菌操作技术接种在人工培养基上，使未成熟的花粉逆转发育方向，直接分化或经脱分化、再分化、最后长成单倍体植物的过程。花药培养形成单倍体植株的途径与植物的种属以及诱导条件有关，有些植物如烟草花药经人工培养可以直接长成胚状体而进一步发育成小植株，另一些植物如小麦、玉米等的花药经人工培养脱分化后首先形成愈伤组织，而后再经诱导分化形成小植株。

花药培养的关键技术之一首先是选择发育适宜的花药，花期早期时的花药比后期的更容易产生花粉植株。一般是在花粉细胞的单核期，细胞核由中央移向细胞一侧时进行花药培养成功率最高。烟草在盛花期（图 16-2）、花粉发育处于单核靠边期或单核居中与靠边期之间时的花药是单倍体培养的最适时期，而对于小麦、玉米等作物的花药，从四分体期到二核期都有可能诱导出愈伤组织，而在单核中期时接种效果最好。

图 16-2 盛花期烟草的花与花蕾

培养基是诱导花粉植株的重要条件。花药培养常用的培养基有 MS、Nitsch、white 和 N_6 等。培养基的状态、所用的琼脂浓度的不同，都会影响花药培养的效果。最早用于双子叶植物花药培养的基本都是 MS 培养基，以后发展的培养基大部分是在 MS 基础上进行的修改，如 Nitsch H 培养基；另一种作为壮苗的培养基即 Nitsch T 培养基也是类似于 MS 的培养基。我国科学家又成功地设计了 N_6、C_{17} 和 W_{14} 等培养基。

培养温度对成功诱导出花粉植株有较大影响，一般的培养温度在 27～32 ℃，如烟草花药的培养温度为 27～30 ℃。

本实验通过烟草花药培养为例来学习植物单倍体培养技术。

1.16.3 实验准备

1. 实验材料

烟草盛花期植株的花蕾。

2. 实验试剂和主要仪器设备

实验试剂及培养基：1％醋酸洋红染液，70％乙醇，0.1％ $HgCl_2$ 或 3％次氯酸钠，0.2％～0.4％秋水仙碱；MS 诱导愈伤组织分化培养基，N_6 壮苗培养基。

仪器设备：显微镜，光照培养箱，高压灭菌锅等。

1.16.4 实验操作

1. 培养基的配制

分别配制 MS 诱导愈伤组织分化培养基（MS 附加 NAA 1.0 mg/L 和 K.T 0.2 mg/L）、N_6 壮苗培养基（附加天冬素 150 mg/L 和 IAA 2.0 mg/L）。

2. 花药培养

（1）选材。选取花冠与萼片等长的花蕾（图 16-3b，箭头所指），其花粉发育时期一般正处于单核靠边期或单核居中与靠边期之间（图 16-3b 下对应花粉时期），置 4 ℃ 冰箱预

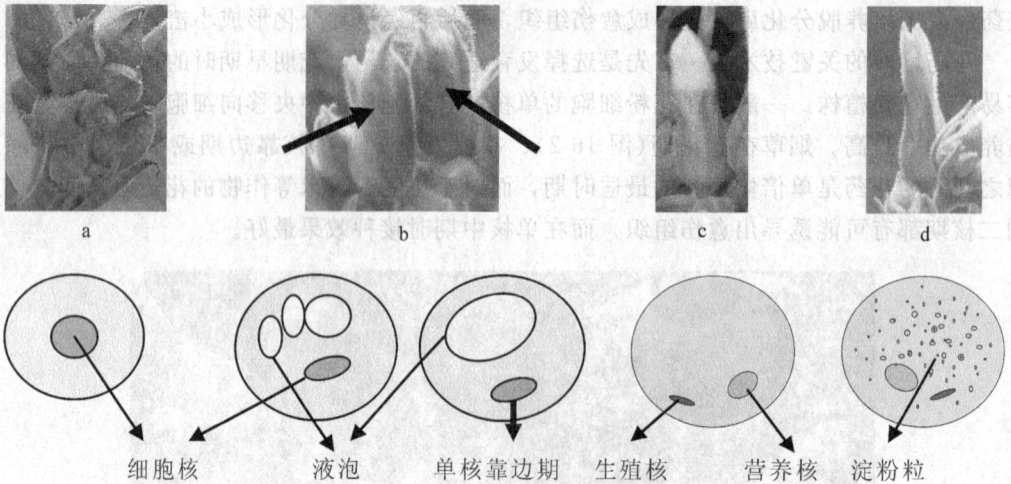

图 16-3　不同发育时期的花蕾与其大致相对应花粉的发育时期

注：b 中箭头所指花蕾的花冠与萼片等长，其中的花药（花粉大部分处于单核居中与靠边期之间
或单核靠边期）为培养的适宜时期。

处理 48 h。

（2）花蕾的消毒。取出低温处理后的花蕾剥去萼片置培养皿中，首先用 70 ％乙醇浸泡一下，然后用无菌水冲洗数次，再用 0.1％ HgCl₂ 或 3％次氯酸钠消毒 10 min，无菌水冲洗数次。

（3）接种。在无菌条件下，用镊子夹取花药直接种植在 MS 诱导愈伤组织分化培养基上，种植的花药数目视培养基面积而定，例如，9 cm 的培养皿可种植 30～50 枚花药。剥取花药的镊子在操作过程中反复用 70％乙醇浸泡，并在酒精灯上烧一下。

（4）培养。花药种植后在 27～30 ℃的光照条件下培养，培养过程中可观察到花药由绿变黄至褐色的过程，3 星期后，药室开裂，在裂口处可见乳黄色胚状体，胚状体见光后变绿，而后发育成单倍体小植物；还有一部分花粉脱分化形成愈伤组织，再由愈伤组织分化出根和芽，最后形成植株。

3. 壮苗培养

当小苗长至 5 mm，真叶的根系未长出前，在无菌条件下，将单株小苗或一束小苗移植到装有 N₆ 壮苗培养基的三角瓶中，一般移植 3 d 后即可长出新根。

4. 染色体加倍

选择部分已有几片真叶的小苗，在壮苗前，于无菌条件下，将 0.2％～0.4％的秋水仙碱溶液倒入培养皿中，处理 24～48 h。处理完毕后，倒出秋水仙碱溶液，用无菌水冲洗 3 遍，将小苗移至壮苗培养基上继续培养。用秋水仙碱促使染色体加倍除可处理幼苗外，还可以处理生长锥。另外，利用组织培养也可诱导染色体加倍。

5. 炼苗及移栽培养

当小苗长出 5～6 片真叶且具有一定的根系时，先调节培养室（箱）温度、湿度及光照等以模拟室外气候条件，最后将培养瓶的封口膜打开数日，使幼苗得到进一步锻炼逐步适应自然的环境条件，然后移出种植于花盆土壤中，进行一般的栽培管理。

6. 植株倍性鉴定

花药在离体培养过程中，由于花药壁、花丝等二倍体体细胞参与愈伤组织的形成以及愈伤组织在生长过程中发生的多倍化、核融合等，常导致分化培养中有非单倍体植株出现。

（1）形态鉴定。在相同培养条件下，一般是倍性越高，植株器官相应较大。因此，单倍体植株的茎、叶片、花等均比二倍体对照植株的弱小，同时颜色发淡，易出现白化。

（2）细胞学鉴定。① 体细胞染色体数目：制备根尖染色体标本在显微镜下统计计数；② 花粉母细胞减数分裂染色体动态过程：染色体不遵循正常减数分裂过程的行为特征；③ 配子小，花粉败育。

1.16.5 实验结果与分析

烟草花药培养通过胚状体途径形成的花粉植株几乎全是单倍体。

烟草单倍体植株中往往产生一部分白化苗，是由于叶绿体不能正常形成，而叶绿体的异常是由于存在于细胞质中的 rRNA 缺失。从花药或花粉获得的单倍体植株可以经自发或诱发染色体加倍而形成纯合二倍体。

禾本科植物花药培养主要经愈伤组织途径形成植株，染色体倍性比较复杂。常出现染色体数和染色体倍性的各种变异类型。水稻和小麦花粉植株中以单倍体为主，也有少数二倍体、多倍体、混倍体或非整倍体如缺体等。玉米、大麦花粉植株中多数为混倍体，典型单倍体与二倍体植株却较少。

1.16.6 实验中经常遇到的问题与解决办法

1. 取材

盛花期烟草花萼与花冠等长的花蕾持续时间较短，取材时容易错过，一旦错过处于单核靠边期或单核居中与靠边期之间的花粉，不容易获得单倍体分化苗，因此需密切关注处于盛花期花蕾发育过程，或分不同期种植、培养烟草植株。

2. 分化培养

光照条件下由胚状体直接发育成的小植株很容易产生白化体，为避免绿色植株分化数量不足，需要注意将形成的愈伤组织及时移至黑暗条件下培养，然后再进行光照分化后续实验。

3. 炼苗

炼苗到移栽过程易造成幼苗夭折，炼苗时间一定要把握充足。

1.16.7 实验作业

1. 总结花药离体培养与单倍体育种的意义。

2. 花药离体培养可能会得到什么类型染色体数目的植株？一定是单倍体吗？

3. 单倍体花粉母细胞减数分裂过程中染色体行为有何特征？

4. 花药培养形成单倍体植株证明了什么遗传学原理？

附：小麦未传粉子房诱导单倍体植株

1. 实验准备

实验材料：小麦孕穗植株。

实验试剂和主要仪器设备：W_{14}诱导愈伤组织培养基，其余均同花药培养。

2. 实验操作

(1)培养基的配制

分别配制 W_{14} 诱导愈伤组织培养基、MS 诱导愈伤组织分化培养基和 N_6 壮苗培养基。

(2)子房培养

① 选材。从田间正常生长的孕穗植株中，通过镜检选取花粉细胞处于单核中期或单核后期的小花内的子房，这是小麦单倍体培养的最适时期。

② 幼穗的消毒。接种前70%的乙醇棉擦拭穗苞表面，然后剥去包被幼穗的叶鞘。

③ 接种。用镊子直接从小麦穗上剥取子房，均匀地接种在 W_{14} 诱导愈伤组织培养基上。9 cm 的培养皿可种植20～30枚子房。注意镊子在操作过程中反复用70%的乙醇浸泡，并在酒精灯上烧一下。

④ 培养。刚剥出的子房呈白色，接种3 d后子房开始膨大，由白色变成浅绿色，7 d左右子房呈半透明状，内部有一个深绿色的点。可以观察到：有些子房基部裂开长出愈伤组织，愈伤组织可移植到 MS 诱导愈伤组织分化培养基上培养分化。有些子房裂开后直接长出小植株。子房随后逐渐变成褐色。

(3)单倍体苗的健壮培养

在无菌条件下将小植株从培养皿中取出，将根剪短，留3～5 mm，用剪刀小心将小分蘖分开，将根插入试管中的 N_6 壮苗培养基中，注意观察许多新根的出现。

(4)单倍体植株的染色体数目观察

在无菌条件下剪取小根尖1 cm左右长度，4 ℃低温预处理24h，用卡诺氏固定液固定0.5 h以上，醋酸洋红染色压片观察，计数。

胚囊植株中的单倍体比例较高，二倍体比例较低，混倍体较少。而且胚囊植株绿苗率高(大约89.3%)，白化苗率较低(大约8.8%)，而花粉植株的白化苗率相对较高。

（张桂芳，张根发）

1.17　实验 17　局限性转导

转导（transduction）是以噬菌体（bacteriophage，phage）为媒介将供体菌的遗传物质传递给受体菌的过程，分为普遍性转导（generalized transduction）和局限性转导（specialized transduction）两类。普遍性转导现象最早（1952 年）是由 J.E. Lederberg 和他的学生 N. Zinder 所发现；局限性转导（1956 年）是由 Morse 和 Lederberg 夫妇以大肠杆菌（E. coli）为材料研究噬菌体转导时，偶然发现了 λ 噬菌体的转导活性只局限于 gal 基因座位，如以野生型大肠杆菌作为 λ 噬菌体转导的供体，能使受体菌的 gal^- 基因突变为 gal^+ 基因，但从来不会转导其他的基因座位，这就是局限性转导现象。局限性转导源于温和噬菌体 DNA 整合在细菌染色体的特定位置（图 17-1），然后通过原噬菌体诱导后产生的，所转导的细胞基因是原噬菌体反常切割的结果。随着分子遗传学的发展，转导已成为基因精细结构分析的常用方法。

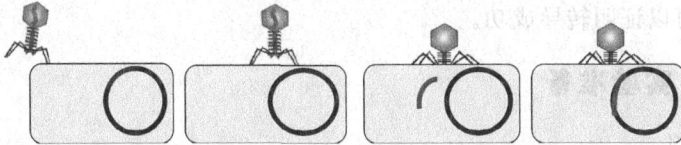

图 17-1　温和噬菌体 DNA 插入细菌染色体成为溶源性细菌

1.17.1　实验目的

1. 以局限性转导为例来说明转导的基本原理，使学生掌握转导实验的基本方法。
2. 学习噬菌体转导在细菌遗传重组中的作用。

1.17.2　实验原理

局限性转导是指只转移特定基因的转导，如 φ80 噬菌体只能转导大肠杆菌的色氨酸（trp）、胸腺嘧啶激酶（tk）等少数基因；λ 噬菌体的转导活性只局限于半乳糖（gal）和生物素（bio）基因座位，原因在于这些噬菌体的 DNA 只能整合在供体菌染色体 DNA 的特定位置即与其所转导的基因紧密连锁。

局限性转导实验最常用的材料是 λ 噬菌体，它的 DNA 只能整合在大肠杆菌染色体的半乳糖基因（gal）和生物素基因（bio）之间，使 E. coli 成为溶源性的 $E. coli\ K_{12}\ (\lambda)\ gal^+$ 菌。

本实验以溶源性野生型的 $E. coli\ K_{12}\ (\lambda)\ gal^+$ 为供体，用紫外线诱导其裂解，将原噬菌体释放出来，在此裂解液中其所释放的 λ 原噬菌体中就有一部分噬菌体在脱离寄主染色体时会带上寄主的半乳糖（gal^+）基因，成为转导噬菌体 λdg/ gal^+。利用此转导噬菌体再去侵染非溶源性的大肠杆菌 $K_{12}\ S\ gal^-$ 突变体，带有供体菌 gal^+ 基因的转导噬菌体能以一定的频率再次整合到受体菌 DNA 上，产生转导子 λdg $gal^+\ gal^-$（不稳定）和 gal^+（稳定），从而使不能利用半乳糖的 gal^- 受体菌转变成了能利用半乳糖的 gal^+ 细菌（图 17-2）。

此转导子在含有伊红、美蓝的 EMB 培养基上长出深红色并带有金属光泽的菌落，通

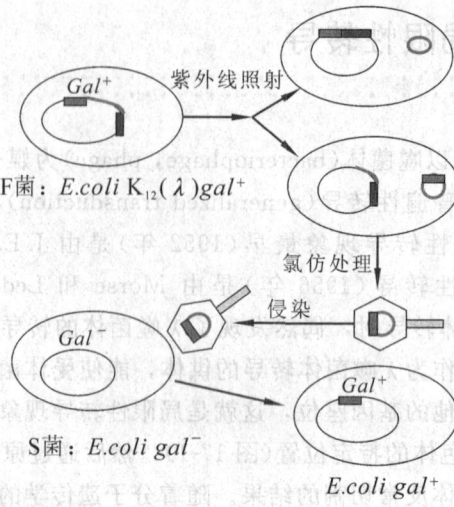

图 17-2 λdg gal^+ 供体对 gal^- 受体的转导

过颜色的鉴别可以证明转导成功。

1.17.3 实验准备

1. 实验材料

菌种：供体菌：$E.coli$ K_{12} F（λ）gal^+；受体菌：$E.coli$ K_{12} S gal^-。

2. 实验试剂和主要仪器设备

实验试剂：氯仿，磷酸缓冲液（pH 为 7.0～7.2），LB 液体培养基，加倍 LB 液体培养基（2E），LB 固体培养基，0.8%～1.0% 半固体琼脂，伊红美蓝 EMB 培养基。

仪器设备：紫外照射箱，温箱，离心机，多用振荡器，培养皿（6 cm 和 9 cm），三角瓶（100 mL 和 250 mL），无菌试管，带盖离心管（5 mL）。

1.17.4 实验操作

1. λ 噬菌体的诱导和裂解液的制备

（1）供体菌的活化和扩菌。取 1 环供体大肠杆菌 K_{12}（λ）gal^+，接种于 5 mL 的 LB 培养液中，37 ℃条件下培养 14～18 h；取 0.5 mL 已活化菌液加入到 4.5 mL LB 液（装于 100 mL 三角瓶中）中培养 4～6 h。

（2）悬浮液的制备。将供体菌倒入一无菌离心管中，3 500 r/min 离心 10 min，弃上清，加入 4 mL 灭菌的磷酸缓冲液（pH 为 7.0～7.2），混匀菌体悬液。

（3）诱导裂解。将供体菌菌液倒入无菌的 6 cm 培养皿（培养皿中放 4 个无菌的大头针）中，轻摇数秒，打开培养皿盖，紫外灯（15 W，灯距 40 cm）光垂直照射 20 s，然后在培养皿中加入 3 mL 加倍 LB 液体培养基（2E），37 ℃避光（防止光复活）培养 2～3 h。

（4）裂解液的制备。将培养皿中的培养物转移至无菌离心管中，加 4～5 滴氯仿剧烈振荡 30 s，静置 5 min，3 500 r/min 离心 10 min，吸取上清液（λ 噬菌体裂解液）于带盖的无菌离心管中，放入 4 ℃的冰箱保存备用。

2. λ 噬菌体效价的测定(λ 噬菌体总数/mL)

(1)受体菌大肠杆菌 $K_{12}S\ gal^-$ 的活化和扩菌。傍晚取 1 环受体菌于 5 mL LB 液中，37 ℃条件下活化培养 14～18 h，吸取 0.5 mL 菌液于 4.5 mL LB 液中，37 ℃条件下扩菌培养 4～6 h，菌液置 4 ℃冰箱备用。

(2)双层培养测效价。倒 6 个 LB 平板备用。取 7 支无菌试管，分别装入 4.5 mL LB 液，吸取 0.5 mL 自制的噬菌体裂解液，在 7 支试管中依次稀释至 10^{-7} 倍。从 10^{-6}、10^{-7} 稀释液中分别吸取 0.5 mL 至 6 支无菌试管中(10^{-6} 及 10^{-7} 各 3 支)，再吸取 0.5 mL 经活化的受体菌菌液分别加入装有噬菌体稀释液的 6 支试管中混匀，每支试管中再加入 3 mL 已溶化并在 48 ℃条件保温的半固体琼脂培养基，振荡混匀后快速倒入 6 个 LB 平板上铺匀，37 ℃条件下培养 24 h 后观察统计噬菌斑的数目，按公式求出噬菌体裂解的效价。

$$效价(噬菌斑数/mL) = 3 个平板的噬菌斑平均数 \times 裂解液稀释$$
$$倍数 \times 取样量(折算成 1 mL)$$

3. 转导

(1)点滴法(观察转导现象)。制备 2 个伊红美蓝 EMB 平板，用记号笔在平皿底部按图画样(图 17-3)，取 1 环经活化的受体菌，在平板 2 条带的范围内涂匀，37 ℃条件培养 1 h 后，用接种环在 2 条受体菌带上的 4 个方格及平板上下的 2 个圆圈处各接 1 环噬菌体裂解液，37 ℃条件下，培养 48 h 后，观察实验结果。

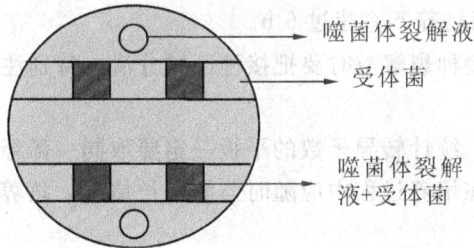

图 17-3　培养皿底部图样

(2)涂布法(测定转导频率)。制备 8 个半乳糖 EMB 平板，其中 2 个平板上加入 0.1 mL噬菌体裂解液涂匀作为对照；另 2 个平板上，各加 0.1 mL 受体菌涂匀作为受体菌对照；分别取噬菌体裂解液和受体菌各 0.5 mL 入另一个空试管中，于 37 ℃条件下保温 15 min 后，吸出 0.5 mL 噬菌体裂解液和受体菌混合液加入 4 支装有 4.5 mL LB 培养液的试管中，稀释至 10^{-4}，再分别从 10^{-3}、10^{-4}稀释液中各吸取 0.1 mL，涂于 4 个伊红美蓝 EMB 平板上(每一稀释液各 2 个平板)，37 ℃条件下，培养 48 h，统计转导子数，并计算出转导频率。

$$转导子数 = 每皿平均转导子数 \times 稀释倍数 \times 10 \times 2$$
$$转导频率 = \frac{转导子数}{噬菌体效价} \times 100\%。$$

1.17.5　实验结果与分析

1. 在观察转导现象的 EMB 图样平板上，2 条受体菌带为受体菌对照，正确结果应不出现紫红色菌落；平板上下 2 个圆圈为噬菌体对照，正确结果应不长菌；2 条受体菌带上的 4 个方格为转导结果，应长紫红色菌落，即为 λdg gal^+/gal^- 转导子。

2. 噬菌体的效价测定结果填表 17-1。

表 17-1　噬菌体的效价测定结果

噬菌体来源	裂解液稀释度	取样/mL	噬菌斑数/皿	效价(噬菌斑数/mL)
噬菌体(λ)	10^{-6}	0.5		
裂解液	10^{-7}	0.5		

3. 细菌转导结果填表 17-2。

表 17-2　细菌转导结果

转导方法	点　滴　法			涂　布　法		
	受体菌	噬菌体裂解液	受体菌＋噬菌体裂解液	受体菌	噬菌体裂解液	受体菌＋噬菌体裂解液
菌落生长情况菌落色泽						

1.17.6　实验中经常遇到的问题和解决办法

1. K_{12} S gal^- 的扩菌培养不宜超过 6 h。

2. 点滴法转导时，接种裂解液时要把接种区域分清，特别注意不要把 K_{12} F（λ）gal^+ 和 K_{12} S gal^- 搞混。

3. 转导频率测定时，统计转导子数的平板一定要取同一稀释度的平均值。

4. 观察结果的平板在培养过程中应随时监测生长情况，培养时间一般在 48～72 h 合适，切不宜超过 72 h。

1.17.7　实验作业

1. 局限性转导的基本原理是什么？
2. 依据自己的实验结果总结局限性转导实验操作过程应注意的问题。
3. 本次实验你认为可以达到什么目的？如出现意外差错，请分析原因。

（张桂芳，张根发）

1.18 实验 18 互补测验

1955 年，美国分子生物学家 Benzer 通过对大肠杆菌的 T_4 噬菌体（图 18-1）的 rⅡ 区基因的深入研究，揭示了基因内部的精细结构，使人们对基因的认识有了显著的提高。经典遗传学认为基因是染色体上占据特定位置不可分的实体，既是突变单位，又是重组单位，也是功能单位。现代遗传学对基因的概念进行了修正，认为基因内部具有许多位点（site），这些位点可以发生突变，每一种突变都有相应的表型效应，基因内的不同位点间可发生重组。由于重组既可以发生在基因间又可以发生在基因内，所以根据 2 个突变型杂交产生野生型的结果，不能判断这 2 个突变位点是属

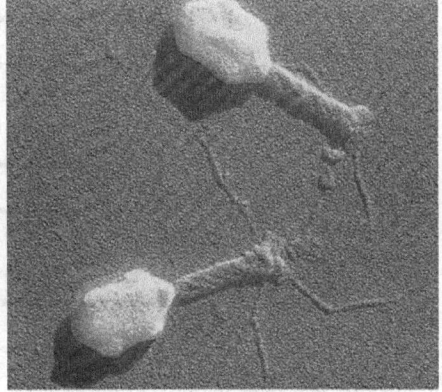

图 18-1 T_4 噬菌体结构

于同一功能基因还是属于不同的功能基因，而只有通过基因的功能等位性测验才能达到目的。

1.18.1 实验目的

1. 通过实验，进一步理解顺反子的含义。
2. 探索顺反子的遗传特点并加深对基因概念发展过程的认识。

1.18.2 实验原理

互补测验（complementation test），也称为顺反测验，即是指一条染色体上的基因所不能编码的蛋白质，可由另一条染色体上的基因产物所补充，为此细胞中具备了全部有活性的蛋白质，从而产生野生型表型。这是不同基因间发生互补作用的结果。因此，在互补测验中，2 个突变型凡功能上发生互补（产生野生型），则这 2 个突变型由不同基因控制，它们为非等位基因；凡是功能上不能互补（仍为突变型）的 2 个突变型则为同一基因的不同突变，它们为等位基因（图 18-2）。这样通过互补测验就可以了解某一代谢过程中有关基因的控制情况。

由于互补是发生在不同基因的产物之间，重组则是发生在 DNA 分子之间，两者虽都能导致野生型的出现，但它们却有着本质上的不同，为此，在互补测验中，必须要采取措施来排除重组的发生，实验中的措施之一是选用重组缺陷型 recA 作为受体菌；另外由于互补可发生在每一杂基因子的细胞中，而重组的频率却很低，它只发生在少数杂基因子的细胞中，所以实验中的第 2 个措施是降低互补菌液的浓度，这样既不会妨碍互补的出现，又尽可能地避免了重组的发生。

进行互补测验，还必须要求 2 个突变型的染色体同处在一个细胞内，构成一个二倍体或局部二倍体。通过 F 因子的转导（性导）、流产转导、异核体、噬菌体重复感染等途径可以达到目的。因此，互补测验的基本要求是，必须在一个二倍体或局部二倍体的反式结

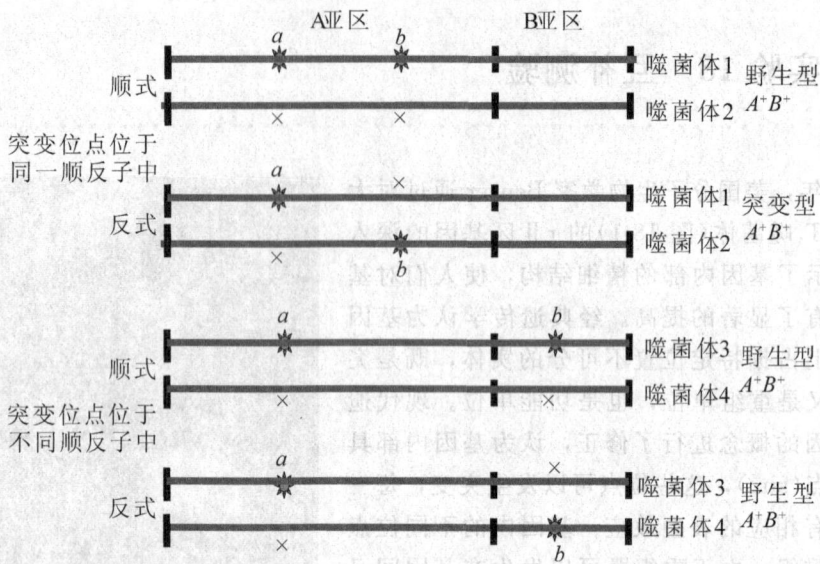

图 18-2 互补测验

注：a 和 b 是 2 个不同的 rII 突变，2 个突变体(噬菌体 1 和 2)感染同一细菌，(反式结构)噬菌体不能生长，那么这 2 个突变位于同一顺反子中(上)；如果有互补作用(噬菌体 3 和 4)，即后代噬菌体能生长，那么这 2 个突变位于不同的顺反子中(下)，在上图中，只有顺反子 B 的功能正常，而在下图中，A、B 2 个顺反子的功能都正常。

构且不发生重组的细胞中进行。

1.18.3 实验准备

1. 实验材料

供体菌：$E.coil$ CSH14 $F'lacZ$ $proA^+B^+/\Delta(lac\ pro)thi\ supE$

$E.coil$ CSH40 $F'lacY$ $proA^+B^+/\Delta(lac\ pro)thi$

受体菌：$E.coil$ FD1007 $lacZ$ trp thi $strA^r$ $recA$

$E.coil$ FD1008 $lacY$ thi $strA^r$ $recA$

2. 实验试剂和主要仪器设备

实验试剂：8.5 g/L 生理盐水，4 mg/mL 邻硝基-β-D-半乳糖苷(O-nitrophenyl-β-D-galactoside，β-ONPG)，甲苯，LB 液体培养基(加乳糖)，含乳糖、色氨酸、链霉素的基本培养基，乳糖 EMB 培养基，10×A 缓冲液。

仪器设备：超净工作台，离心机，恒温水浴振荡器，培养皿(9 cm)，三角瓶(50～150 mL)，5 mL 离心管等。

1.18.4 实验操作

1. 菌株活化。第 1 d 晚上，将 2 种供体菌和 2 种受体菌分别接种于 5 mL LB 液中，在 30 ℃条件下培养过夜进行活化。

2. 菌株扩大培养。第 2 d 早上 8：00，分别取已经活化的 2 种供体和 2 种受体菌各 1 mL，分别加入 5 mL 新鲜的 LB 液体培养基中培养 3 h。

3. 杂交培养。按表 18-1 的 4 种组合分别取供、受体菌液 1 mL 混合，于 37 ℃水浴振荡器中轻摇 30 min，然后将各组合的混合菌液用无菌生理盐水稀释至 10^{-4}、10^{-5}，从 10^{-4}、10^{-5} 稀释菌液中各吸取 0.1 mL 菌液分别涂在 2 个或 4 个含乳糖、色氨酸、链霉素的基本培养基平板上，同时将供、受体的 4 种菌也稀释至 10^{-4}，各吸取 0.1 mL 菌液分别涂在 2 个含乳糖、色氨酸、链霉素的基本培养基平板上作为对照。以上所有平板置于 37 ℃条件下培养 48 h。

表 18-1　杂交培养

受体菌	供体菌	
	CSH40	CSH14
FD1007		
FD1008		

4. 乳糖 EMB 平板分离培养。第 4 d，观察实验组和对照平板上菌落生长的情况，然后从实验组（4 种组合）平板上任选 2 个较大的菌落，在乳糖 EMB 平板上划线分离。

5. 互补验证。第 5 d，观察 EMB 平板上菌落的情况，可观察到基因间有互补（紫红色菌落中夹杂少量白色菌落）、基因内无互补（白色菌落）的结果。为了对实验结果作进一步的验证，可将发生互补的紫红色菌落、不能互补的白色菌落分别接种于含乳糖的 LB 液中，30 ℃培养过夜。

6. 供受体互补颜色反应。第 6 d，将菌液离心，用 1×A 缓冲液洗涤 2 次，而后用 1× A 缓冲液悬浮菌体。从各种菌液中各取 1 mL 至试管中，加 1 滴甲苯（目的是破坏细胞膜，使酶得以释放），立即振荡 10 min，然后在 37 ℃恒温水浴摇床上轻摇 40 min，目的是让甲苯挥发。取 0.2 mL β-ONPG 加入经甲苯处理过的菌液中，再在 37 ℃恒温水浴摇床上轻摇 5 min，最后观察菌液颜色的变化，能互补的菌落表型为 lac^+，它能利用乳糖，而在乳糖的利用中，必然有 β-半乳糖苷酶的参与，我们知道，β-半乳糖苷酶可被 β-ONPG 分解，释放出黄色的对硝基苯酚，这样我们就可以根据菌液是否变黄来判断 β-半乳糖苷酶的存在，从而来确定供、受体之间互补情况。

1.18.5　实验结果与分析

1. 根据实验结果填写表 18-2。

表 18-2　实验结果

供体 受体	CSH40		CSH14	
	互补情况	与 β-ONPG 的颜色反应	互补情况	与 β-ONPG 的颜色反应
FD1007				
FD1008				

2. 大肠杆菌乳糖发酵操纵子是由 3 个结构基因 $lacZ$、$lacY$、$lacA$ 和操纵子 O、启动子 P 所组成，它们受调节基因 $lacI$ 所控制。3 个结构基因产生的酶在乳糖利用中是必需的，$lacZ^-$、$lacY^-$、$lacA^-$ 的表型效应均为 lac^- 突变；实验将供、受体菌以 4 种组合杂交，杂交过程中，F 因子转导进入受体菌后，形成 4 种局部二倍体，其中 F'$lacZ^-$/$lacY^-$

（即 CSH14 和 FD1008 的杂交结果）及 F′*lac*Y⁻/*lac*Z⁻（即 CSH40 和 FD1007 的杂交结果）2 种细胞均可互补，即可产生能利用乳糖的野生型，在乳糖 EMB 平板上出现紫红色菌落；而 F′*lac*Z⁻/*lac*Z⁻（即 CSH14 和 FD1007 的杂交结果）和 F′*lac*Y⁻/*lac*Y⁻（即 CSH40 和 FD1008 的杂交结果）2 种细胞不能互补，仍表现突变性状，在乳糖 EMB 平板上长出的是白色菌落。实验结果说明，*lac*Z 和 *lac*Y 是大肠杆菌乳糖操纵子中 2 个不同的结构基因，而不同的 *lac*Y⁻ 突变型之间、不同的 *lac*Z⁻ 突变型之间不能互补的结果则说明它们均属于同一结构基因。基因间有互补而基因内无互补的现象在本次实验中得到了验证。

3. 大肠杆菌乳糖操纵子结构基因间的互补，会受到一些因素的干扰：

（1）某些 *lac*Z⁻ 突变型发生极性突变，造成 *lac*Y⁺ 基因产物下降，因此使 *lac*Z⁻ 和 *lac*Y⁻ 之间不能互补。

（2）调节基因 *lac*I 突变为 *lac*Iˢ（超阻遏突变，导致有乳糖诱导物时也不能使 *lac*Z、*lac*Y 基因有活性），使细菌表型与 *lac*Z⁻ *lac*Y⁻ 双突变型相同，所以这类突变型与 *lac*Y⁻ 或 *lac*Z⁻ 均不能互补。

（3）某些 *lac*Z 突变型之间发生互补，出现极个别的基因内互补，这可能是由于基因内不同缺陷的蛋白质亚基间相互接合产生了有活性的蛋白质分子的缘故。

大肠杆菌乳糖发酵突变型之间的互补测验，虽然可能存在一些干扰，但仍不失为微生物遗传学中的经典实验。

1.18.6 实验中经常遇到的问题和解决办法

本实验历时约 1 星期，时间安排上需计划周密，一个环节有失误就会导致整个实验时间延误或结果不符：

1. 实验开始前数种含不同附加成分的培养基（固体、液体）的配备，附加成分需严格区分。

2. 杂交培养：用无菌生理盐水稀释至不同梯度含乳糖、色氨酸、链霉素的基本培养基平板（为涂布供、受体杂交混合菌）数量要准备的足够多，尽量多涂几板，同时必须有供、受体的 4 种菌对照板。

3. 实验结果可能会受到一些因素的干扰：如 *lac*Z⁻ 突变型发生极性突变、调节基因 *lac*I 突变为 *lac*Iˢ、某些 *lac*Z 突变型之间发生互补等均导致结构基因间不能互补，实验者要根据实验结果做出具体判断。

1.18.7 实验作业

1. 总结互补测验的遗传学意义。

2. 解释遗传重组和互补的异同。

3. 进行互补测验应满足哪些基本条件？为什么？

4. 能互补的菌落在 EMB 平板上划线，为何出现分离？

5. 在对 β-半乳糖苷酶的定性分析时，细菌的培养液中为什么要补加乳糖？

（张桂芳，张根发）

1.19 实验19 同工酶标记实验

1959 年，Markert 和 Moler 在系统阐述了酶的多种形式的基础上提出了同工酶（isoenzyme）的概念。随着同工酶分析方法的进步，同工酶技术很快成为在分子水平上研究生物现象的一项重要手段，在遗传学、育种学、生理学、发育生物学、分类学、医学及病理学中得到日益广泛地应用，也取得了极为显著的成果。同工酶概念的产生表明在不同组织不同个体以及不同物种中，同工酶存在不同的形式，它从蛋白水平上反映了不同个体间或不同发育阶段生物体表达水平的差别。分析同工酶的方法主要有：电泳法（据同工酶的电荷差异）、层析法（据同工酶的溶解度和吸附性差异）、免疫化学法（据同工酶的生物学特异性）等。在研究同工酶的所有方法中，电泳法的使用最为广泛。因为此法简便、快速、分离效果好，并且一般不会破坏酶的天然状态。

1.19.1 实验目的

1. 了解生物遗传标记及其分析方法。
2. 掌握同工酶分析的实验原理、操作方法，以及实验结果的分析方法。
3. 理解同工酶分析的遗传学意义和应用价值。

1.19.2 实验原理

同工酶是指催化功能相同，而分子结构和物理性质不同的酶。酶蛋白分子结构的不同，反映了编码蛋白酶的基因在碱基序列上的差异，而且同工酶的发生与基因进化及物种的演变有着密切关系。因此，同工酶表现出明显的种属和发育时期的特异性。一种酶的各个同工酶由于一级结构不同，高级结构也就不同，在化学、物理和生物学性质方面自然有所差异。利用聚丙烯酰胺凝胶电泳可以根据同工酶的分子大小、结构及所带的电荷而将其分离，并利用特异底物染色法使它们在凝胶上显示出迁移率不同的活性区带。这样基因的产物就直接反映出来了，可以进行遗传分析。如同其他的形态标记，同工酶作为生化遗传标记已广泛应用于分子遗传学、基因作图、发育遗传学、遗传育种学、医学临床、群体遗传学、分类学等多个领域。同工酶电泳分析是一种重要而用途广泛的分子生物学方法。

根据同工酶的来源和结构的不同，在遗传学上可将它分为 4 类：①单基因决定的同工酶；②多基因决定的同工酶；③复等位基因决定的同工酶；④修饰同工酶或次生同工酶。在生物生命活动中，同工酶是为了适应细胞代谢的多方面需求而产生的，其功能在生理上表现为对代谢的调节作用；在遗传上，同工酶同时受几个基因的控制，更容易适应基因变异的影响。当一个基因由于突变而无法参与生理活动时，类似同工酶的存在有助于机体减小基因突变所造成的不利影响。迄今为止，详细研究的同工酶已有几百种，具体运用于植物、动物、微生物、农业及医学等方面，其中已确定的植物同工酶有 α-淀粉酶、β-淀粉酶、酸性磷酸酶、乙醇脱氢酶、过氧化氢酶、过氧化物酶、儿茶酚氧化酶、肽链内切酶、酯酶、谷氨酸脱氢酶、天门冬氨酸氨基转移酶、肽酶、苹果酸脱氢酶、氨肽酶等。研究最多的是过氧化物酶、酯酶和过氧化氢酶。

本实验选取酯酶进行同工酶分子标记实验。实验利用果蝇杂交实验所获得的亲子代黑腹果蝇、*D. virilis* 大果蝇以及其他动物组织（金鱼、小鼠）为材料，比较亲子代果蝇、不同种属果蝇以及不同物种之间的酯酶的同工酶酶带，从而对控制它们的基因进行遗传分析，了解不同物种间的遗传进化特点。

酯酶是催化酯类化合物水解的酶系，其同工酶的遗传学较为复杂。以萘乙酸酯为底物的同工酶属于羧基的酯酶类，一般为单链或二聚蛋白质。通过凝胶电泳分离后在染料监牢蓝 RR 盐存在下，凝胶上的酶带与 α-乙酸萘酯或 β-乙酸萘酯作用后显示出褐色或红色的酶带，由此易鉴别出酶谱的差异，酶带颜色的深浅正反映出酶活性的大小。

1.19.3 实验准备

1. 实验材料

黑腹果蝇的突变品系：黑檀体（*VgVgee*）

                       残　翅（*vgvgEE*）

                       三隐性（*mmwwsn³sn³*）　　均为品系自交的纯培养

黑腹果蝇野生型品系：野生型（++　++　++）

D. virilis 大果蝇、其他动物组织

2. 实验试剂和主要仪器设备

实验试剂：乙醚，果蝇培养基（培养基配方见附录），丙烯酰胺（Acr），N，N'-亚甲基双丙烯酰胺（Bis），三羟甲基氨基甲烷（Tris），乙二胺四乙酸（EDTA），甘氨酸（Gly），盐酸（HCl），四甲基乙二胺（TEMED），氯化钠（NaCl），过硫酸铵（Aps），溴酚蓝，蔗糖，磷酸二氢钠（NaH_2PO_4），磷酸氢二钠（Na_2HPO_4），醋酸 1-萘酯，醋酸 2-萘酯，监牢蓝 RR 盐，丙酮，冰醋酸，三羟甲基氨基甲烷（Tris），十二烷基硫酸钠（SDS），蛋白酶 K，RNA 酶，DNA 相对分子质量标准物，琼脂糖，乙醇，6×上样缓冲液，随机引物，dNTP Mixture，Taq 酶，RNA 酶。

仪器设备：实体解剖镜，手持放大镜，麻醉瓶，培养瓶（均可用 250 mL 广口瓶），白塑料板（白瓷板），毛笔，试剂瓶，玻璃匀浆器，微量移液器，漏斗，培养皿，电泳仪，垂直板电泳槽，冷冻离心机，冰箱，电子天平，注射器，台式离心机，玻璃匀浆器，恒温水浴器，PCR 仪，琼脂糖凝胶电泳系统，1.5 mL 离心管，0.2 mLPCR 管，微量取样器和吸头，无菌过滤器。

1.19.4 实验操作与步骤

1. 配制各种试剂

① 组织匀浆液：100 mmol/L NaCl，10 mmol/L Tris-HCl（pH 8.0），25 mmol/L EDTA。

② 上样缓冲液：0.25％溴酚蓝、40％（W/V）蔗糖水溶液。

③ 1.5 mol/L　Tris-HCl（pH 8.8），4 ℃存放。

④ 0.5 mol/L　Tris-HCl（pH 6.8），4 ℃存放。

⑤ 30％Acr/Bis：29.2 gAcr＋0.8 g Bis，用双蒸水定容至 100 mL，过滤备用，4 ℃存放。

⑥ 5×电泳缓冲液（室温放存）：Tris 7.5 g，Gly 36 g，双蒸水溶解，定容至 500 mL，使用时稀释 5 倍使用。

⑦ pH 7.0 磷酸缓冲液：61.0 mL 0.2 mol/L Na_2HPO_4 ＋39.0 mL 0.2 mol/L NaH_2PO_4

Na_2HPO_4：$Na_2HPO_4 \cdot 2H_2O$ 相对分子质量＝178.05，0.2 mol/L 溶液为 35.61 g/L

$Na_2HPO_4 \cdot 12H_2O$ 相对分子质量＝358.22，0.2 mol/L 溶液为 71.64 g/L

NaH_2PO_4：$NaH_2PO_4 \cdot H_2O$ 相对分子质量＝138.01，0.2 mol/L 溶液为 27.6 g/L

$NaH_2PO_4 \cdot 2H_2O$ 相对分子质量＝156.03，0.2 mol/L 溶液为 31.21 g/L

⑧ 染色液：称取醋酸-1-萘酯 80 mg 溶于 4 mL 丙酮中；另称取坚牢蓝 RR 盐 80 mg 溶于 4 mL 丙酮中，再加入 76 mL pH 7.0 磷酸缓冲液。待两者完全溶解后把前者倒入后者溶液中，迅速搅拌均匀，此时出现沉淀，要避光过滤、染色。

⑨ 固定液：7％醋酸溶液。

2. 提取酶液

① 分别取 20 只不同品系的黑腹果蝇(果蝇杂交实验中收集冻存的)和 10 只 *D. virilis* 大果蝇，置于玻璃匀浆器中，加入 200 μL 组织匀浆液匀浆至无明显组织块存在(冰浴操作)。

② 将组织液移至 1.5 mL 离心管，在冰冻离心机中 4 ℃ 10 000 r/min 离心 10 min。

③ 转移上清于另一离心管中，4 ℃保存备用。

3. 制胶

① 架好胶板：取两块干净的玻璃板，两板之间用塑料胶条密封，放入置胶板中固定。

② 配制分离胶(7.5％)，配方如表 19-1。

表 19-1　7.5％分离胶配方

试剂	剂量(20 mL)
1.5 mol/LTris-HCl(pH8.8)	5 mL
Acr/Bis(30％)	5 mL
TEMED	100 μL
10％Aps	100 μL
双蒸水	9.8 mL

混匀后将分离胶加入两玻璃夹缝中，高度为距离短板的上沿 3 cm 处。之后小心地在胶面上加入 1 cm 蒸馏水，待胶自然凝聚后(约 40 min)倾斜倒出蒸馏水(在胶面上加入蒸馏水称水封，其目的是保持胶面平整和防止空气浸入，影响凝胶)。

③ 配制浓缩胶(4％)，配方如表 19-2。

表 19-2　4％浓缩胶配方

试剂	剂量(10 mL)
0.5mol/LTris-HCl(pH6.8)	2.5 mL
Acr/Bis(30％)	1.3 mL
TEMED	10 μL
10％Aps	50 μL
双蒸水	6.1 mL

混匀后加入两玻璃夹缝中，并在两玻璃板夹缝中水平插入梳子，待凝胶后小心拔出梳子(注意：请在缓冲液中拔梳子)。

4．装板、点样、电泳

① 装板。浓缩胶配制完成后，用蒸馏水将玻璃板边缘的凝胶冲洗干净。将胶板装入电泳槽内，并加入电泳缓冲液，小心地将梳子从凝胶中拔出，并用移液器将胶板间的气泡除净。

② 点样。酶液与上样缓冲液 1∶1 混匀，用移液器或者注射器将样品小心地注入胶孔内，每个孔的上样量不超过 20 μL。

③ 电泳。将电泳槽放入冰箱中(4 ℃)，在 150 V 电压下电泳。当溴酚蓝移动至距底部 0.5 cm 时，切断电源，停止电泳。

④ 剥胶。将胶板从电泳槽中取出，用蒸馏水冲洗干净后小心地从玻璃板上取下胶，移去浓缩胶。

⑤ 染色。将分离胶转移至染色液中，避光染色(10～20 min)至胶内呈现出棕红色的酯酶同工酶谱带即可，然后用蒸馏水漂洗分离胶，并置于 7% 醋酸中保存。

1.19.5 实验结果与分析

酶谱分析：同工酶属于共显性性状，在设计实验之前应先清楚所采用的同工酶由几个基因座控制以及多肽组成类型。

单基因座的电泳表达分析：假设单基因座有两种基因形式 *A* 和 *B*，其形成的亚单位分别为 a 和 b，假定 a 的迁移率大于 b，个体产生酶的总量是相同的。那么酶谱的表型见表 19-3。

表 19-3 酶谱的表型

基因型	*AA*	*AB*	*BB*
亚单位	a	a/b	b
单聚体酶谱	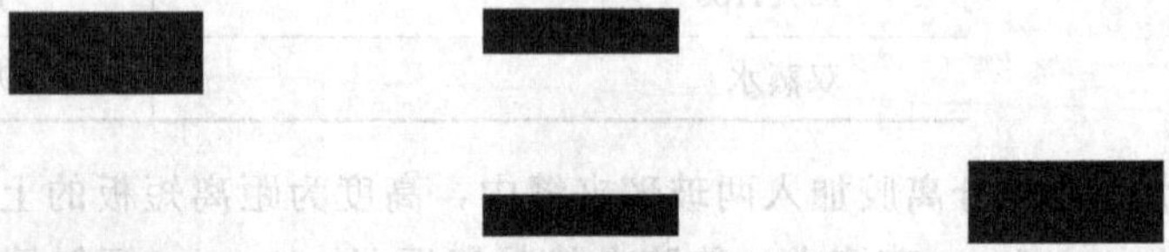		
二聚体酶谱	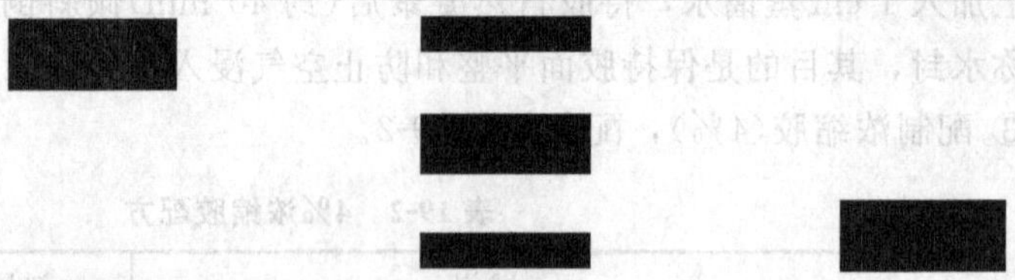		
四聚体酶谱	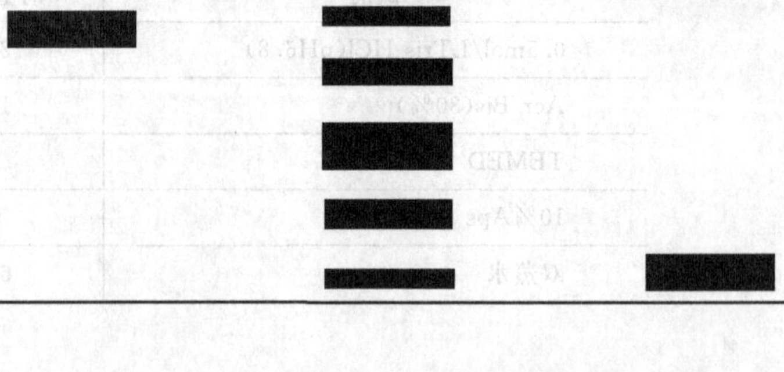		

若同工酶为单基因座控制的单聚体蛋白，则实验中得到的酶谱中的每一条带谱对应于一个基因的表达。若同工酶为单基因座控制的二聚体蛋白，则有些酶带是由两个基因所产生的多肽聚合而成的，并不对应于某一个基因的产物。若同工酶是单基因座控制的四聚体蛋白，则酶带可由两个基因产物形成五种不同的四聚体蛋白（表 19-3）。

如果同工酶是由两个基因座控制的酶带，则情况更加复杂，需仔细分析，这里不再一一列举。通过同工酶染色实验，可以从酶谱直接推知个体的基因型，从而成为鉴定生物基因型差别的可靠指标。

1.19.6 实验中经常遇到的问题和解决办法

1. 实验安排的内容较多，且具有一定的操作难度，需要提前安排好各个实验环节。
2. 配胶时要防止玻璃板密封不严而导致漏胶或者助教提前准备备用胶。
3. 配制染液以及染色时要尽量避光，以防染液中的成分见光分解。
4. 除染色外，整个实验过程均要在冰上操作，尽量保持低温，防止蛋白失活而影响染色结果。

1.19.7 实验作业

1. 同工酶分析能够应用于哪些领域的研究？如何以酯酶同工酶谱带作为一种遗传标记来分析生物物种的变异？
2. 做同工酶制备和电泳时，为何须在 4 ℃条件下进行？
3. 将实验结果画（剪贴）在记录本上，标出样品名称、差异条带等。通过实验能得到什么样的实验结论？

（李洁）

第二部分　综合性实验

这部分是整个遗传学实验体系的最重要部分，也是衔接遗传学基础实验和设计性创新性实验的重要环节，这一部分包含实验 20～26 共 7 个实验。很明显这些实验是在第一部分基础实验的层次上提升一个台阶，能够引导学生将相关的基础实验系统地、有机地整合起来，去解决一些简单的科学问题，并为下一步的高层次实验的教学和科研培训的实践教学创建坚实的铺垫，使设计性探究型实验教学成为可能。为便于任课教师的教学安排，现将主要内容简要介绍如下：

实验 20：植物的基因转化。根癌农杆菌（*Agrobaterium tumefaciens*）是一种天然存在的植物遗传转化体系。植物基因转化的具体方法是利用 DNA 重组技术，将外源目的基因插入到 Ti 质粒的 T-DNA 区，借助于农杆菌感染，导入外源基因，并使其在植物中表达所要研究的外源基因。因此，该技术方法成为利用分子遗传学研究植物基因功能的重要基础。

实验 21：植物基因组 DNA 甲基化分析。经典遗传学已经揭示出生命的遗传信息储存在 DNA 的碱基序列上。而表观遗传学研究发现，DNA、染色体水平的修饰发生变化可导致基因表达和遗传学表型的变异。生物体基因组 DNA 甲基化水平的变化在基因表达调控、发育调节、基因组印记等方面发挥着重要作用。本实验运用生物体甲基化分析的 MSAP 方法，通过 DNA 限制性酶切、PCR 及其产物电泳凝胶的银染分析等技术，促使学生掌握引物设计和 PCR 及其分析的原理和原则；理解 DNA 甲基化在植物生长、发育中的重要作用。初步训练培养学生表观遗传学研究的能力，

实验 22：基于植物叶绿体微卫星分子标记的父本分析。在遗传学的亲本分析中，线粒体、叶绿体或者 Y 染色体来自单一亲本，没有重组，作为遗传标记可以为亲本分析提供独特的方法。本实验以油松为材料，其核基因属双亲遗传，叶绿体基因属父本遗传，线粒体基因为母本遗传，是亲本分析的优秀实验材料。本实验介绍了微卫星分子标记的原理、用途和基本分析方法，为使学生掌握利用叶绿体微卫星标记差异进行植物亲本遗传分析打下基础。

实验 23：DNA 指纹技术 STR 分型对人身份的鉴定。DNA 是每个生物有机体独一无二的身份证，可以说没有任何两个个体的 DNA 是完全相同的。目前已研发出多种 DNA 遗传标记用于个体身份的识别。而作为 DNA 指纹技术的 STRs 分型是法医学个体识别和亲子鉴定的主要技术。本实验通过不同来源（包括检测个体的血样、血痕、上皮细胞、唾液、毛发、指甲等）材料的微量 DNA 的提取、分子标记分析和不同的染色鉴定技术的综合分析，介绍了 DNA 指纹分析技术的原理和应用，特别是 PCR-STR 银染分型技术和 PCR-STR 荧光自动分型技术，揭示了这些遗传分析技术的法医学应用，尤其是对人类的个体身份鉴定的应用。

实验 24：物理、化学因素对植物遗传诱变效应的染色体分析。生物各物种的染色体数目、结构是相对恒定的。但是环境条件的剧烈变化，特别是有些物理或化学因素（如高温、低温、射线照射和药物处理等）可使生物体的遗传物质产生变异。本实验通过物理因子电子束诱变后生物体染色体结构变异的检测、常用化学试剂秋水仙素处理后生物体染色体数目变异的观察、某些化学试剂诱变与植物的微核分析 3 个实验，综合介绍了常见诱变因素对生物体影响的检测观察技术。可培养学生遗传毒理学研究的综合分析和应用能力。

实验 25：大肠杆菌梯度转移基因定位（非中断杂交）。大肠杆菌在杂交过程中，一种细菌作为遗传物质的受体，另一种细菌则是供体。而这种特性的分化是由于一种可转移的性因子或称致育因子（Sex or fertility factor，简称 F 因子）存在的结果。本实验选用的 Hfr 品系为 CSH60 Strs，F^- 为多重生化缺陷型 CSH57 Strr，通过杂交，可以产生接受了 Hfr 不同长度染色体并与 F 发生重组的各种类型的重组子。依据大肠杆菌接合过程中染色体的自然中断，供体基因梯度转移并在 F 细菌中重组的百分率为指标来进行基因定位。实验通过不同品种的细菌培养、杂交和重组子分析等综合过程，使学生深入认识细菌性别形成机制，细菌的杂交和基因转移的原理和用途，掌握用转移梯度进行基因定位的原理及具体操作方法；从而培养和锻炼无菌操作意识和技术技能力，培养团结协作的科研合作精神。

实验 26：线虫的遗传分析实验。秀丽隐杆线虫（*Caenorhabditis elegans*）是新兴的遗传学研究模式动物，为细胞凋亡等方面的研究作出过卓越贡献。作为遗传与发育生物学研究的模式物种，秀丽隐杆线虫具有很多优点，例如：只要把线虫浸泡到含有核酸的溶液中，即可以实现外源基因的导入；线虫的生命周期很短，从出生到老死仅为 3.5 d，非常有利于不间断地进行观察，乃至追踪每一个细胞在发育中的演变过程等。本实验通过秀丽隐杆线虫的形态特征和生活史观察，秀丽隐杆线虫的培养、繁育基本技术技能训练，以及秀丽隐杆线虫的单因子杂交实验的基因分析、化学诱变和突变体筛选的系列综合实验，培养学生认识新生模式生物秀丽隐杆线虫的基本形态特征；掌握秀丽隐杆线虫生活史和雌雄鉴别方法，特别是常见突变体的诱变和筛选方法。为更好地利用这一模式生物进行分子发育遗传学研究奠定基础。

实事求是地讲，第二部分是对遗传学多种研究方法和实验技术的整合和梳理，培养综合运用模式物种、遗传规律和分子生物学技术解决遗传学中科学问题的自我学习能力的过程。学生由此开始理解和体验遗传学实验的综合理念，提升设计和创新意识；并从静态单一的实验和知识运用到动态和整合实验分析。毋庸置疑，这部分内容的掌握是从认知性学习到研究型创新性学习道路的重要和必需环节。

2.1　实验20　植物的基因转化——根癌农杆菌介导的植物基因转化

根癌农杆菌(*Agrobaterium tumefaciens*)是存在于土壤中的可进行植物基因转化的一种革兰氏阴性细菌。早在1907年Smith等就发现双子叶植物经常发生的一种冠瘿瘤是由根癌农杆菌诱发的。1977年Chilton等证明瘤细胞中存在着一段外来DNA即是根癌农杆菌的质粒片段，称为转移DNA(transferred DNA，T-DNA)，因此，农杆菌是一种天然存在的植物遗传转化体系，早期只用于研究转化双子叶植物和裸子植物。后来很快发展到了转化单子叶植物。世界上第一批成功表达外源基因的转基因植物就是由根癌农杆菌介导转化获得的。迄今所获得的转基因植物80％以上都利用了农杆菌转化系统。

2.1.1　实验目的

1. 掌握通过农杆菌介导转化植物的实验技术。
2. 通过农杆菌介导的基因转化技术获得含目的基因的转化植株。
3. 学习和理解报告基因 *gus* 基因的鉴定方法。

2.1.2　实验原理

根癌农杆菌含有 Ti(Tumor-inducing)质粒，感染植物伤口后，其所含 Ti 质粒上(图20-1左)的一段可转移的 DNA(T-DNA)能整合到植物细胞核基因组中，使植物细胞发生遗传转化而产生冠瘿瘤(Gown gall)(图20-1右)。因此农杆菌作为一种天然载体系统被广泛应用到植物基因转化中，成为植物基因转化的首选方法。具体方法是利用 DNA 重组技术，将外源目的基因插入到 Ti 质粒的 T-DNA 区，借助于农杆菌感染，导入外源基因，并使其在植物中表达。由于植物组织培养技术的成功，基因转化可借助于组织培养、细胞培养以及原生质体培养系统来完成。

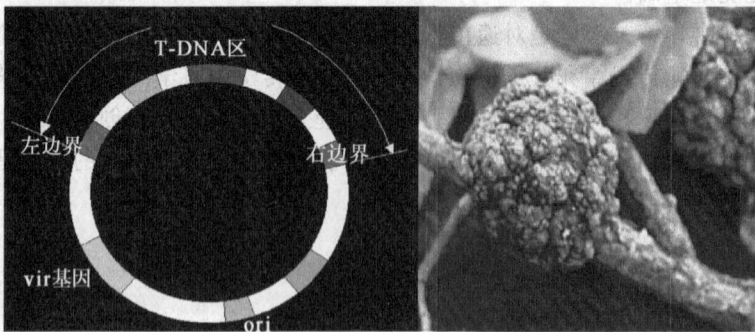

图 20-1　农杆菌 Ti 质粒(左)及冠瘿瘤(右)

注：农杆菌附着到植物细胞后，本身留在细胞间隙中。其 T-DNA 首先在细菌中被加工、剪切、复制，然后转入植物细胞。

通过基因工程技术对 Ti 质粒的改造，已发展出各种载体系统，有的载体已使 T-DNA 的基因大部分或全部缺失，并装上了显性选择标记基因，利用这些质粒作为载体，已使很多植物包括一些农作物成功地进行了外源基因的转化。因此，利用根癌农杆菌的 Ti 质粒为载体的转化系统在植物基因转化中占有重要的地位。

农杆菌介导的转基因方法具有许多其他方法不具备的优点：①不需要专门购置昂贵的仪器；②适用的植物类型的范围广，包括大多数双子叶植物和少数单子叶植物；③可插入外源基因的片段较大，达 50 kb 以上；④转化率明显高于其他直接转化方法；⑤外源基因整合到植物基因组上的拷贝数较少，多为单拷贝；⑥整合的外源基因变异小等。

本实验选用植物表达载体 pCAMBIA 1301（图 20-2）转化水稻成熟胚的愈伤组织。在载体 pCAMBIA 1301 中以 CaMV35S 启动子驱动的 β-葡萄糖苷酸酶（β-glucuronidase, Gus）基因为本实验转化的目的基因，以潮霉素 B（Hygromycin B）抗性基因作为选择标记。

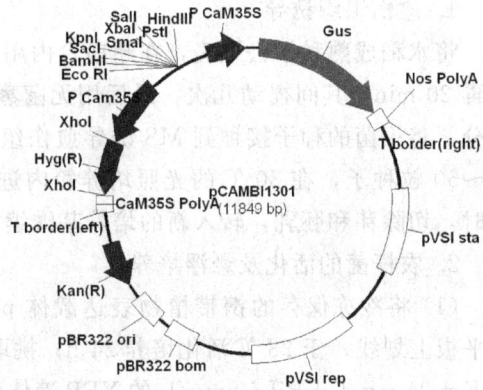

图 20-2　植物表达载体 pCAMBIA 1301

2.1.3　实验准备

1. 实验材料

水稻种子成熟胚诱导的愈伤组织，含植物表达载体（pCAMBIA 1301）的农杆菌 LBA4404。

2. 实验试剂和主要仪器设备

实验试剂：70% 乙醇，0.5% 次氯酸钠，甘露醇，X-Gluc 染色液；培养基：MS 液体基本培养基，YEP 固体和液体（含 Km 25 mg/L＋Rif 50 mg/L）培养基，NB 诱导愈伤组织培养基，NB 筛选培养基，NB 共培养基，NB 预分化培养基，NB 分化培养基，MS 壮苗培养基（表 20-1）。

表 20-1　用于转化的水稻的 NB 培养基（1 L）　（pH5.8）

NB 诱导培养基	NB 附加 500 mg/L 脯氨酸，500 mg/L 谷氨酰胺，300 mg/L 酪蛋白水解物，30 g/L 蔗糖，2 mg/L 2,4-D，2.6 g/L 植物凝胶
NB 共培养基	NB 诱导培养基附加 100 μmol/L 乙酰丁香酮
NB 筛选培养基	NB 诱导培养基，50 mg/L 潮霉素，250 mg/L 羧苄青霉素
NB 预分化培养基	NB 诱导培养基（不加 2,4-D），1 mg/L NAA，2 mg/L 6-BA，50 mg/L 潮霉素
NB 分化培养基	NB 诱导培养基（不加 2,4-D），1 mg/L NAA，3 mg/L 6-BA，50 mg/L 潮霉素
MS 壮苗培养基	1/2 MS，20 g/L 蔗糖，2.6 g/L 植物凝胶

仪器设备：超净工作台，恒温可调摇床，各种规格移液器，配制培养基所用器皿，培养皿（直径 90 mm），大试管。

2.1.4　实验操作

1. 愈伤组织诱导

将水稻成熟种子去颖壳，在超净台内用 70％的乙醇浸泡 45 s，然后用 0.5％次氯酸钠消毒 20 min，其间摇动几次，最后用无菌蒸馏水冲洗 6～7 次，在滤纸上吸干种子表面的水分。将灭菌的种子接种到 MS 诱导愈伤组织培养基上，每个培养皿（直径 90 mm）中接 30～50 粒种子，在 30 ℃的光照培养箱内进行愈伤组织的诱导，愈伤组织长至 2～3 mm 厚时，切除芽和胚乳，转入新的培养基继续培养 1 周左右。

2. 农杆菌的活化及悬浮培养

（1）将冷冻保存的携带植物表达载体 pCAMBIA 1301 的农杆菌 LBA4404 在含 YEP 的平板上划线，于 28 ℃活化培养 24 h；挑取已活化的农杆菌单菌落，接种于 20 mL 分别含 Km 25 mg/L＋Rif 50 mg/L 的 YEP 液体培养基中，28 ℃，恒温摇床上 250 r/min 悬浮培养过夜。

（2）吸取 500 μL 菌液转接入 25 mL 的无抗生素的 YEP 液体基本培养基中培养 4～6 h，4 000 r/min 离心 5 min，弃上清。

（3）将菌体用 MS 液体基本培养基洗涤 1 次，然后将其用 MS 液体基本培养基稀释 5 倍，放置 4～6 h，以备转化愈伤组织用。

3. 转化

（1）农杆菌侵染共培养。将愈伤组织切成 1～2 mm 的小块，放在新的 MS 诱导培养基上培养 4 d，然后放在重悬了农杆菌的 YEP（OD$_{600}$ 为 0.6～0.8）中，平缓摇动 20 min 后，用无菌滤纸吸干愈伤组织表面的菌液，转移到铺有一层滤纸的 MS 共培养基上，28 ℃黑暗培养 3 d。

（2）抗性愈伤的筛选。把共培养后的水稻愈伤组织用 0.1 mol/L 甘露醇溶液洗 3 次，再用含 500 mg/L 羧苄青霉素的无菌水冲洗 3 次，最后用无菌水清洗 3 次。把清洗完的愈伤组织转入培养皿中的滤纸上，在愈伤组织上加盖一层滤纸，干燥 20 min 后转入含 30 mg/mL 的潮霉素筛选培养基筛选 10 d 后再转入 50 mg/mL 潮霉素筛选培养基筛选 10 d，筛选过程中均在 28 ℃照光培养，大约筛选 3 周。

（3）预分化培养。将在筛选培养基上新长出的愈伤组织放在干燥的滤纸上干燥 20 min，然后转入预分化培养基上，28 ℃黑暗培养 1 周。

（4）分化培养。预分化结束后，将愈伤组织转移到分化培养基上，28 ℃光照培养，可观察到绿芽的分化（图 20-3 左）。

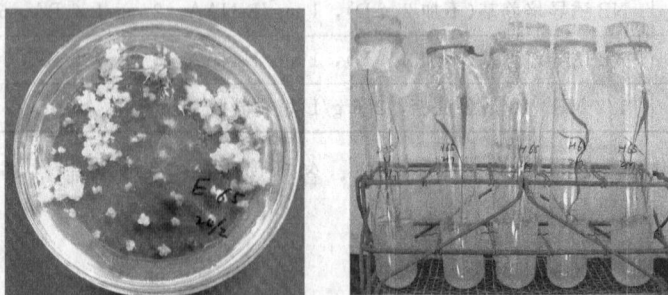

图 20-3　水稻愈伤组织分化培养（左）和壮苗培养（右）

(5)生根和壮苗。待绿芽长出 3～5 cm 的叶片时将幼苗转移到壮苗培养基试管中（图 20-3右），28 ℃光照培养。

4. 转基因植株 *gus* 基因表达检测

待已长出数条根的转基因植物苗移栽时，可剪下其中的一条根做 GUS 组织活性测定。将根分剪成 3 mm 左右的小段，放入小管中，并设非转基因苗对照，每管加入 X-gluc 染色液适量至淹没根，25～37 ℃温浴 1h，即可观察到蓝色反应（图 20-4）。

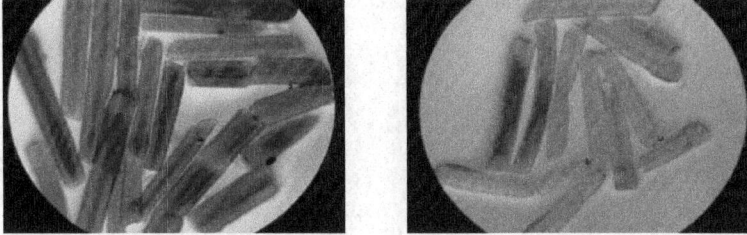

图 20-4　*gus* 基因表达染色结果：阳性根切段（左）；未转化根对照（右）

2.1.5　实验结果与分析

1. LBA4404 所含 pCAMBIA 1301 质粒的 T-DNA 中有以 CaMV35S 启动子调控的 *gus* 基因。因此可通过 Gus 活性测定检验 *gus* 基因是否进入植物细胞并得到表达。*gus* 基因在植物细胞中正常表达可产生葡萄糖苷酸酶，此酶在一定条件下与 X-Glucuionic acid 底物发生作用，产生蓝色沉淀，可直接在组织中观察到蓝色现象。

2. 实验结果填表 20-2。

表 20-2　实验结果

转化愈伤组织块数	分化正常绿苗数	白化或畸形苗数	*gus* 基因表达苗数

3. 转化体系是否有效是决定侵染后转化效率的关键环节。应选用容易再生植株的组织和器官作外植体进行农杆菌的侵染。单子叶植物（如小麦、玉米和水稻等）的茎、叶作为外植体再生比较困难，主要利用种子幼胚或成熟胚的愈伤组织作外植体进行转化，而双子叶植物主要用叶片、幼茎切割作为侵染外植体，容易分化再生植株；近些年来还发展了花柱侵染法用于小型植物如拟南芥的转化，方法是直接把未开的花絮浸在侵染液中即可完成转化。

2.1.6　实验中经常遇到的问题和解决办法

1. 农杆菌侵染共培养时，往往会有假阳性出现，为减少后续筛选工作量，尽量将愈伤组织切成 1～2 mm 的小块，使农杆菌充分感染。

2. 筛选培养时，Hyg 抗性非常关键，应尽量使愈伤组织与培养基充分接触，保证分化苗是在 Hyg 选择压力下产生的。

3. 继代筛选培养期间很容易出现农杆菌感染现象，因此要勤观察，防止农杆菌严重感染，一旦发现有轻微农杆菌感染，立即转接培养基。

2.1.7　实验作业

1. 总结基因枪基因转化技术的优缺点。

2. 利用基因枪技术转化植物基因时应特别注意哪些操作？

（张桂芳，张根发）

2. 2 实验 21 植物基因组 DNA 甲基化分析

经典遗传学认为，生命的遗传信息储存在 DNA 的碱基序列上，几乎所有的生命活动都受基因调控。随着科学的发展，人们发现一些无法用经典遗传学解释的遗传现象；而且更令人惊奇的是这些现象的本质不涉及基因核苷酸序列的改变，而是基因的表达发生了可遗传的变化，从而引起表型的变异。经过研究，科学家发现导致基因表达模式改变的原因是 DNA、染色体水平的修饰发生了变化，并将此定义为表观遗传（epigenetic inheritance）。由于表观遗传不涉及基因序列的改变，不符合孟德尔的经典遗传方式，因此它是一种全新的遗传机制。

在表观遗传中，一种非常重要且常见的形式是 DNA 甲基化。所谓 DNA 甲基化，就是在 DNA 复制后，由甲基转移酶（DNA methyltransferase，DNMT）催化，将 S-腺苷-甲硫氨酸（S-adomet，SAM）上的甲基基团转移到 DNA 分子的腺嘌呤碱基或胞嘧啶碱基上。DNA 甲基化主要发生在核基因组中，是生物体普遍存在的一种表观遗传现象，它在基因表达调控、发育调节、基因组印记等方面发挥着重要作用，对生物体具有十分重要的生物学意义。

目前发现 DNA 中甲基化的碱基主要包括 N^6-甲基腺嘌呤，N^4-甲基胞嘧啶和 C^5-甲基胞嘧啶。在高等真核生物中以第 3 种类型，即 C^5-甲基胞嘧啶为主，甲基化主要发生在

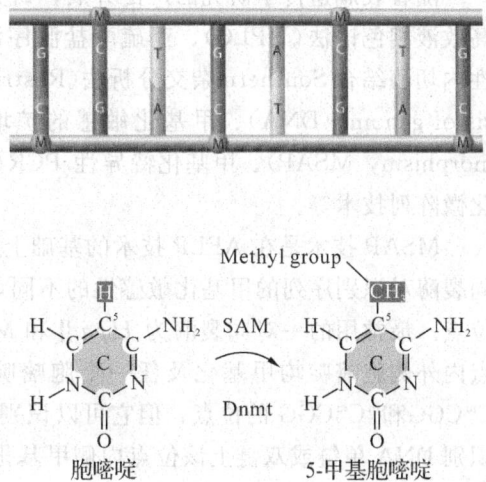

图 21-1 DNA 甲基化反应示意图

对称序列 CG 和 CNG 处（图 21-1）。DNA 甲基化修饰的区域主要在重复序列，包括着丝粒区域重复序列、核糖体 RNA 编码序列及转座元件序列等。甲基化的方式有 2 种：一种是维持甲基化（maintenance methylation），即在新复制的 DNA 中，DNA 甲基转移酶根据亲本链上特异的甲基化位点，在 DNA 半保留复制出的新生链相应位置上进行甲基化修饰。另一种是从头甲基化（*de novo* methylation），即在甲基转移酶的催化下，使未甲基化的胞嘧啶位点引入甲基，是对 DNA 上甲基化状态的重新构建，且不依赖 DNA 复制。

在脊椎动物 DNA 中，胞嘧啶甲基化的比例较低，为 2%～7%。在植物中，DNA 中胞嘧啶甲基化程度较高，一般为 20%～30%，但不同植物也不尽相同，如拟南芥 DNA 甲基化水平为 4.6%，小麦为 22.4%，而烟草则可达到 32.6%。同一物种的不同发育时期以及不同组织中甲基化水平的差异也较大，如在某些植物中，成熟组织的 DNA 甲基化水平高于未成熟组织，成熟植株甲基化水平高于幼苗，种子中甲基化水平较叶片高，但在种子萌发过程中甲基化水平又会发生变化。由于甲基化异常而导致的表型异常现象在动、植物体中都有发现，如癌症的发生与 DNA 的甲基化有密切的关联，而在植物体中，DNA 甲基化异常也可导致植株矮化、花期异常等现象。由此可见，维持正常的甲基化水平和模

式在生物体生长和发育中是十分重要的。

2.2.1 实验目的

1. 学习和深入理解 DNA 甲基化原理和分析技术，学会运用表观遗传学原理和方法分析一些遗传学问题。

2. 学习 MSAP 实验方法，掌握 PCR、银染等分子生物学实验技术，掌握引物设计原理和原则，了解生物学软件使用。

3. 通过实验观察并统计计算 DNA 甲基化在植物种子萌发中的变化，进而进一步理解 DNA 甲基化在植物生长、发育中的重要作用。

2.2.2 实验原理

随着表观遗传学研究的广泛开展，研究基因组 DNA 甲基化水平的方法越来越多，如高效液相色谱法（HPLC）、亚硫酸盐测序法（Bisulphate sequencing）、甲基化敏感的限制性内切酶结合 Southern 杂交分析法（Restriction enzyme digestion and Southern blot analysis of genomic DNA）、甲基化敏感的扩增多态性（Methylation-sensitive amplified polymorphism，MSAP）、甲基化特异性 PCR（Methylation specific PCR，MSP）、DNA 甲基化微阵列技术等。

MSAP 技术是在 AFLP 技术的基础上建立起来的一种 DNA 甲基化分析技术。它利用同裂酶对识别序列的甲基化敏感性的不同，从而产生不同的 DNA 切割片段来揭示甲基化位点。最常用的一对同裂酶为 $HpaⅡ$ 和 $MspⅠ$。$HpaⅡ$ 对于 DNA 两条链上的 CCGG 位点内外侧胞嘧啶均甲基化及任一个胞嘧啶甲基化都不能酶切，即不能酶切含 ^mCCGG，C^mCGG 和 $^mC^mCGG$ 的位点，但它可以识别仅一条链上胞嘧啶甲基化的位点。$MspⅠ$ 可以识别 DNA 单链或双链上该位点内侧甲基化的胞嘧啶，但不识别外侧甲基化胞嘧啶，即不能酶切 ^mCCGG 的位点。再根据需要设计 PCR 引物扩增被消化了的 DNA 片段，进行凝胶电泳分析，从扩增片段的差异来确定甲基化发生与否。如图 21-2 所示。

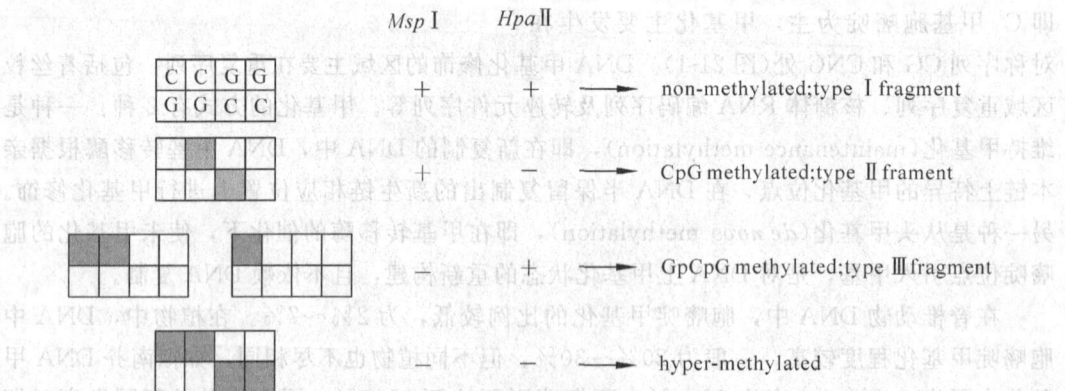

图 21-2 MSAP 分析原理示意图

MSAP 技术具有很多优点，如不需被测 DNA 的序列信息，可用于未完成基因组测序的生物，在不同生物上具有通用性；该技术分析范围广泛，它可以在基因组范围内检测 CCGG 位点的胞嘧啶甲基化变化；另外，它操作相对简便，成本低廉；该技术基于 AFLP 技术，分析方法基本相同，几乎无须改进。当然，MSAP 技术也具有一定的局限性，这

是由 *Hpa* Ⅱ和 *Msp* Ⅰ两种限制酶的特点所决定的。除了上述位点外，两种酶都无法切割^{m}C^{m}CGG 或^{m}CCGG，对于非 CCGG 位点的胞嘧啶甲基化，这两种酶也都不敏感，因此这几种情况 MSAP 技术尚无法分析。

2.2.3　实验准备

1. 实验材料

辣椒(*Capsicum annuum* L.)的饱满成熟种子 400 粒。

2. 实验试剂和主要仪器设备

基因组提取(CTAB 法)：液氮，2×CTAB 提取液(100 mmol/L Tris-HCl pH 8.0，1.4 mol/L NaCl，40 mmol/L EDTA pH 8.0，2% CTAB)，氯仿/异戊醇($V:V=24:1$)，异丙醇，70%乙醇，无水乙醇，TE(pH 8.0)，RNase A，乙酸钠(3 mol/L，pH5.2)。

琼脂糖凝胶电泳：琼脂糖，1×TAE 缓冲液，上样缓冲液。

基因组 DNA 的酶切、接头连接：1×反应缓冲液(10 mmol/L Tris-HCl pH 7.5，10 mmol/L MgAc，50 mmol/L KAc)，*Eco* R Ⅰ，*Hpa* Ⅱ，*Msp* Ⅰ，T4 DNA 连接酶，ATP，*Eco* R Ⅰ接头，*Hpa* Ⅱ/*Msp* Ⅰ接头，TE(1 mmol/L Tris-HCl，0.1 mmol/L EDTA，pH 8.0)。

预扩增和选择性扩增：PCR 反应液(10 mmol/L Tris-HCl pH8.3，50 mmol/L KCl，1.5 mmol/L，MgCl$_2$，每种 dNTP 各 0.2 mmol/L)，引物，Tap 酶。

聚丙烯酰胺凝胶电泳：甲酰胺染色液(98% 甲酰胺，10m mol/L EDTA，0.01% W/V 溴酚蓝，0.01% W/V 二甲苯青 FF)，5% 变性聚丙烯酰胺凝胶(Acr：Bis＝19：1，7mol/L 尿素)，0.5×TBE。

银染：10%醋酸，超纯水，染色液(1 g/L AgNO$_3$，0.056% 甲醛)，显色液(30 g/L Na$_2$CO$_3$，0.056% 甲醛，400 μg/L 硫代硫酸钠)，终止和固定液(10%醋酸)。

引物和接头：见表 21-1。

表 21-1　引物和接头

引物/接头	序列(5′—3′)
Eco R Ⅰ接头	CTCGTAGACTGCGTACC
	AATTGGTACGCAGTCTAC
E＋1 引物	GACTGCGTACCAATTC＋A
E＋3 引物	＋AAC (E1)
	＋ACG (E2)
	＋ACT (E3)
	＋AGT (E4)
Hpa Ⅱ/*Msp* Ⅰ接头	GATCATGAGTCCTGCT
	CGAGCAGGACTCATGA
HM＋1 引物	ATCATGAGTCCTGCTCGG＋T
HM＋3 引物	＋TAA (HM1)
	＋TCC (HM2)
	＋TTC (HM3)

实验耗材和仪器设备：滤纸，15 cm 培养皿，0.2 mL PCR 管，小指管(1.5 mL 和 2 mL)，PCR 管架，指管架，加样枪，水浴锅，高速冷冻离心机，恒温培养箱，水平电泳槽，垂直电泳槽，电泳仪，PCR 仪，紫外分光光度计，凝胶成像系统，扫描仪。

2.2.4 实验操作

1. 种子萌发

在直径 15 cm 的培养皿中铺双层滤纸，用蒸馏水充分浸透，将 100 粒种子均匀平铺于滤纸上萌发。共计 4 个重复。温度 28 ℃，相对湿度＞90%。以根突破种皮长出 1 mm 表示种子萌发，每日记录种子萌发情况，最后根据记录计算萌发率(GP)和萌发时间(GT)。

$$萌发率(GP) = \frac{N}{100} \times 100\%$$

$$萌发时间(GT) = \frac{\sum nd}{N}$$

其中：n 表示当天萌发的种子数；d 表示天数；N 表示萌发的种子总数。

2. 植物样品准备

在萌发的第 0、1、2、4、8d，收集 20～25 粒种子，在冰上将胚轻轻剥离出，用于 DNA 的提取。

3. CTAB 法提取基因组 DNA

(1) 取已剥离好的种胚用液氮迅速研磨成粉末状，转入 1.5 mL 离心管中。

(2) 向上述管中加入 65 ℃预热的 2×CTAB 提取液 500 μL，65 ℃ 水浴 60 min，期间颠倒数次。

(3) 水浴结束后，将离心管冷却至室温，向其中加入等体积的氯仿/异戊醇($V : V = 24 : 1$)，轻轻且充分颠倒混匀(30～50 次)，室温 12 000 r/min 离心 10 min。

(4) 将离心后的上清液转入另一新管中，加入 0.7 倍体积的异丙醇，颠倒混匀，－20 ℃放置 20 min。然后 4 ℃ 12 000 r/min 离心 5 min。

(5) 弃上清，沉淀用 70%乙醇洗涤一次，4 ℃ 12 000 r/min 离心 1 min，然后用无水乙醇再洗涤一次，4 ℃ 12 000 r/min 离心 3 min。

(6) 洗涤后的沉淀空气干燥或无菌风吹干，然后用 500 μL TE 溶解。

(7) 向其中加入 5μL RNase A(10 mg/mL)，37 ℃ 保温 30 min。

(8) 保温结束后，加入等体积的氯仿/异戊醇($V : V = 24 : 1$)抽提，4 ℃ 12 000 r/min 离心10 min。

(9) 取上清，加入 1/10 体积的乙酸钠(3 mol/L，pH 5.2)和 2 倍体积的无水乙醇，混匀后－20 ℃放置 20 min，4 ℃ 12 000 r/min 离心 5 min。

(10) 沉淀用 70%乙醇和无水乙醇各洗涤一次，干燥后用 40 μLTE 溶解。取 5 μL 进行琼脂糖凝胶电泳检测。

用紫外分光光度计对提取的基因组 DNA 进行含量和纯度检测。测定 260 nm 和 280 nm 处吸光值，其中 $OD_{260} = 1.0$ 表示双链 DNA 含量为 50 μg/mL。$OD_{260}/OD_{280} = 1.8$ 表示 DNA 的纯度高，大于 1.9 表明有 RNA 污染，小于 1.6 表明有蛋白质、酚等污染。

提取的样品在－20 ℃保存备用。

4. MSAP 反应

(1)基因组 DNA 的酶切和连接。同时进行 2 组酶切和连接反应：

第一组反应：用移液枪将 5 μL 基因组 DNA(400～500 ng)加入到 45 μL1×反应缓冲液(用时加入 10U *Eco*R I、20U *Hpa* II、2U T4 DNA 连接酶、5 pmol *Eco*R I 接头、50 pmol *Hpa* II/*Msp* I 接头、0.2 mmol/L ATP)中，37 ℃温育 6 h，之后 65 ℃ 10 min 以终止反应，用 TE 稀释 10 倍备用。

第二组反应：反应混合液和反应条件同上，但用 *Msp* I 取代 *Hpa* II。

(2)预扩增和选择性扩增。该阶段进行前后两组 PCR 反应，即预扩增(第一次 PCR 反应)和选择性扩增(第二次 PCR 反应)。

预扩增：取 5 μL 上述稀释过的酶切连接产物用作 PCR 反应的模板，加入到 15 μL 的 PCR 反应液(用时加入 40 ng 的 E+1 引物和 HM+1 引物以及 1U Taq 酶)中，混匀，进行 PCR。PCR 程序为：94 ℃预变性 60 s，94 ℃变性 30 s，55 ℃退火 30 s，72 ℃延伸 60 s，最后 72 ℃维持 10 min 以使延伸全部完成，循环数(变性—退火—延伸)为 25。取 3 μL 预扩增产物进行琼脂糖凝胶电泳检测(凝胶浓度为 1.5%，1×TAE)。预扩增产物用 TE 稀释 40 倍用于选择性扩增反应。

选择性扩增：选择性扩增的反应液与预扩增大体相同，但差别在于：以稀释后的预扩增产物作模板，所用引物为 E+3 引物和 HM+3 引物。由于 E+3 引物和 HM+3 引物共可以组成 12 个引物组合，故对于一个样品的选择性扩增，需进行 12 个 PCR 反应，每个反应应用一个引物组合。PCR 反应程序为：94 ℃预变性 60 s，94 ℃变性 30 s，退火 30 s，72 ℃延伸 60 s，最后 72 ℃维持 10 min 以使延伸全部完成。其中退火温度为：起始 65 ℃，之后每个循环降低 0.7 ℃(共计 12 个循环)，56 ℃(剩余的 23 个循环)。

(3)变性聚丙烯酰胺凝胶电泳。采用 5%变性聚丙烯酰胺凝胶电泳分离选择性扩增产物，电泳缓冲液为 1×TBE。选择性扩增产物与 15 μL 凝胶上样缓冲液混合，95 ℃变性 4 min，取适量混合液加入到 5%变性聚丙烯酰胺凝胶(在上样之前需进行预电泳，即 110 W，30 min，用注射器除去加样槽内析出的尿素)的点样孔中，80 W 电泳约 2.5 h。

(4)银染。上述电泳后的聚丙烯酰胺凝胶置于 10%醋酸中固定 30 min，之后以大量超纯水清洗凝胶 5 min，之后将凝胶放入染色液中 30 min，然后以超纯水漂洗 5 s。上述步骤需在摇床上振荡进行。将漂洗后的凝胶放入显色液中，轻轻摇动，1～3 min 后电泳条带将清晰地显现出来。条带清晰后立即向显色液中加入 10%的醋酸，摇动以终止显影并进行固定。2～3 min 后，将凝胶小心取出，并用超纯水漂洗。用凝胶成像系统或扫描仪采集图像用于进一步的分析。

(5)差异片段的回收和检测。一系列的因素可影响 MSAP 的稳定性，导致假阳性等现象的出现。为保证实验的准确性，可对差异片段进行进一步的检测。用刀片将 PAGE 胶上的差异条带挖下，捣碎，加入 20～50 μL 灭菌蒸馏水，95 ℃ 保温 5 min，室温自然冷却后 12 000 r/min 离心 10 min，上清转移到一个新的小指管中。取 5 μL 回收产物用原来的引物组合和体系重新进行选择性扩增。PCR 扩增程序为：94 ℃预变性 60 s，94 ℃变性 30 s,55 ℃退火 30 s，72 ℃延伸 60 s，最后 72 ℃维持 10 min，循环数为 35。用 1.5%的琼脂糖凝胶检测。

同样，采用两种限制性内切酶对 PCR 产物进行酶切。酶切体系为：5 μL PCR 产物加入到 15 μL 含 1U *Hpa* II 或 *Msp* I 的酶切缓冲液(缓冲液配方同前面所述)中。37 ℃ 温育

3 h，之后 65 ℃ 10 min 终止酶切反应。3%琼脂糖凝胶电泳检测酶切前后的 PCR 产物。

（6）电泳条带的统计分析。运用 CrossChecker 2.91 软件和 SPSS 10.0 软件统计总扩增位点数、总甲基化位点数、全甲基化位点数和半甲基化位点数，并计算甲基化比率，分析萌发不同时间的甲基化比率是否具有差异显著性。

2.2.5 实验结果与分析（表 21-2、表 21-3）

DNA 甲基化是基因组 DNA 的一种主要表观遗传修饰形式，是调节基因组功能的重要手段。生物体内的 DNA 甲基化变化是很复杂的，在整个基因组中通常是甲基化和去甲基化在不同的位点同时发生。

根据 *Hpa*Ⅱ 和 *Msp*Ⅰ 对 CCGG 位点甲基化的敏感程度不同，由电泳条带推断出种子萌发前后的甲基化模式和甲基化比例的变化，进而分析萌发过程中的甲基化和去甲基化的变化趋势。

表 21-2 实验结果数据统计分析表

引物对	扩增条带数	全甲基化位点数	半甲基化位点数	全甲基化与半甲基化位点数之和	甲基化比例/%

表 21-3 实验结果统计分析表

甲基化变化	电泳条带模式				多态性频率			
	萌发前		萌发后		1d	2d	4d	8d
	H	M	H	M				
甲基化	+	+	-	-				
	+	+	+	-				
	+	-	+	+				
	+	-	-	+				
	合计							
去甲基化	-	-	+	+				
	+	+	+	-				
	-	-	-	+				
	合计							
不确定的类型	+	-	-	+				
	-	+						
	合计							
合 计								

2.2.6　实验中经常遇到的问题和解决办法

1. 为了保证实验结果的重复和可靠性，部分溶液常配制成一定浓度的母液（储存液），如 TBE 缓冲液、丙烯酰胺溶液，使用时根据需要进行稀释。一些较复杂的反应液或缓冲液也可从生物公司直接购买使用，如在进行 PCR 时，选用合适的 PCR Mix 可大大简化实验操作，往往只需添加适量的模板、引物和双蒸水即可；在购买限制性内切酶时，也往往同时配有相应的酶切缓冲液。

2. 好的电泳效果源自均匀稳定的凝胶。为保证凝胶电泳的稳定性和制胶的连续性，变性聚丙烯酰胺凝胶的配制中，Acr/Bis 一般配制成 40% 的储存液，使用时再取适量稀释至所需浓度。7 mol/L 尿素在水中溶解完全较困难，应将尿素直接加入到稀释的丙烯酰胺溶液中，加入转子后在磁力搅拌器中搅拌至溶解，之后再加入少许超纯水至所需浓度和体积。

3. 银染的背景颜色过强时，不易分辨主带。应考虑的问题是银染十分灵敏，但受影响因素也较多，因此涉及的溶液配置要尽量使用超纯水。要更换手套，以免手套上残留的硝酸银弄花胶面。

2.2.7　实验作业

1. 统计推断种子萌发前和萌发后不同时期的甲基化比例和甲基化类型。
2. 要获得好的银染条带需要注意哪些问题？

（于海婵，张根发）

2.3　实验 22　基于植物叶绿体微卫星分子标记的父本分析 （油松叶绿体 DNA SSR 分析）

分子遗传学的发展和分子生物学技术的进步，如 PCR 技术、二代测序技术等的普及，促进了遗传学和其他学科的交叉。遗传学和生态学的交叉最初主要是与个体水平的生理生态研究和种群水平的种群生态研究交叉，产生分子生态学、种群遗传学等交叉学科。目前群落生态学和景观生态学也开始广泛应用分子遗传学的方法探究群落形成与维持机制、景观格局变化对物种生存影响评价等复杂问题，产生了群落谱系生态学、景观遗传学等交叉学科。

环境变化、人为活动的影响正在导致物种栖息地迅速的丧失和破碎化，生境丧失是否会对物种生存产生影响？一门新的交叉学科景观遗传学，利用种群遗传学和景观生态学的理论和方法，旨在探究生境格局变化对遗传多样性格局的影响。物种交配系统的变化是对生境格局变化最敏感的响应指标之一。种群间基因流下降，将导致种群间的遗传分化增大。小种群接收外源基因流减少意味着种群内部自交和近交增多，这有可能导致近交衰退和物种灭绝风险增加。因此，通过分析物种交配系统的变化可以反映生境破碎化对物种遗传多样性的影响。

2.3.1　实验目的

1. 在经典遗传规律基础上，了解微卫星分子标记的原理、用途。
2. 掌握微卫星分子标记的基本分析方法。
3. 掌握利用叶绿体微卫星标记差异进行松属植物亲本分析的基本方法。

2.3.2　实验原理

微卫星分子标记（Microsatellite），又称短串联重复序列（Simple Sequence Repeats, SSRs；Short Tandem Repeats，STR），是基因组上由 1～6 个碱基重复排列而形成的短串联重复序列。具两个碱基重复的在植物和动物中最为普遍（如植物中 AT/TA 或 GA/CT 重复最多，动物中 CA/GT 最多），而在植物叶绿体中则多为单碱基重复。

微卫星重复的基本单元一般称之为基序，基序重复次数变化将引起微卫星长度发生变化，因此可以利用电泳原理分辨这种长度变化，从而检测微卫星长度多态的存在。由于DNA 复制过程中，微卫星重复基序容易产生滑动错配（图 22-1），如果这种滑动错配逃避了

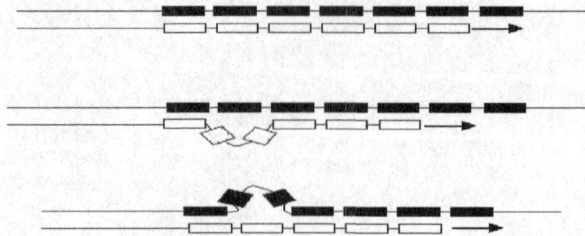

图 22-1　滑动错配原理

注：每一个长方形代表基序（wikipedia）。

DNA 错配修复系统的修复，即可产生微卫星长度变异。微卫星突变速率可以达到 $10^{-5}\sim$ 10^{-2}（每位点每年），比一般碱基突变速率至少高 3 个数量级。因此微卫星分子标记往往具有较高的种群多态，在种群遗传学中得到广泛应用，尤其是在亲本分析和亲缘关系研究中获得青睐，微卫星的出现和广泛应用甚至极大地促进了亲本分析理论和实际研究的发展。

　　根据遗传定律和亲子代形态、生理、遗传特征，判断亲本来源和特征的分析方法称之为亲本分析（Parentage analysis）。已知母本判断父本的分析称之为父本分析（Paternity analysis）。亲本分析在司法、动物行为生态、景观遗传等方面应用非常广。

　　在亲本分析中，核微卫星是最为常用的分子标记。根据孟德尔遗传定律，某子代基因型的亲本可以利用排除分析法或者最大似然分析判定。排除分析利用亲本是否可以产生子代基因型的对应配子排除不兼容的亲本，最后剩下的唯一潜在亲本即为亲本。判定的准确率与所用的微卫星分子标记的位点数量以及每个位点的多态性有关。另外测序误差或者形成配子时的突变都可能影响排除分析法的准确率。最大似然性分析则计算对应某个子代基因型，每个潜在亲本的最大似然性值，似然性值最高的即判定为真实亲本。

　　线粒体、叶绿体或者 Y 染色体来自单一亲本，没有重组，这些单一亲本的遗传标记可以为亲本分析提供独特的方法。线粒体是母本遗传，因此可以利用其进行母本分析。然而线粒体在动物中突变速率过高，而在植物中突变速率则过低，因此极大地限制了其在亲本分析中的应用。叶绿体在绝大多数被子植物中是母本遗传，而在有些植物（如松科植物）中是父本遗传的。基于叶绿体开发的微卫星分子标记数量较多，因此可以利用叶绿体在有些植物中进行母本分析，而在另一些植物中可以进行父本分析。

　　油松（*Pinus tabuliformis carrière*）是松科松属植物，自然分布于华北山地森林，是华北城市绿化的主要树种之一。松科松属已开发的微卫星非常丰富，而且这些微卫星在物种间具有较好的通用性。油松核基因属双亲遗传，叶绿体基因属父本遗传，线粒体基因为母本遗传。另外在油松种子中，胚是二倍体后代，而胚乳是单倍体，来自于母本，因此利用种子胚乳基因型可以获得母源配子的基因型。由于具有如此独特的遗传系统，像油松这样的松科松属植物是亲本分析的优秀实验材料。

2.3.3　实验准备

1. 实验材料，采集球果

　　8 月下旬至 9 月上旬，此时油松球果一般还是绿色，但内部种子已经成熟。在校园收集绿球果，球果置于大信封袋中，封口，详细记录每个球果的来源个体，避免将不同个体的球果放置于同一信封袋中。信封袋放在阳光下暴晒 1 星期，种鳞失水，球果开裂，种子即可散出。种子储藏于阴凉处备用（图 22-2）。

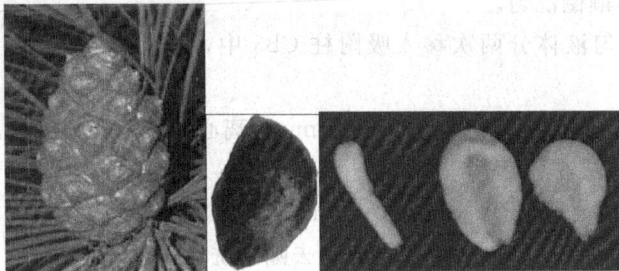

图 22-2　松树的球果、种子以及种子的胚和胚乳

采集所有可能提供花粉(潜在父本)的个体的针叶,变色硅胶干燥保存。并记录所有潜在父本的空间位置。

2. 实验前的种子处理

为了便于分离种子的胚和胚乳,种子泡于水中 24 h,胚乳容易吸胀。

3. 实验试剂和主要仪器设备

实验试剂:植物全基因组 DNA 提取试剂盒(天根生化科技有限公司,货号:K0013)、巯基乙醇、PCR 套装(Taq 酶,dNTP,Mg^{2+},10x buffer)、琼脂糖、TAE、变色硅胶、loading buffer、Marker(DL2000、1 KB)、ddH_2O、荧光引物、无水乙醇、石英砂。

仪器设备:小型离心机、Fasprep 离心管、FasPrep 快速组织破碎仪(型号:Fastprep-24homogenizer)、磁珠、PCR 仪、电泳仪、稳压电源、移液枪(2 μL、10 μL、20 μL、100 μL、200 μL、1 000 μL)、2 mL Eppendorf 管、96 孔板、PCR 管、灭菌锅、镊子、解剖刀。

2.3.4　实验操作

1. 油松种子胚、胚乳以及潜在父本针叶 DNA 的提取

(1)样品处理和破碎:干燥后的油松种子呈不规则椭圆型,表面覆盖着褐色的种皮。种皮包裹在胚乳表面;胚为圆柱形(图 22-2),位于种子的中心部位,外部由胚乳(图 22-2)包裹,剥离种子的种皮后暴露胚乳组织,图 22-2 已将胚、胚乳分离。

分离的胚、胚乳分别装入已灭菌的含有石英砂和钢珠的 Fastprep 管中。取一根干燥的针叶,将其剪成长度为 2~3 mm 的小段,放到 Fastprep 管。

Fastprep 管放置于 Fastprep 组织破碎仪中以 5 级速度破碎样品 20 s,该步骤也可以用液氮研磨代替。

(2)DNA 提取:DNA 提取可以采用传统的 CTAB 总 DNA 提取法。本实验因为时间限制,使用的是天根的植物全基因组 DNA 提取试剂盒,具体方法见试剂盒说明书,其中 GP1、GP2、GD、PW、CB3 为试剂盒中的对应试剂和耗材。

①在预热的 GP1 中加入巯基乙醇,使终浓度为 1%,向已破碎样品中加入含巯基乙醇的 GP1,每管 700 μL。注意,需轻柔打开破碎完的样品管,以防粉末飞溅,并迅速加入 GP1,以防止 DNA 降解。加完 GP1 后,上下舒缓翻转混匀粉末和 GP1。

②在 65 ℃水浴锅中加热 45 min,期间每隔 5~10 min 颠倒混匀。

③水浴结束,取出晾 2~3 min,加入 700 μL 氯仿,上下颠倒混匀。12 000 r/min,离心 5 min。

④小心从离心机中取出(防止破坏分层),吸取上层水相于新离心管中,加入 700 μL GP2,上下颠倒混匀。

⑤将上一步混匀液体分两次移入吸附柱 CB3 中,静置 3 min,12 000 r/min,离心 30 s,弃掉废液。

⑥加入 500 μL 去蛋白液 GD,12 000 r/min,离心 30 s,弃掉废液。

⑦加入 700 μL 漂洗液 PW,12 000 r/min,离心 30 s,弃掉废液。

⑧加入 500 μL 漂洗液 PW,12 000 r/min,离心 30 s,弃掉废液。

⑨12 000 r/min,再次离心 2 min,充分去除漂洗液。

⑩将吸附柱置于一个干净的离心管中,通风橱中晾 10 min,使吸附柱中乙醇充分

挥发。

⑪加 65 ℃预热的洗脱缓冲液 TE，50 μL（务必悬空加到吸附柱的中央），静置 5 min。12 000 r/min，离心 2 min。

⑫将上一步离心产物吸出，重新加入到吸附柱中，静置 5 min，12 000 r/min 离心 2 min（提高 DNA 洗脱效率）。

⑬保留离心产物，做好标记。丢弃吸附柱。

（3）琼脂糖凝胶电泳检测基因组 DNA 的质量：配制 0.8% 的琼脂糖凝胶。2 μL DNA 提取液加 2 μL loading buffer 和 8 μL ddH$_2$O 混合成上样缓冲液。恒压 100V，电泳 0.5h；凝胶成像系统（紫外灯）观察电泳结果并拍照。

2. PCR 扩增叶绿体基因组 SSR 序列（表 22-1）

表 22-1　6 对 SSR 引物的荧光标记、长度及序列

引物	5′端标记 荧光颜色	SSR 等位基 因长度范围/bp	引物序列
Pt2	TAMARA （黄色）	139～151	上游：TCATAGCGGAAGATCCTCTTT 下游：CGGATTGATCCTAACCATACC
Pt6	FAM （蓝色）	159～171	上游：GCCAGGGAAAATCGTAGG 下游：AGACGATTAGACATCCAACCC
Pt20	HEX （绿色）	87～91	上游：CGAGATTGATCCGATACCAG 下游：GAGAGAACTCTCGAATTTTTCG
Pt9	TAMARA （黄色）	86～92	上游：TAAGGGGACTAGAGCAGGCT 下游：TTCGATATTGAACCTTGGACA
Pt10	FAM （蓝色）	63～82	上游：CAATTGGAATGAGAACAGATAGG 下游：TGCGTTGCACTTCGTTATAG
Pt4	HEX （绿色）	147～154	上游：TTCATTGGAAATACACTAGCCC 下游：AAAACCGTACATGAGATTCCC

本实验参照日本黑松叶绿体基因组序列中的微卫星 DNA 序列及侧翼序列设计引物（表 22-1），利用 PCR 技术扩增微卫星 DNA 序列，琼脂糖凝胶电泳检测 PCR 扩增产物。

在 1.5 mL 离心管中配制 PCR 反应体系混合液（表 22-2）。

表 22-2　本实验所采用的 PCR 反应体系

试剂	30 μL 反应体系应加的量/μL
ddH$_2$O	19.92
10× buffer	3
dNTP	2.4
上游引物	0.72（原液浓度 0.24 μmol/L）
下游引物	0.72（原液浓度 0.24 μmol/L）
Taq 酶	0.24
DNA	3

配置反应体系时，可以根据所需 PCR 的个体数，配置每个引物的 PCR 反应体系母液，该母液为表 22-2 中除 DNA 外的所有成分。由于 Taq 酶的存在，PCR 反应体系母液需即用即配，切不可在室温放置过长时间，以防酶失活。反应体系配完后，需通过离心机的瞬时离心功能将所有成分混匀。PCR 反应管放到 PCR 仪上。PCR 反应条件为：94 ℃预变性 5 min；之后 94 ℃变性 1 min，55 ℃退火 30 s，72 ℃延伸 1 min，此三步共循环30 次；最后在 72 ℃下延伸 10 min。PCR 产物取出后，短期可保存在 4 ℃冰箱，一天以上需保存在－20 ℃。荧光易淬灭，须尽量缩短荧光引物和 PCR 产物的见光时间。

琼脂糖凝胶电泳检测 PCR 扩增产物。配制 1％的琼脂糖凝胶，8 μL DNA 提取液加2 μL loading buffer 和 2 μL ddH₂O 混成上样缓冲液。恒压 100 V，电泳 0.5 h；凝胶成像系统(紫外灯)观察电泳结果并拍照。

3. 通过一代测序仪(如 ABI3730)检测含有荧光标记的 SSR 的长度

电泳检测后的 PCR 样品送测序公司检测 SSR 的序列长度。为节省测序费用，本实验在设计荧光引物时根据微卫星的序列长度给上游引物标记不同颜色的荧光(表 22-1)，因此测序时可以将不同长度和荧光颜色的微卫星序列混合测序。在本实验中，Pt2、Pt6、Pt20 扩增的微卫星 DNA 混合为一组测序；Pt9、Pt10、Pt4 扩增的微卫星 DNA 混合为另一组测序。

2.3.5 实验结果与分析

1. 琼脂糖凝胶电泳结果

油松种子胚、胚乳的总 DNA 电泳检测结果见图 22-3a。图 22-3b 为琼脂糖凝胶电泳检测 PCR 扩增产物。几年的教学实践表明，基本上所有实验小组都能成功提取材料的总DNA 并扩增相应的 SSR 序列。

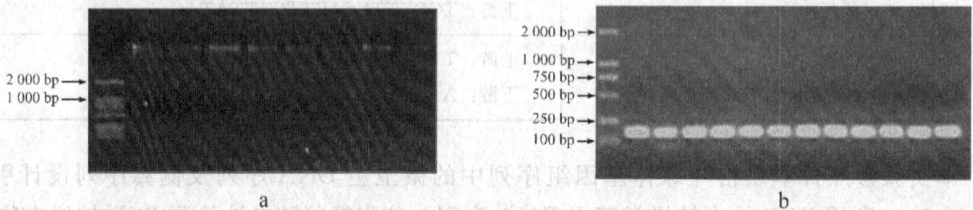

图 22-3　DNA 提取物的电泳结果(a)以及 PCR 产物电泳结果(b)

2. SSR 的长度判读

采用 GeneMapper v4.0 软件分析测序公司返回的测序结果，通过软件中的 bin 法取整得到微卫星的等位基因，分析结果以 SSR 的长度表示。以 Pt2 引物为例，测序结果经GeneMapper v4.0 软件分析所得的数据见图 22-4。从图 22-4 可以看出，SSR 等位基因以毛细管电泳的估测长度表示，不同的等位基因具有不同的长度。这种测序技术可以区分SSR 一个碱基的长度差异。如图 22-4 所示，Pt2 引物在不同样本中扩增的 SSR 测序可得到 3 个不同的等位基因，它们的长度分别为 147、148、149 bp。本实验其他引物扩增的SSR 的分析方法和 Pt2 引物类似，只是不同 SSR 序列在群体中等位基因的长度和数目不同。学生在教师的协助下完成测序结果分析，课后通过亲本分析，确定种子花粉来源。

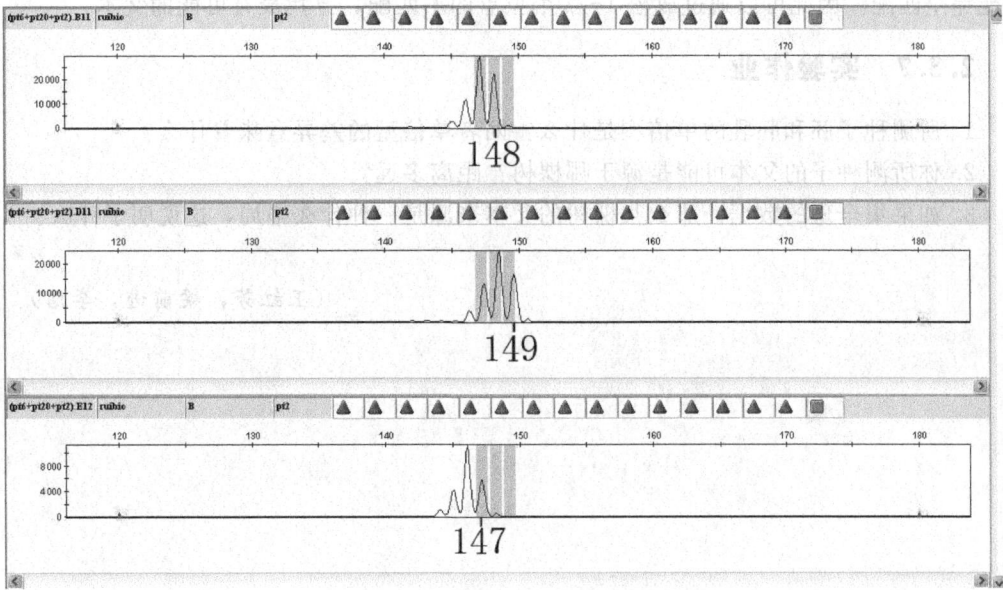

图 22-4　GenMapper v4.0 软件分析 Pt2 引物扩增不同样本所得产物的测序结果

3. 通过亲本分析判断油松种子的父本来源

亲本分析主要基于油松种子的遗传特征而进行。本实验的亲本分析主要基于油松种子中胚的叶绿体为父本遗传，且叶绿体基因组为单倍体；即通过比较种子胚与其潜在父本在叶绿体基因组上多个位点 SSR 的一致性来判断其父本的可能来源。通过分析测序结果，每颗油松种子的胚、胚乳都可得到 6 条微卫星 DNA 的长度数值。先将该种子胚、胚乳分别得到的 SSR 的长度值进行比较，若这 6 条 SSR 的长度数值全部一致可认为该种子是自交产生。反之，则根据潜在父本针叶获得的 6 条 SSR 长度数值判断种子最有可能的授粉个体。确定父本的原则一般是要求潜在父本和子代叶绿体 SSR 单倍型完全一致，但是由于存在可能的判读误差、测序误差以及突变，所以当有潜在父本和种子有 5 条及以上 SSR 的长度值一致，即可判断是潜在父本。如果所选种子在提供的潜在父本库里找不到匹配的可能父本，则可认为该种子的父本可能来源于我们设计的种群之外。

2.3.6　实验中经常遇到的问题和解决办法

1. 利用 Fastprep 仪组织破碎不充分，这会影响 DNA 得率。可采用以下措施：(1)针叶应尽量剪成小段，针叶过长，磁珠上下振动过程中，很难有效接触针叶，达到破碎的效果。(2)加上含有巯基乙醇的预热 GP1 后，上下振动混匀后，可以再到 Fastprep 仪上破碎一次，增强破碎效果。

2. 样品交叉污染，包括潜在父本交叉污染，胚和胚乳交叉污染。可进行以下处理：(1)潜在父本交叉污染最容易出现在剪取针叶时，一个个体处理完，需擦拭剪刀和桌面，然后处理另外一个个体。(2)胚和胚乳交叉污染主要表现在胚和胚乳剥离不充分。可将种子浸泡 24 h，或者浸泡 24 h 后，铺在潮湿的培养皿中等待 1～2 周，种子裂口发芽后再剥离。剥离的时候尽量保证胚和胚乳的完整，完整的胚和胚乳也可以避免交叉污染。

3. 亲本分析过程中，难以找到完全匹配的最大可能父本。一种原因是该种子的授粉父本来自于种群之外，另一种原因则需考虑突变或者测序误差，导致潜在的父本和种子间不能完全匹配。因此可以通过放松 1~2 个位点的不匹配，寻找最有可能的父本。

2.3.7 实验作业

1. 所测种子胚和胚乳的单倍型是什么？两者单倍型的差异意味着什么？
2. 你所测种子的父本可能是源于哪棵树？距离多远？
3. 如果集全班的数据，那么某棵树的父本来源是一种什么格局，这说明了什么？

（王红芳，梁前进，李洁）

2.4 实验 23 DNA 指纹技术 STR 分型对人身份的鉴定

DNA 是上帝赐予每个生命体独一无二的身份证，尽管人与人之间 99.9％的 DNA 都相同，但 0.1％的差异意味着有 300 万个碱基是独特的，这样大量的碱基，足以用来区别你和我。因此在身份鉴定中准确率最高的就是 DNA 检测，达到 99.99％。通过 DNA 这个特殊的"标签"，"你、我、他是谁"的复杂问题似乎就迎刃而解了。

科学家们开发出了多种 DNA 遗传标记用于个体身份的识别。短串联重复序列（short tandem repeat，STR），又称微卫星 DNA 位点，是继 RFLPs（限制性片段长度多态性）和 VNTRs（可变数量串联重复序列多态性）之后而发展起来的一种新的多态性遗传标记检测技术。美国在 1991 年开始运用 STR 来建立国家犯罪人群的 DNA 遗传标记数据库系统，1997 年 11 月美国联邦调查局（FBI）宣布建立国家 DNA 数据库（United States National Database），公布了 13 个被证实在各类人群中具有高度多态性的核心 STR 位点。1999 年英国启动了国家 DNA 库。目前，已有许多 STR 位点被一些大的试剂公司开发成商用试剂盒，全面应用于美国、中国等各法医学实验室。因此，STR 分型被认为是第二代法医 DNA 指纹技术。是目前国内外法医学个体识别和亲权鉴定的主要技术。

2.4.1 实验目的

1. 了解 DNA 指纹分析技术的原理和应用，特别是对人的个体身份鉴定的应用。
2. 掌握 PCR-STR 银染分型基本技术；了解 PCR-STR 荧光自动分型技术。

2.4.2 实验原理

在人类基因组中发现了由 2～6 个碱基重复排列而形成的短串联重复序列。STR 数目多（在人类基因组中约有 50 万个 STR 位点，约占基因组的 10％），分布广（平均每 15～20 kb 中分布着 1 个 STR 位点），主要由于核心序列的重复次数（通常达 15～30 次）不同而具有长度多态性，此特征遵循孟德尔共显性遗传规律，可以作为很好的遗传标记。

PCR-STR 分型技术是 1991 年由 Edwards 等建立起来的，该技术灵敏度高，操作简单，便于质量控制和技术标准化，适宜微量腐败降解的生物材料。其基本方法是：首先通过单纯 PCR（单对引物）或复合 PCR（几对引物在同一 PCR 管中）扩增 STR 片段，然后进行 STR 分型，即采用不同的电泳方法如聚丙烯酰胺凝胶垂直电泳（PAGE）、聚丙烯酰胺凝胶水平不连续电泳（dis-PAGE）、水平式琼脂糖凝胶电泳、变性梯度凝胶电泳等技术分离等位基因片段，最后经银染或溴化乙啶染色检测 STR 分型结果，对照等位基因分型标准物（allelic ladders）判断被检测基因型。

还可用荧光标记 STR 引物，用全自动 DNA 测序仪进行检测。由于荧光染料含有共轭双键，能够吸收激光并被激发至高能量激发态，处于不稳定的高能态荧光物质跃迁回到基态时，多余的能量以光子的形式释放，可用荧光信号识别记录设备记录下荧光染料发出的光信号。利用荧光染料标记的 STR 引物进行 PCR 反应时，可使扩增的基因片段带有荧光信号，电泳分离时通过荧光扫描检测不同的基因片段，再转换成波峰。不同的荧光染料具有不同的激发波长和吸收波长，可对多个 STR 位点同步进行复合扩增，通过自动分析系统直接对样本的不同 STR 基因座进行分型。

随着 STR 技术应用的不断拓展和深入，新的 STR 基因座在不断地被开发并利用，现今通用的位于常染色体上的 STR 基因座有：CSF1PO，FGA，TH01，TPOX，VWA，F1BRA，VW-FA31，D3S1358，D7S820，D8S1179，DS818，D5S818，D13S317，D7S820 等；位于 X 染色体上的 STR 基因座有：HumDXS6789，HumDXS9898，Hum-DXS6807，HumDXS101，HumDXS7424，DXS6804，HumAR，HPRT，DXS6799，DXS713 等；位于 Y 染色体上的 STR 基因座有：DYS391，DYS389 I，DYS439，DYS389Ⅱ，DYS438，DYS437，DYS19，DYS392，DYS393，DYS390，DYS385a/b 等。

STR 技术有如下优点：①模板 DNA 片段短，扩增效率高，灵敏度高；②检测所需材料量少，仅需 1~5ng 的模板 DNA；③可使用快速的 Chelex 方法制备模板 DNA；④扩增结果易于分析，不需要放射性标记；⑤可检测部分降解或陈旧性的生物材料；⑥个人识别概率和非父的排除率高。由于 STR 分型具有很高的灵敏度和良好的重复性，分型结果稳定可靠，目前已经广泛应用于物种进化遗传学、基因组学、临床医学、考古学及法医学等许多领域。尤其在法医检案中，经常会遇到极少量或较严重降解的生物样本，此时最好的方法是用 PCR 扩增 STR，人体血液、唾液、唾液斑、黏膜上皮、皮屑、精液、精斑、毛发、指甲、骨和牙齿均可作为分析 STR 的 DNA 来源，用于亲子鉴定、侦破拐卖儿童案件、确定各类嫌疑犯等。

STR 技术基本流程如图 23-1 所示。

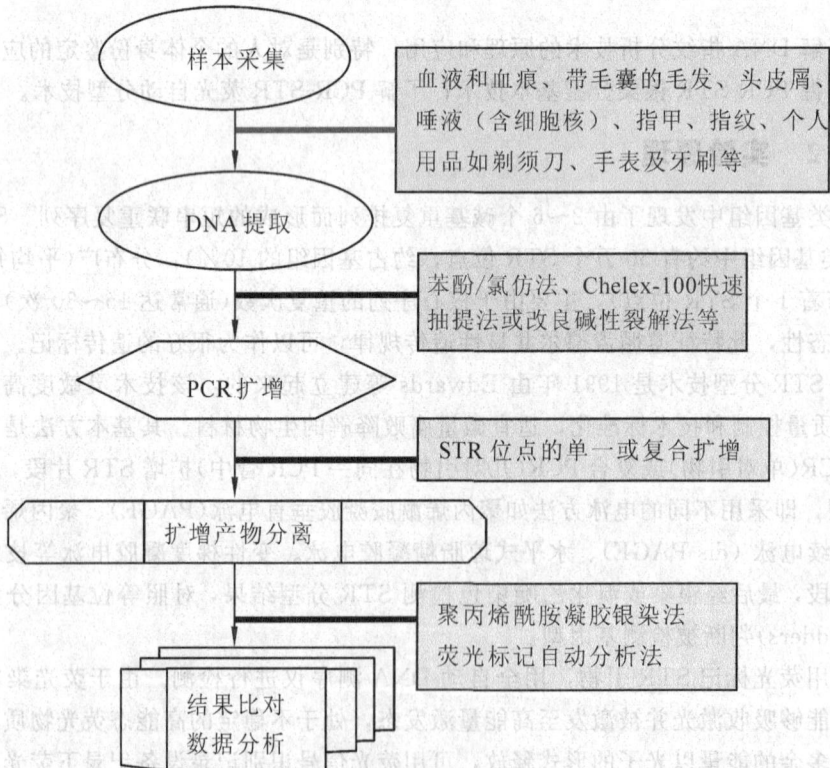

图 23-1　STR 技术基本流程

2.4.3　实验准备（DNA 样本的制备）

1. 实验材料

视具体实验条件可选择被测个体的血样、血痕、上皮细胞、唾液、毛发、指甲等材料。

2. 实验试剂和主要仪器设备

（1）实验试剂：细胞裂解液、STE 溶液、100 g/L 的十二烷基硫酸钠（SDS）、10 g/L 的蛋白酶 K、饱和酚、氯仿、3 mol/L 的 NaAc、70％乙醇、无水乙醇、TE（pH 8.0）、100 g/L 的 chelex-100、20 mmol/L 的 DTT。

（2）仪器设备：低温离心机、恒温水浴箱、全套移液器、剪刀。

3. DNA 提取

苯酚/氯仿法：利用 DNA 易溶于水而不溶于有机溶剂的性质，首先用十二烷基硫酸钠（SDS）和蛋白酶 K 使细胞膜蛋白变性并降解释放出 DNA；然后通过酚-氯仿分离 DNA 和蛋白质，离心取水相中的 DNA；再通过乙醇沉淀分离和浓缩 DNA。

（1）样品处理

【血样】①在 1.5 mL 离心管中分别加入 50 μL 待检血液、400 μL 细胞裂解液，混匀 10 min，10 000 r/min 离心 5 min，弃上清；②分别加入 400 μL STE 溶液，40 μL 100 g/L 的 SDS，6 μL 10 g/L 的蛋白酶 K，56 ℃孵育 5 h 左右，注意期间要不停地上下颠转摇匀。

【血渍】①将粘有血渍的材料剪碎于 1.5 mL 离心管中，加适量无菌水充分浸泡材料 10 min，10 000 r/min 离心 5 min，弃上清液；②加入适量 STE 缓冲液悬浮沉淀。

【毛发】①拔取数根（5 根以上）带有毛囊的毛发，剪碎毛干，收集到离心管中，无水乙醇清洗并晾干；②加入 100 μL STE、10 μL 的 10 g/L 的 SDS、3 μL 的 10 g/L 蛋白酶 K，混匀，55 ℃水浴消化 3 h。

【口腔黏膜上皮或唾液】①将刮取口腔黏膜的拭子剪碎，或吸取唾液数毫升放入离心管中，加入 STE 不停摇动 30 min，10 000 r/min 离心 3 min；②保留底部液体 50 μL 左右，从表层小心吸弃上清液；③分别加入 400 μL STE 溶液，40 μL 100 g/L 的 SDS，3 μL 10 g/L 的蛋白酶 K，55 ℃孵育 3～4 h，注意期间要不停地上下颠转摇匀。

【指甲】①将指甲样品剪碎、收集到离心管中，分别用无菌水和无水乙醇各浸泡 10 min，晾干；②加入 400 μL STE、40 μL 100 g/L 的 SDS、15 μL 10 g/L 的蛋白酶 K、8 μL 1 mol/L 的 DTT，37 ℃条件摇动数小时。

（2）DNA 抽提

①加入等体积的饱和酚，充分混匀 8～10 min 呈乳状液，10 000 r/min 离心 10 min；

②取上清液于新管中再加入等体积的以 1∶1 配比的饱和酚与氯仿，充分混匀 5 min，10 000 r/min 离心 10 min；

③转移上清液至另一离心管中加等体积氯仿，混匀 5 min，10 000 r/min 离心 10 min。

（3）沉淀 DNA

① 将水相转至新管，分别加 1/10 体积的 3 mol/L NaAc 和 2 倍体积的预冷无水乙醇，反复颠倒摇匀，4 ℃，10 000 r/min 离心 10 min，即可看到沉淀的 DNA，弃上清液；

②加入预冷 70％冰乙醇，4 ℃，10 000 r/min 离心 10 min，弃上清液，重复 1～2 次，吹干沉淀；

③加适量 1× TE（pH 8.0）溶解 DNA，4 ℃保存备用。

必要时用 Centricon（公司名）柱层析法浓缩 DNA。

Chelex-100 快速抽提法： Chelex-100 是一种由苯乙烯二乙烯苯多聚体组成的螯合树脂，其含有的成对亚氨基二乙酸盐离子对多价金属离子具有螯合作用。由于生物检材中的金属离子在高温和低离子强度溶液条件下能催化 DNA 的降解，而 Chelex-100 能有效地防止煮沸过程中模板 DNA 的降解。在低离子强度、碱性及 100 ℃煮沸条件下，可以使细胞膜裂解，并使与 DNA 结合的蛋白质变性，游离 DNA。是现代法医科学界流行的一种提取法。提取过程简单步骤少，可减少样本间的污染，但获得的仅是单链 DNA，只能用于PCR 检测。

（1）样品处理

【血样】吸取 100 μL 血样于 1.5 mL 离心管中，加入 1.0 mL 无菌去离子水，充分混匀，室温孵育 30 min，不时上下颠倒或旋涡振荡样品使之混匀，15 000 r/min 离心 2 min，吸弃上清液。

【血渍】剪取粘血材料（约 1.0 cm×1.0 cm），剪碎于 1.5 mL 离心管中，加 1.0 mL 无菌蒸馏水，室温浸泡 30 min，浸泡过程中不时轻轻振动，15 000 r/min 离心 2 min，弃净上清液。仅留 30 μL 左右带载体纤维的液体。

【毛发】拔取带有毛囊的数根毛发，剪碎，放入 1.5 mL 离心管。

（2）DNA 抽提

① 加入 100 μL 100 g/L 的 Chelex-100 溶液（毛发同时再加入 10 g/L 的蛋白酶 K 10 μL），轻柔混匀；

② 先 56 ℃温浴 30 min，高速涡旋振荡样品 10 s，然后升温至 100 ℃温浴 8 min，高速涡旋振荡样品 10 s；

③ 15 000 r/min 离心 2 min，吸取上清直接作 PCR 模板（剩余的样品－20 ℃保存，使用前重复③步骤）。

2.4.4　实验操作（PCR-STR 分型）

2.4.4.1　聚丙烯酰胺凝胶电泳银染分型

1. 实验材料

被检测个体（已知或未知身份）的 DNA 样本。

2. 实验试剂和主要仪器设备

PCR 扩增试剂：灭菌去离子水、STR 10×PCR 缓冲液、dNTPs、TaqDNA 聚合酶、STR 基因座的标准分型 DNA（可制备，也可直接从试剂公司购买）、相应 STR 基因座引物（序列可查自于 GDB 数据库，如 X 染色体上的 DXS6804 基因座引物对序列：5′-CCCAGATATTTTGACCACCA-3′和 5′-GGCATGTGGTTGCTATAACC-3′；Y 染色体上的 DYS437 基因座引物对序列：5′-GACTATGGGCGTGAGTGCAT-3′，5′-L GAGAC-CCTGTCATTCACAGATGA-3′等）。

引物可由生化公司合成或直接从试剂公司购买。

聚丙烯酰胺凝胶电泳试剂：95% 的乙醇、30% 的丙烯酰胺、100 g/L 的 APS、TEMED、10×TBE 电源缓冲液、2×加样缓冲液。

银染试剂：10％的冰乙酸、AgNO₃溶液、显影液。

仪器设备：PCR扩增仪、电泳仪。

3. 实验程序

(1)PCR扩增

建立扩增体系：确定扩增样品的数目，分别设定阳性(STR-L基因座标准DNA模板)和阴性(无菌水代替模板DNA)对照。

每个样品扩增体积50 μL：STR 10×PCR缓冲液5 μL、2.5 mmol/L的dNTP4 μL、5 U/μL的Taq聚合酶0.5 μL、3～6 μL的模板DNA、0.3 μmol/L的STR基因座引物3 μL、加去离子水至50 μL。

设定PCR扩增热循环参数：

DXS6804基因座：95 ℃预变性3 min，94 ℃30 s→62 ℃45 s→72 ℃1 min，共31个循环，72 ℃延伸10 min；

DYS437基因座：95 ℃预变性2 min，94 ℃1 min→58 ℃1 min→72 ℃1 min，共28个循环，60 ℃延伸45 min；

D17S1290基因座：95 ℃预变性2 min，94 ℃40 s→58 ℃40 s→72 ℃40 s，共35个循环，72 ℃延伸7 min；

D17S1308基因座：95 ℃预变性3 min，94 ℃40 s→56 ℃40 s→72 ℃40 s，共35个循环，72 ℃延伸7 min。

PCR产物4 ℃保存待电泳分型。

(2)聚丙烯酰胺凝胶电泳银染分型

电泳装置准备：清洗电泳槽、隔垫片、鲨鱼齿梳等，在每块玻璃板一边的角上用钻石笔蚀刻标记(凝胶面是玻璃板的蚀刻标记面)，以区分玻璃板经过处理的一面。玻璃板一定要非常清洁，先用温水和去垢剂洗涤，再用超纯去离子水冲洗，最后用95％乙醇和绵纸仔细擦洗玻璃板并晾干。

在玻璃板间放好间隔垫片，将玻璃板两侧及底边用透明胶条封严，并用夹子固定，固定好的玻璃板靠在管架上或其他类似支持物上。

丙烯酰胺溶液(50 mL)配制见表23-1。

表23-1 丙烯酰胺溶液配制　　　　　　　　　　　　　　　　单位：mL

30％丙烯酰胺储存液(Acr：Bis＝29：1)	10.00
10×TBE	5.00
100 g/L的APS	0.30
TEMED	0.03
H₂O	35.00

聚胶：充分混匀凝胶液，将丙烯酰胺溶液仔细缓慢地导入玻璃板之间，为避免气泡的产生，从固定好的玻璃板的一边开始倒并保持不变的流速。灌好后，反向插入鲨鱼齿梳，室温条件下聚合。

电极缓冲液配制：在电泳装置的顶部缓冲液槽中加入1×TBE缓冲液。

预电泳：去掉封玻璃板的透明胶带及玻璃板两边的夹子，再小心拔下并正向插入鲨鱼齿梳，形成加样孔。用固定夹将胶板固定在电泳槽上，接通电源，300 V预电泳10 min。

样品准备：取0.5 mL的离心管用记号笔做好标记，每个样品各取2.5 μL，再加入

2.5 μL 2×加样缓冲液，混匀，微型离心机上短暂离心，使内容物汇集到管底。

上样：预电泳结束后，用加样枪吹打加样槽，去除气泡。将制备好的样品加到鲨鱼齿梳子中，加样过程应避免产生气泡并尽可能减少加样时间。

电泳：加样完毕后，立即接通电流，450～500 V 恒电压进行电泳（具体电泳时间可根据指示剂染料移动的位置确定）。

银染显色：结束电泳后，取下胶板，小心打开玻璃板，取出凝胶小心放入水平摇床上的染色盘中，用超纯去离子水冲洗 15 s 进行染色处理：加入固定液（10% 冰乙酸）没过凝胶，室温摇动固定 20 min；倒出固定液，纯水洗 3 次，每次 2 min；加入银染液（AgNO₃）染色 30 min，蒸馏水清洗 2 次各 15 s；置于预冷至 4～10 ℃ 的显影液轻摇 5～10 min，直到可见清楚的电泳条带时倒去显影液，加入适量 10% 冰乙酸 5 min 停止显色，去离子水洗 5 min。小心将玻璃板上的凝胶朝上放置过夜，或烘干。

读型：比较样本带与标准分型（allelic ladder）带的位置，确定样本的基因型。

2.4.4.2 聚丙烯酰胺凝胶垂直电泳荧光自动分型

1. 实验材料

被检测个体（已知或未知身份）的 DNA 样本。

2. 实验试剂和主要仪器设备

PCR 扩增特需试剂：荧光标记的 STR 位点引物（引物可委托生化公司合成或直接购买含荧光标记引物的分型试剂盒）；等位基因分型标准物；5×缓冲液（含 Mg²⁺）；Gold Taq 酶（可购自美国 AB 或其他公司）。

聚丙烯酰胺凝胶电泳试剂：50% 的 Long Ranger 丙烯酰胺溶液；尿素（分析纯）；Tris-硼酸-EDTA 缓冲液（分析纯）；EDTA-Na₂ · 2H₂O（pH8.0）；TEMED（分析纯）；APS（100 g/L）；超纯去离子甲酰胺（冰冻保存）；GS-500［ROX］分子量内标；灭菌去离子水。

仪器设备：PCR 扩增仪；PE377 全自动定量测序仪；GeneMapper ID 软件（包含 GeneScan 和 GeneTyper 软件）。

3. 实验操作

① PCR 扩增：扩增体系、扩增参数按试剂盒设定。扩增产物低温避光保存待上样。

② 电泳操作。

玻璃板准备：用中性洗涤剂浸泡玻璃板后，流水冲洗并擦拭干净，再用超纯水冲洗，彻底晾干；将其中的一块玻璃板安装在模架上（注意凝胶面向里）。

凝胶液组分（50 mL）见表 23-2。

表 23-2　凝胶液组分

尿素（变性剂）	18 g
丙烯酰胺溶液	5 mL
10×TBE	5 mL
TEMED	35 μL
APS（100g/L）	250 μL
灭菌去离子水	26 mL

配制操作：用 0.2 μm 的过滤器（如 Nalgene 组织培养滤器）过滤丙烯酰胺溶液，分别

将 TEMED 和 APS 加入丙烯酰胺溶液中轻轻混匀。仔细把配制好的胶液灌入玻璃板之间，将 1~2 个双面光滑的鲨鱼齿梳竖直插到玻璃板的凝胶中，用 2~3 个夹子固定保护梳子。剩余凝胶作为聚合反应对照，室温下放置 1 h 以上，随时观察对照以确认凝胶充分聚合。

计算机和测序仪设置：开启仪器，选定基因扫描收集和分析程序，选择电泳参数、条件(如 3 000 V，2.5 h)及收集方式，依据所用的荧光染料确定滤光片种类。

凝胶板安置检测：将彻底清洁的凝胶玻璃板安装到机器上；点击"Plate Check"进行玻璃板扫描检查，要求基线达到平整。

预电泳：电泳槽中加入 1×TBE 电极缓冲液，并注意用 1×TBE 缓冲液轻轻冲洗加样孔，除去凝胶加样孔上面的尿素。点击"Prerun"预电泳 15 min，当温度升高至 51 ℃、电流下降到约 15mA 时，点击"Pause"准备上样。

样品准备及上样：上样缓冲液以甲酰胺、蓝色染料及分子量内标配置而成，上样液再以上样缓冲液与 PCR 扩增产物 2：1.5 比例充分混合，95 ℃变性 2 min，冰水骤冷；鲨鱼齿梳子插入凝胶中 1~2 mm，分别取 1 μL 变性好的上样混合液加入加样槽中，加样顺序设定第一和最后一泳道为等位基因 Ladder，第二泳道为阳性对照，其余各道上样本并做好记录。

电泳并收集数据：检查设定的电泳参数，点击"run"程序，3 000 V，60 mA，200 W 条件下电泳，在凝胶图像窗口监测电泳过程，直到电泳结束得到全部等位基因片段的电泳图。

基因扫描与数据分析：进入 GeneScan 程序；打开"gel"文件，调整、标定样品加样泳道；在"gel"窗口选择"extract Lane"提取凝胶文件，计算机自动显示分析屏幕；点击"sample File"，安装正确的"matrix"文件；在"size Standard"输入正确的标准分子量内标，如 ROX 500 分子量内标由 16 条带有 ROX 荧光素标记的 DNA 片段组成，分别为 70、80、100、120、140、160、180、200、240、280、320、360、400、450、490、500bp；点击"analyze"，软件自动完成计算，显示电泳踪迹图以及标明片段大小的表，并将分析结果存储在电脑中。

等位基因分型：运行 Genotyper 软件，在"File"下拉菜单中选择"Import GeneScan"，输入基因扫描分析的结果，检查内标；双击"kazam"，根据数据信息与设计等位基因大小标记的内标，以等位基因 Ladder 为参照物计算等位基因的基因型，同一位点的不同等位基因显示同一种颜色，不同位点的等位基因显示出不同颜色，迁移率均不同，计算完成后显示图谱。

2.4.5 实验结果与分析

1. 聚丙烯酰胺凝胶电泳银染分型

等位基因分型标准物即是某一 STR 遗传标记在人群中常见的等位基因混合物，它们和检测样本使用相同的引物，为每一个等位基因提供 DNA 片段大小参照物。用来与被测样品比对确定基因型。只有具备一套精确的、国际标准化命名的标准参照物，才有可能对 STR 分型结果作出正确的判断。

DXS6804 基因座的等位基因扩增产物长度在 188~229 bp，共有 5 个等位基因；

DYS437 基因座的等位基因扩增产物长度在 183~199 bp，共有 13~17 个等位基因；

D17S1290 位点最常见的等位基因片段为 194 bp，最罕见的等位基因片段为 182 bp 和

178 bp；

D17S1308 位点最常见的等位基因片段为 304 bp，最罕见的等位基因片段为 300 bp。

（1）性别鉴定

对于 X 染色体上的 STR 基因座，正常男性个体每一个 STR 基因座只有一个等位基因表现为一条带；女性有一对等位基因，杂合表现为两条带，纯合则为一条带；对于 Y 染色体 STR 基因座，正常男性个体图谱显示为一条扩增带，女性则无扩增带出现。

（2）血缘关系或亲子鉴定

X 染色体 STR 基因座：父亲的等位基因只能遗传给女儿，如对于双亲不在的同父异母姐妹认亲时，常染色体 STR 无法排除姐妹关系，检测 X 染色体的 STR 基因座，若两人间没有相同的等位基因，就可作为两人不是同父所生的结论；又如对于单亲父女关系的鉴定中，如果女儿的 X-STR 基因座的等位基因与被假定父亲的不同，可以直接排除父女关系，如果相同，则不能排除其父女关系。

Y 染色体 STR 基因座：Y-STR 为人类男性所特有，按父系遗传，正常女性 DNA 的反应结果为阴性。特别是在女性 DNA 含量很高的背景下，可以不受女性成分的干扰。被检男性对象的父系亲属，如兄弟、儿子、父亲、叔伯等，均与被检测者具有相同的单倍型。当无法得到被检人的 DNA 时，可利用其父系亲属的 DNA 进行 Y-STR 单倍型分析，以认定或排除嫌疑；在亲子鉴定中，当父亲或母亲不在的情况下，被检男孩的父亲的父亲、兄弟及他们的男孩等父系男性血亲均具有与被检男孩相同的单体型，因此均可代替他做检验并提供关于 Y 染色体分子结构的全部信息，Y 连锁基因座的差异将会准确证明指定父与子之间有无亲子关系。

（3）同时利用多个 STR 基因座联合鉴定

同时选用的 STR 位点的数目越高，个体识别的准确率越高，例如，2 个无关个体在 14 个 STR 基因座基因型完全相同的可能性仅为 1×10^{-14}，即从理论上讲，目前地球上 60 亿人口中没有任何 2 个无关个体的这 14 个 STR 基因座基因型完全相同。因此，进行个体识别时，应尽可能选用多个位点同时进行检测。

2. 聚丙烯酰胺凝胶垂直电泳荧光自动分型

PCR 反应时用荧光染料只标记其中的一条引物，使扩增产物片段带有荧光信号，通过自动荧光检测系统将标准参照物和 DNA 分子量标准（具有不同的颜色）进行同步电泳分离 DNA 片段，用荧光扫描检测 DNA 片段，由计算机软件分析，可对 DNA 片段进行很准确地测定，准确性通常能达到区分相差一个碱基对的片段。然后将扩增样本片段、等位基因标准分型物和内标进行比较，从而达到分型的目的。

DNA 电泳条带的荧光强度应落在检测器线性范围内（40～4 000 Rfu），如果出现 pull-up 峰，波峰（带）变宽，则可能是上样量太多，如果 PCR 产物浓度较高，可用灭菌去离子水稀释 5～10 倍。

电泳谱带如有扩散、拖尾或弯曲现象，则可能玻璃板表面有异物或清洗不干净导致凝胶不均匀，影响样品检测。

自动分型软件设定分型的分子质量误差为 ±0.5 bp，当误差超过 ±0.5 bp，计算机显示"OL ladder"时，计算机不能自动确定样品等位基因型，此时需要进行人工分析、比较样品等位基因片段与等位基因分型标准物，确定基因型。

2.4.6　实验中经常遇到的问题和解决办法

1. 苯酚/氯仿法提取的 DNA 质量不同组别往往有差异，可能是蛋白酶 K 活性问题，因此提取毛发、指甲等样本 DNA 时，蛋白酶 K 最好现配现用，随时放置在 4 ℃条件下。

2. 饱和酚如有变色应慎重使用，配制时须加入还原剂 8-羟基喹啉，用棕色瓶 4 ℃保存。

3. PCR 结果不理想，应尽量避免使用存放过的 Chelex-100 抽提法提取的 DNA，最好现提现作 PCR 反应。绝对避免 PCR 反应体系内混有 Chelex-100 树脂颗粒。

4. DNA 电泳条带的荧光强度如果出现 pull-up 峰，波峰（带）变宽，则可能是上样量太多，或者是 PCR 产物浓度较高，可用灭菌去离子水稀释 5～10 倍。

5. 荧光自动分型操作过程中需防止变性后的样品复性，要存放在冰水浴中。否则样品出现额外峰，影响结果判定。但变性时间不宜过长，过长的变性使 DNA 片段拖尾，荧光峰变得钝而宽，降低分辨率。

2.4.7　实验作业

1. STR 位点标记有哪些遗传特征？
2. STR-PCR 分型技术有哪些优点？
3. 总结 STR-PCR 分型技术的应用领域。
4. X、Y 染色体 STR 标记在法医学检测中有哪些应用？
5. 如果有一不明身份者的 DNA 样本，能够设计方案尝试进行识别。

（张桂芳，张根发）

2.5 实验 24 物理、化学因素对植物遗传诱变效应的染色体分析

生物的各种物种细胞内的染色体数目和结构都是相对恒定的，一套遗传物质所对应的全套染色体称为一个染色体组（普通二倍体生物的一个配子含有一个染色体组）。细胞核内含有一套完整染色体组的称为单倍体，其染色体数目用 n 表示；体细胞核中具有 2 个染色体组的生物体称为二倍体，其染色体数目用 $2n$ 表示；体细胞核内的染色体数目为整倍数，而且多于 2 个染色体组的生物体称为多倍体。多倍体分为同源多倍体和异源多倍体。采用物理或化学方法（高温、低温、射线照射和药物处理等）可进行多倍体的诱变。

多倍体的诱变以秋水仙素效果最好，它对植物的种子、幼芽、花蕾、花粉和嫩枝等都可产生诱变作用，主要抑制细胞分裂过程中纺锤体的形成，使复制了的染色体不能向两极移动，将细胞分裂阻止在中期，从而引起染色体数目的加倍。多倍体用压片法即可直接鉴定。

细胞经辐射或化学药物的处理常常产生遗传物质的突变作用，特别是会对染色体造成损伤，使之发生染色体断裂等畸变。在细胞间期，丧失着丝粒的染色体断片就会形成微核（ micronucleus，MCN）——呈圆形或椭圆形，游离于主核之外，大小在主核的 1/3 以下。一条或几条染色体也能形成微核。研究证实，染色体畸变率、微核率等遗传物质的变异与物理化学诱变因子的剂量相关，即与用药剂量或辐射累积呈正相关。因而，在实践中通过检查染色体畸变、计算微核率，能够反映诱变物质对人类或其他生物的遗传危害。因此，对生物体进行遗传物质载体——染色体异常的检验可以成为环境的监测指标。

2.5.1 实验目的

1. 认识常见诱变因素，并掌握诱变机理。掌握染色体畸变制片、观察分析技术。
2. 进一步认识、掌握基本的染色体畸变类型、发生机制。了解染色体畸变的实际应用。

2.5.2 实验原理

各生物物种的染色体数目、结构在内外环境因素的影响下，会产生各种各样的变异现象。

染色体变异（畸变）分数目变异和结构变异两类。数目变异包括倍数性（单倍体和多倍体）和非倍数性（非整倍体）变异。倍数性变异以染色体组为单位，非倍数性变异是个别染色体的增加或缺少。常见的非整倍数性变异有单体（$2n-1$）、缺体（$2n-2$）、三体（$2n+1$）、四体（$2n+2$）、双三体（$2n+1+1$）等。从本质上讲，染色体结构变异是染色体或染色单体的断裂和断裂以后以各种方式重接的结果，常见的有缺失、重复、易位、倒位、环状染色体、等臂染色体或无着丝粒片段等。

物理和化学诱变的效应是相似的，它们可以引起纺锤丝异常或不能形成纺锤丝，进而导致减数分裂中同源染色体不能正常配对和分离，或有丝分裂中姐妹染色单体分离的异常，最终导致非整倍体变异、落后染色体出现等。物理诱变因素包括激温、机械损伤、各种射线（X 射线、γ 射线、紫外线、α 粒子、β 粒子、中子、质子和电子束等）等；化学诱

变因素有各种植物碱(如秋水仙碱)、麻醉剂、芥子气、某些抗菌素和亚硝酸等。

在物化诱变因素作用下,人们经常能够观察到细胞中的各种变化——多倍体、有丝分裂中期断片、后期桥及断片或后期落后染色体、环状染色体和微核等;在减数分裂前期,导致各种染色体环(重复环、缺失环和倒位环等)的形成,见图24-1、图24-2。

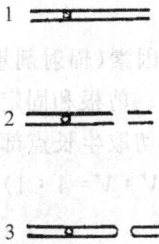

图24-1 同一染色体的两条单体断裂后愈合

注:1. 复制的一条染色体;

2. 两单体同时断裂;

3. 一条染色体的两条单体愈合。

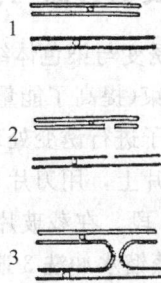

图24-2 不同染色体的两条单体断裂后愈合

注:1. 两条均已复制的染色体;

2. 每一条染色体的一条单体断裂;

3. 两条染色体间的单体愈合。

由于物理和化学诱变可以使生物产生大量的变异,一是可以增加自然界变异种类的频率,二是还可能产生新的变异类型,丰富人类利用生物资源的多样性,因此理化诱变技术经常运用在工农业生产中的多植物育种。随着分子遗传学的发展,基因功能和性状相关性的研究越来越证明,突变体的筛选对于认识基因的功能非常重要,近年来利用诱变机理来筛选突变体也成为分子遗传学研究的重要手段。

2.5.3 实验准备

1. 实验材料

大麦,豌豆干种子,紫露草(*Tradescantia paludosa*)幼嫩花序。

2. 实验试剂及主要仪器设备

实验试剂:

(1) Knop 培养液:1 000 mL 蒸馏水,KH_2PO_4 0.25 g,$MgSO_4$ 0.25 g,$Ca(NO_3)_2$ 1.00 g,KNO_3 0.25 g,微量 $Fe_3(PO_4)_2$。

(2)诱变剂:①甲基磺酸乙酯(EMS),用 Knop 培养液配制成 50、75、100 和 150 mmol/L等各种浓度;②叠氮钠(NaN_3),用 Knop 培养液配成 0.2、0.4、0.8 mmol/L等各种浓度的溶液;③硫酸二乙酯(DES),用 Knop 氏培养液配制成 50、100 和 150 mmol/L等各种浓度。

(3)染色液:改良碱性品红染色液。

a液:称 3g 碱性品红,溶于 100 mL 70%乙醇中。(可长期保存)。

b液:量取 10 mL a 液,加入 90 mL 5%苯酚水溶液中(限 2 周内使用)。

c液:量取 45 mL b 液,加入 6 mL 冰醋酸和 6 mL 37%福尔马林,即制成碱性苯酚品红染色液。

d液:量取 10 mL 碱性苯酚品红染色液,加入 90 mL 45%冰醋酸和 1 g 山梨醇,即制成改良碱性品红染色液(山梨醇过多时会出现结晶,影响制片的效果)。

(4)其他:固定液[甲醇/冰醋酸($V:V=3:1$)],解离液[浓盐酸/乙醇($V:V=1:$

1)]，卡宝品红，45％醋酸，0.2％～0.4％的秋水仙素(colchicine)。

仪器设备：显微镜(带相机)，滤纸，青霉素小瓶，镊子，刀片，30 mL 三角烧瓶，剪刀，载玻片，盖玻片，培养皿。

2.5.4 实验方法与步骤

1. 电子束诱变与染色体结构变异观察

(1)以电子束(提高了能量、经过聚焦的 β 射线)作为诱变因素(辐射剂量为 3.9×10^4 单位)对大麦的种子进行诱变处理，然后将种子按常规程序发芽、剪根和固定。

(2)在载玻片上，用刀片切去已固定好的根尖的根冠，再切取生长点部分(弃掉其他部分)并截成 2～3 段。在载玻片上用一滴解离液[浓盐酸/乙醇($V:V=1:1$)]解离生长点组织 10 min，用蒸馏水冲洗 3 遍。

(3)在处理过的材料上滴一滴改良品红染色，染色 10～15 min，加盖盖玻片，用镊子尖轻敲(不要太用力)，拇指压片，使组织被压成单层细胞。

(4)在显微镜下仔细寻找中、后期分裂相，并鉴别是否有桥、断片和落后染色体等，并观察微核的形成情况。

2. 秋水仙素处理与染色体数目变异的观察

(1)将正常的豌豆种子摆在培养皿中，按常规程序进行发芽。待胚根刚刚突破种皮时，向培养皿中滴入适量 0.2％～0.4％的秋水仙素溶液。用镊子轻轻拨动种子，以使种子能够充分接触秋水仙素溶液。继续培养 24 h，在根长达到 1 cm 左右时(观察根尖生长点以上部位有膨大现象)，用清水冲洗种子。

(2)选择有膨大的根尖，剪根、固定。

(3)进行常规根尖压片，以获得较多染色体分散的中期相为佳。具体方法(同前"染色体结构变异的观察")：在载玻片上，用刀片切去已固定好的根尖的根冠，再切取生长点部分(弃掉其他部分)并截成 2～3 段。在载玻片上用一滴解离液[浓盐酸/乙醇($V:V=1:1$)]解离生长点组织 10 min，用蒸馏水冲洗 3 遍。在处理过的材料上滴 1 滴改良品红染色，染色 10～15 min，加盖盖玻片，用镊子尖轻敲(不要太用力)，拇指压片，使组织被压成单层细胞。

(4)在显微镜下观察中期相染色体的数目、形态，对比经过和未经过秋水仙素处理的对照组进行比较分析。

3. 化学试剂诱变与植物的微核分析

(1)在三角烧瓶中分别加入各种浓度的诱变剂或 Knop 培养液。各种处理重复 3 次，并留取 3 瓶 Knop 液作对照，如表 24-1 所示。

表 24-1 对比分析

诱变剂	在 Knop 液中的浓度/(mmol/L)	数量/瓶
	0.2	3
NaN₃(叠氮钠)	0.4	3
	0.8	3

续表

诱变剂	在 Knop 液中的浓度/(mmol/L)	数量/瓶
EMS(甲基磺酸乙酯)	50	3
	100	3
	150	3
DMS(硫酸乙二酯)	50	3
	100	3
	150	3
对照 Knop 液		3

(2)用剪刀剪取新鲜的幼嫩紫露草花序(细胞对理化因素的处理有一定敏感期,由于减数分裂前期对药物作用较为敏感,故用幼嫩的花序进行实验),每个瓶中插入 3 根花序,在 24 ℃、光照条件下培养 30 h。

(3)将经光照培养的花序分瓶在固定液中固定 48 h 后,转移到 70% 的乙醇中保存(在4 ℃冰箱,可长期存放)。

(4)挑选适宜大小的紫露草花,剥出其中的花药,进行涂片法制片。涂片后立即用改良苯酚品红染色 2~5 min。

(5)在显微镜下镜检,对结果进行显微拍照;分析结果。

2.5.5 实验结果与分析

1. 染色体结构变异的观察

辐射处理后的大麦种子根尖染色体观察表明,电子束辐射导致的遗传变异主要有:有丝分裂中期断片、后期桥及断片或后期落后染色体(图 24-3),通常还可以见到环状染色体和微核等。

令人感兴趣的后期桥和断片的出现,是由于染色体断裂并非重建性愈合而形成了双着丝粒染色体和无着丝粒片段的结果;微核是有丝分裂后期的染色体断片甚至整条染色体外包裹了少量细胞质而形成的。染色体数目和结构的变异在环境检测和一些特殊物质的致突变、致癌和致畸变的定性和定量分析中广泛应用。

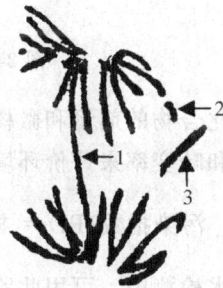

图 24-3 染色体桥、断片和落后染色体
1. 桥 2. 断片 3. 落后染色体

2. 染色体数目变异的观察

秋水仙素处理阻断有丝分裂的进程,使细胞的染色体数目加倍。试验结果表明多倍体细胞的染色体数目与秋水仙素处理的时间有关——处理时间小于供试材料细胞周期 2 倍时,可形成四倍体;处理时间大于供试材料细胞周期的 2 倍以上时,可能形成八倍体。另外注意,在多倍体细胞中,染色体的数目和形态有 2 种类型:一条染色体含有一条染色单体或一条染色体含二条染色单体。图 24-4 显示大麦正常二倍体细胞和诱导后染色体加倍的多倍体细胞的核型。

图 24-4　正常二倍体大麦染色体($2n=2X=14$)，秋水仙素处理后的加倍大麦染色体($2n=4X=28$)

3. 微核的观察与分析

化学诱变作用的紫露草微核分析：紫露草微核诱变以花粉母细胞早前期染色体为处理目标，以四分体中的微核作为染色体畸变的依据；通过统计微核数和四分孢子数，判断诱变效率。操作时，首先在低倍镜下找到细胞分散均匀的部位，再在高倍镜下详细观察，统计四分体时期细胞的微核形成率、各期染色体畸变率，如图 24-5 所示。

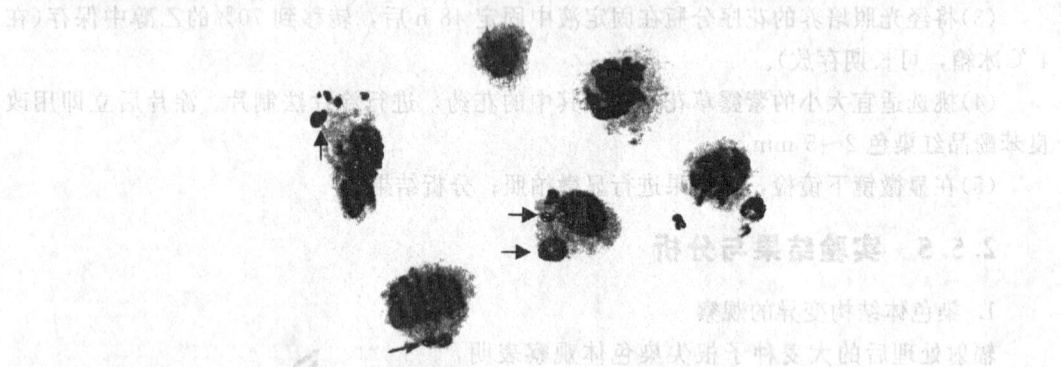

图 24-5　大小和数目不一的微核(如箭头所示)

诱变化合物的剂量和微核率的高低与染色体结构畸变率的大小呈正相关。可以通过测定微核率和畸变率来评价环境物质的遗传毒性，公式：

$$污染指数(PI)= 样品实测 MCN‰平均值 \div 对照组 MCN‰平均值$$

在污水检测中，可用此鉴定出所测水样的污染程度和被检化学药剂的污染指数。污染指数在 0～1.5 区间，表明基本没有污染；污染指数在 1.5～2 区间，表明为轻度污染；污染指数在 2～3.5 区间，表明为中度污染；污染指数在 3.5 以上，表明为重度污染。

2.5.6　实验中经常遇到的问题和解决办法

秋水仙素处理种子时，翻动种子要轻柔，勿将秋水仙素沾到皮肤上，更不要弄进眼睛里；不同材料诱发多倍体变异时，所需要的秋水仙素浓度需要摸索，例如，有经验认为处理蚕豆根尖时，秋水仙素溶液质量浓度常需大于 1‰。

另外，要注意试剂的安全使用——秋水仙素有剧毒(口服 6 mg 即可致人死亡)。急性中毒反应为剧烈腹痛、腹泻、恶心、呕吐等，严重者会因呼吸中枢麻痹而死亡；慢性毒性反应为骨髓造血功能减退，引起粒细胞缺乏和再生障碍性贫血等。皮肤上沾有秋水仙素溶液时，一定要立即用自来水冲洗干净。

2.5.7　实验作业

1. 结合本实验和所学知识，总结在理、化因素作用下染色体可能发生的变化。

2. 在染色体结构变异的观察中，压片时为什么不可用力太大？

3. 秋水仙素诱发的多倍体植物与对照植物相比，有哪些不同的特点？

4. 通过物理、化学因素对染色体诱变的结果的分析，我们可从中得到什么样的启示？使用秋水仙素时应注意什么问题？

5. 观察并记录在实验结果中的染色体畸变种类、含微核细胞的种类有哪些，试说明形成原因。

6. 请总结本实验使用的化学诱变剂的诱变机理(表 24-2)。

表 24-2　化学诱变剂的诱变机理

化学诱变剂	诱变机理
NaN₃(叠氮钠)	
EMS(甲基磺酸乙酯)	
DMS(硫酸乙二酯)	

（梁前进）

2.6 实验 25 大肠杆菌梯度转移基因定位(非中断杂交)

细菌接合现象是美国微生物遗传学家莱德伯格(J. Lederberg)和美国生物化学家兼微生物遗传学家塔特姆(E. L. Tatum)于 1946—1947 年在大肠杆菌 K-12 品系中发现并证实的。他们将大肠杆菌 K-12 品系的 2 个不同的三重营养缺陷型细胞各 10^8 个混合涂布在基本培养基上,经过培养后出现少数原养型菌落。通过一系列实验排除了回复突变、转化和互养的可能性,从而证明这些原养型细胞是由两个不同基因型的大肠杆菌细胞相互接触而导致染色体 DNA 的转移和重组从而产生的重组体。

英国微生物遗传学家赫斯(W. Hayes)和美国微生物遗传学家莱德伯格(Lederberg)等在1952 年各自证明大肠杆菌细胞也有性别,可以进行接合生殖(图 25-1)。大肠杆菌在杂交过程中,遗传物质的交换不是相互的,其中一种细菌作为遗传物质的受体(相当于高等生物的雌性),而另一种细菌则是供体(相当于高等生物的雄性)。以后的研究发现这种性的分化是由于一种可转移的性因子或称致育因子(sex or fertility factor,F 因子)存在与否的结果。具体地说,具有游离 F 因子的细菌称 F^+ 菌株;F因子整合在细菌染色体上的细菌称高频重组菌株(High of recombination,Hfr),以上两种细菌相当于高等生物的雄性;不具有 F 因子的细菌称 F^- 菌株,相当于雌性。

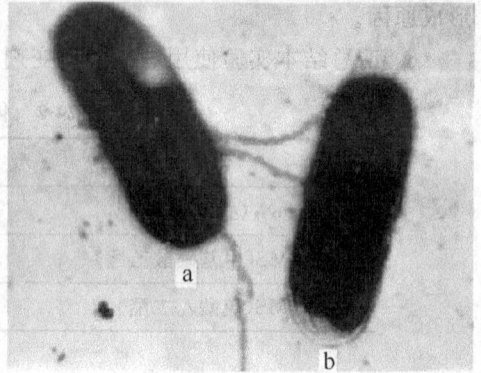

图 25-1 示大肠杆菌接合

2.6.1 实验目的

1. 掌握用转移梯度进行基因定位的原理及具体操作方法。
2. 锻炼无菌操作技术。
3. 培养同学间的团结合作精神。

2.6.2 实验原理

F 因子为 DNA 小环,分子量 4.5×10^6,F 因子 DNA 的含量是大肠杆菌染色体 DNA 的 2%。F 因子由控制自主复制的区段、控制转移的 *tra* 基因区段和重组区段(插入区段)组成,转移区的 ori-T(转移复制起始区)位置称为原点,F 因子转移时,原点断裂成为转移的起始点(图 25-2)。

大肠杆菌的染色体呈环状,Hfr 菌株的染色体上整合有 F 因子(图 25-3),由于 F 因子整合位置的不同,可以产生不同种

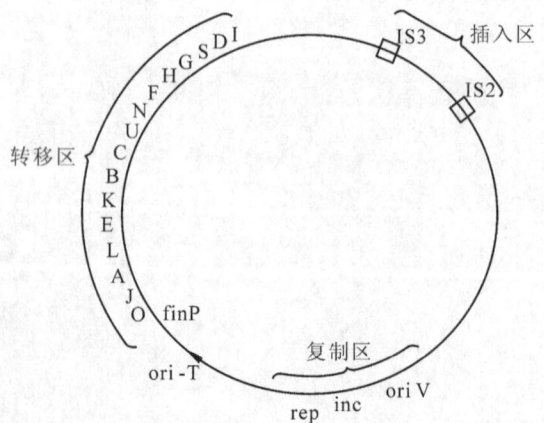

图 25-2 F 因子的结构

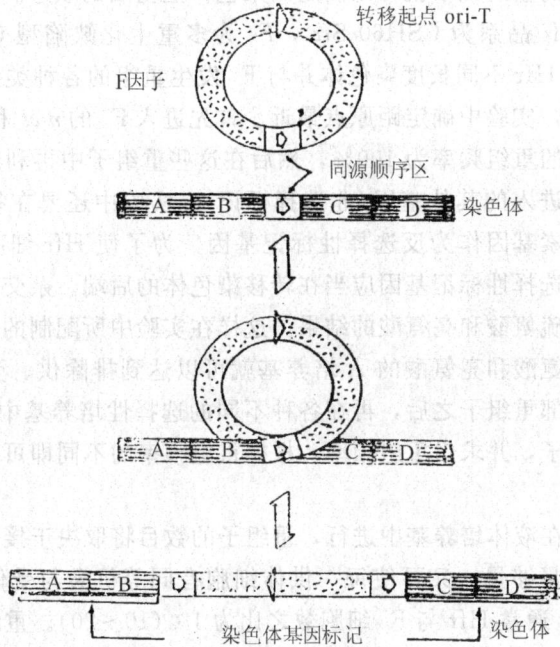

图 25-3 F 因子插入的 Campell 模型
注：F 因子插入后染色体上本来相邻的基因相隔了一段距离。

类的 Hfr 菌株。Hfr 菌株和 F⁻ 菌株杂交时，Hfr 菌株的染色体从 F 因子的原点（ori-T）断裂，这样 F 因子的原点就作为细菌染色体向 F⁻ 菌株转移的起始点，F 因子在转移中起着遗传载体的作用，F 因子的一些主要基因（*tra* 基因群，它们控制转移和性伞毛的形成）连接在大肠杆菌染色体的末端（图 25-4）。经实验确认全部大肠杆菌染色体进入 F⁻ 需要 100 min，但由于转移过程各种条件的影响，接合过程往往不时发生中断，从而使细菌染色体的转移也相应出现了随机中断，完整染色体进入 F⁻ 细菌的机会很少，这样有功能的完整的 F 因子转移机会也很低，所以 Hfr 菌株与 F⁻ 菌株的杂交一般不会使 F⁻ 变成 Hfr 或 F⁺。由于 Hfr 菌株与 F⁻ 菌株的杂交过程中，染色体的随机中断，所以 Hfr 染色体基因呈梯度转移，势必距离原点近的基因有更多机会出现在 F⁻ 细菌中，因而重组频率高；距离原点远的基因，进入 F⁻ 细菌机会少，因而在 F⁻ 细菌中的重组频率就低。这样在一定

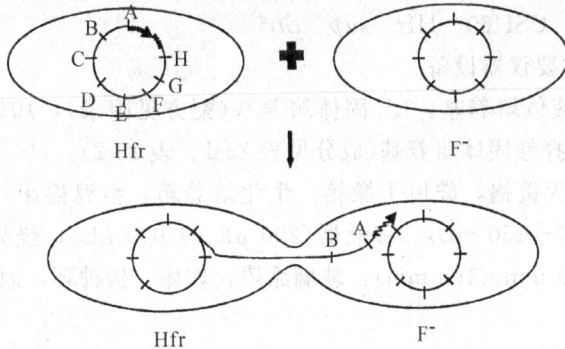

图 25-4 Hfr 杂交

时间，根据不同基因的重组频率就可以测定出染色体上基因的顺序和位置。

本实验选用的 Hfr 品系为 CSH60 Str^s，F$^-$ 为多重生化缺陷型 CSH57 Str^r，通过杂交，可以产生接受了 Hfr 不同长度染色体并与 F$^-$ 发生重组的各种类型的重组子。为了能选择出全部的重组子，实验中确定距原点最近、首先进入 F$^-$ 的 *met* 和 *leu* 2 个基因为选择性标记，这 2 个基因的重组频率为 100%，然后在这些重组子中再利用各种不同的选择性培养基逐个选择依次进入的其他基因（非选择标记）。实验中还要在技术上有效地排除供体，本实验选用链霉素基因作为反选择性标记基因，为了使 Hfr 细菌染色体有更多机会进入受体，链霉素反选择性标记基因应当在转移染色体的后端。杂交中受体菌的排除则是由于培养基中不加甲硫氨酸和亮氨酸的结果。这样在实验中所配制的加链霉素并补加各种营养成分、不加甲硫氨酸和亮氨酸的 A 培养基就可以达到排除供、受体，选择全部重组子的目的。在获得全部重组子之后，再在各种不同的选择性培养基中（B~G 培养基），选择出各种不同的重组子，并求出重组频率，根据重组频率的不同即可确定所研究基因的连锁情况。

大肠杆菌的杂交在液体培养基中进行，重组子的数目将取决于接合的细胞数，这样既要保证 Hfr 供体菌的足够量，又要使每一供体细胞有同等机会与受体接合，因此要配以一定数目的 F$^-$ 细菌，通常 Hfr 与 F$^-$ 细胞数之比为 1:(10~20)。重组子的检出习惯用影印法或单菌落点种法，本次实验采用单菌落点种法。通过实验，要求根据色氨酸（*trp*）、组氨酸（*his*）、腺嘌呤（*ade* or *pur*）、精氨酸（*arg*）、乳糖（*lac*）及半乳糖（*gal*）6 个基因的转移梯度测定出它们的顺序和位置。

本实验是依据大肠杆菌接合过程中染色体的自然中断，供体基因梯度转移并在 F$^-$ 细菌中重组的百分率为指标来进行基因定位的；而中断杂交基因定位方法则是采取不同时间的人为中断接合，使染色体中断，而后观察供体基因在受体中的出现时间为指标来进行基因定位的，2 种方法可以获得相同的染色体图，但相比之下后者比前者操作复杂。以上 2 种基因定位的方法，在测定 2 个紧密连锁基因的位置时，精确程度较差，所以还需采用传统的重组作图方法来进行基因定位的工作。

2.6.3 实验准备

1. 实验材料

受体菌：*E. coil* CSH57 F$^-$ *leu purE trp his metA ilv arg thi ara lacy xyl gal* T$_6$^{r} *Str^r rif^r*。

供体菌：*E. coil* CSH60 Hfr *sup Str^s*。

2. 实验试剂和主要仪器设备

实验试剂：LB 液体培养基，LB 固体培养基（配方见附录），10×A 缓冲溶液（见附录），[A~G] 7 种选择性固体培养基（成分见表 25-1、表 25-2）。

仪器设备：高压灭菌锅，鼓风干燥箱，生化培养箱，恒温摇床，电子天平，培养皿（9 cm），三角烧瓶（50~150 mL），移液器（200 μL，1 000 μL），烧杯（各种规格），量筒（各种规格），试管（15 mm×150 mm），玻璃涂棒，玻棒，接种环，酒精灯，牙签，pH 试纸等。

表 25-1　配制各种选择性培养基的基本溶液

试剂名称	溶液规格	配制量	试剂称重
葡萄糖	20%	20 mL	4 g
乳糖	20%	5 mL	1 g
半乳糖	20%	5 mL	1 g
$MgSO_4$	0.25 mol/L	5 mL	308 mg
硫胺素	1 mg/mL	5 mL	5 mg
精氨酸	10 mg/mL	5 mL	50 mg
色氨酸	10 mg/mL	5 mL	50 mg
组氨酸	10 mg/mL	5 mL	50 mg
腺嘌呤	10 mg/mL	5 mL	50 mg
链霉素	50 mg/mL	5 mL	250 mg

注：色氨酸需在 50～60 ℃水浴条件下溶解。腺嘌呤不溶于水，需先用 1 mol/L 的盐酸调匀后，再加一定量的水。链霉素受热易分解，所以不能加入培养基中一起灭菌，而应在倒平板前，用无菌水现配现用。

表 25-2　各种选择性培养基的配制

添加物质 名称	数量	A	B	C	D	E	F	G
碳源	2 mL	←		葡萄糖		→	乳糖	半乳糖
10×A	10 mL	+	+	+	+	+	+	+
琼脂粉	2 g	+	+	+	+	+	+	+
水	88 mL	+	+	+	+	+	+	+
$MgSO_4$	0.4 mL	+	+	+	+	+	+	+
硫胺素	0.4 mL	+	+	+	+	+	+	+
精氨酸	0.4 mL	+	+	−	+	+	+	+
腺嘌呤	0.4 mL	+	+	+	−	+	+	+
色氨酸	0.4 mL	+	+	+	−	+	+	+
组氨酸	0.4 mL	+	+	+	+	−	+	+
链霉素	0.4 mL	+	+	+	+	+	+	+

2.6.4 实验操作

基本实验操作步骤汇总于表 25-3，操作程序示意图如图 25-5 所示，请参照。

表 25-3 实验日程安排参考

时　间		程　序	工　作　内　容
第一天	早8：00	活化菌种	① 冰箱中保存的供、受体菌分别接斜面于 37 ℃活化培养 24 h ② 倒 A 平板
第二天	早6：00	接种	从已活化的供体和受体中分别取一环菌，接种于 2 个 5 mL LB 液体培养基的三角瓶中，37 ℃培养 10～12 h
	下午4：00	扩菌	从供体和受体菌液中各取 1 mL，分别加入 2 个 5 mL LB 液体培养基的三角瓶中，37 ℃培养 2～3 h
	晚6：30	接合	取 0.2 mL 供体菌液和 4 mL 受体菌液混合于三角瓶中，于 37 ℃120 r/min 频率振荡 100 min
	晚8：10	涂 A 平板	① 将经接合的混合菌液，作 10 倍递减稀释至 10^{-1}、10^{-2}，然后取接合的原液及 10^{-1}、10^{-2}菌各 0.1 mL，分别在选择性培养基(A)平板上涂布(每种处理涂 3 个平板)，另外各取供体、受体菌液 0.1 mL，分别涂 1～2 个 A 平板，作为对照 ② 所有 A 平板均置于 37 ℃培养 24～48 h ③ 取 2 个新的 A 平板，在培养皿底贴上编号 1～50 的方格纸
第四天		点种 A 平板	①待每平板长出一些分散的菌落后，用灭菌牙签(100 支)选取 100 个菌落在 2 个新的 A 平板的小格中点种，于 37 ℃条件下培养 24～48 h ②倒选择性培养基(B～G)平板各 2 个，皿底贴以编号 1～100 的方格纸
第五天		点种 B～G 平板	待点种的 A 平板长出菌落后，用灭菌牙签(100 支)挑取 100 个菌落在 B～G 各平板相同编号的小格中点种(图 25-6)。所有平板于 37 ℃条件下培养 24～48 h
第六天		观察记录	待菌落长出后，按 25-4 格式分别统计各选择性培养基平板上的菌落数 数据处理和作图 计算不同基因的重组频率，绘制它们的染色体图

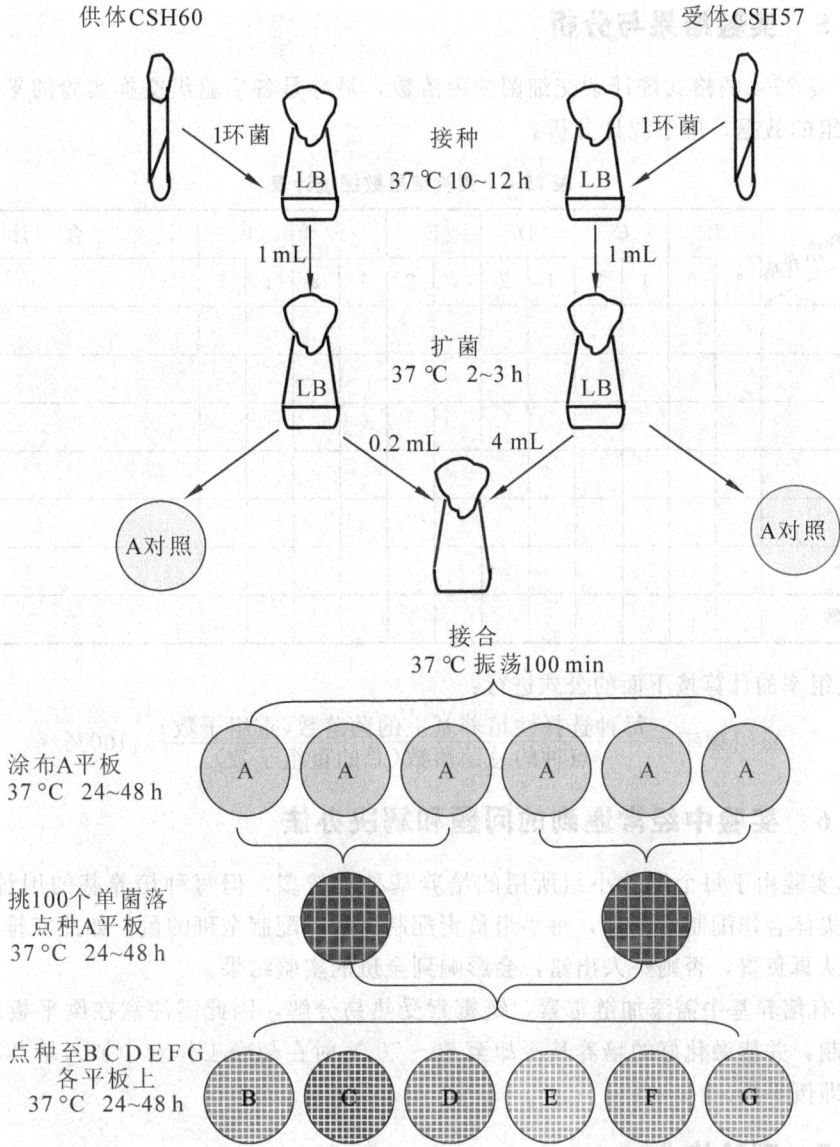

图 25-5 实验程序示意图（LB 即 LB 液体培养基）

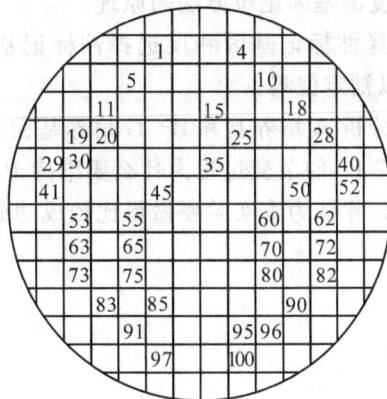

图 25-6 示贴在平皿后的 100 个小格的圆形纸

2.6.5　实验结果与分析

1. 按表 25-4 的格式统计杂交细菌的菌落数，最好是各实验组交换实验的平皿，获得多个实验组的数据，用于统计分析。

表 25-4　实验结果数据统计表

选择培养基 序号	B		C		D		E		F		G		合计	
	1	2	1	2	1	2	1	2	1	2	1	2		
1														
2														
3														
⋮														
100														
合计														
百分数														

2. 重组率的计算按下面的公式进行：

$$重组频率 = \frac{每种选择性培养基上的菌落数（重组子数）}{点种的总菌落数（总的重组子数）} \times 100\%$$

2.6.6　实验中经常遇到的问题和解决办法

1. 本实验由于每个实验小组所用的培养基种类较多，但每种培养基的用量又很少，因此建议集体合作配制培养基，每小组负责配制一种，配制全班的量，如此安排则需每个同学都要认真负责，否则一人出错，会影响到全班的实验结果。

2. 所有培养基中需添加链霉素，链霉素受热易分解，因此需注意在倒平板之前再用无菌水配制，并待融化好的培养基冷却至 60～70 ℃时在超净工作台中加入培养基，混合均匀后立即倒平板。

2.6.7　实验作业

1. 试述大肠杆菌转移梯度的基因定位方法的原理。

2. 本实验中，确定的选择性标记基因和反选择性标记基因的原则是什么？为什么？在反选择标记以后的基因可以被定位吗？

3. 根据培养基的成分请分析 A 培养基和 B～G 培养基在实验中的作用。

4. CSH60 Hfr 和 CSH57 F⁻ 的杂交过程为什么要维持 100 min 的时间？

5. 总结自己的实验结果，你认为本实验要做得比较成功哪些步骤是关键？

（王纯，张根发）

附：大肠杆菌染色体简图（图 25-7）

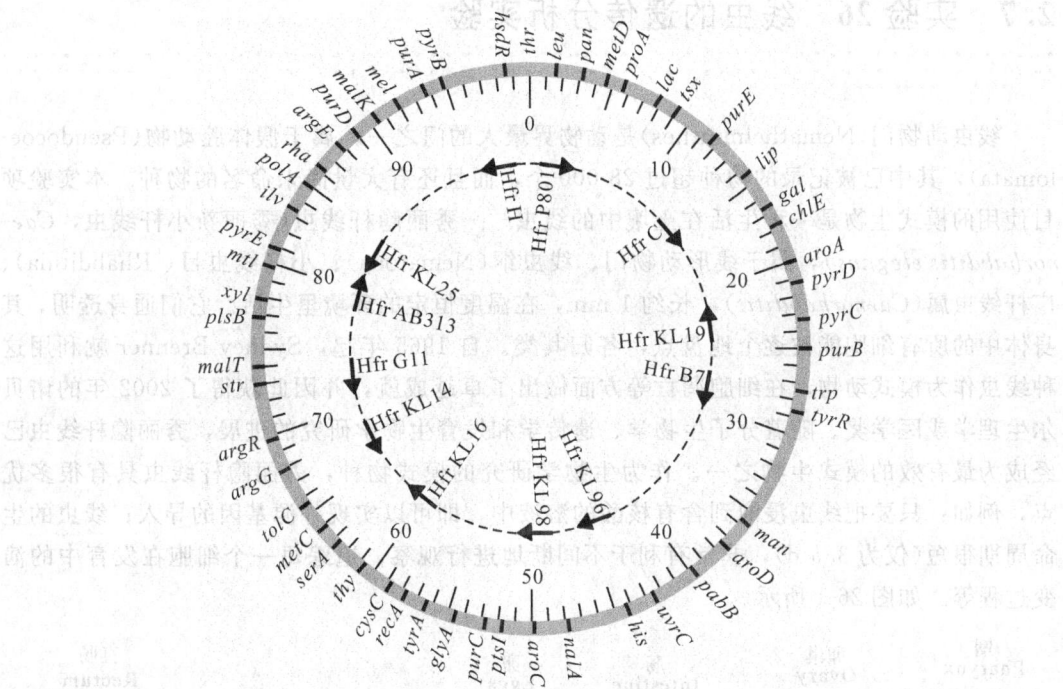

图 25-7　大肠杆菌染色体简图（内圈：不同方向和起点的 Hfr 菌）

2.7 实验 26 线虫的遗传分析实验

线虫动物门(Nemathelminthes)是动物界最大的门之一，属于假体腔动物(Pseudocoelomata)，其中已被记录的物种超过 28 000 个，而且还有大量尚未命名的物种。本实验项目使用的模式生物是一种生活在土壤中的线虫——秀丽隐杆线虫(秀丽新小杆线虫，*Caenorhabditis elegans*)，属于线形动物门、线虫纲(Nematoda)、小杆线虫目(Rhabditida)、广杆线虫属(*Caenorhabditis*)，长约 1 mm，在温度恒定的环境里生活。它们通身透明，其身体中的所有细胞能被逐个地盘点，各归其类。自 1965 年起，Sydney Brenner 就利用这种线虫作为模式动物，在细胞凋亡等方面做出了卓越成就，并因此获得了 2002 年的诺贝尔生理学或医学奖。随着分子生物学、遗传学和发育生物学研究的进展，秀丽隐杆线虫已经成为最有效的模式生物之一。作为生物学研究的模式物种，秀丽隐杆线虫具有很多优点，例如：只要把线虫浸泡到含有核酸的溶液中，即可以实现外源基因的导入；线虫的生命周期很短(仅为 3.5 d)，非常有利于不间断地进行观察，追踪每一个细胞在发育中的演变过程等。如图 26-1 所示。

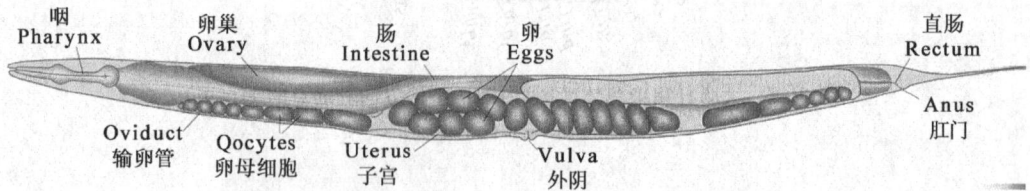

图 26-1 成体线虫(*C. elegans*)的雌雄同体个体
(各种器官可以在其相应的位置辨别出来)

2.7.1 实验内容

2.7.1.1 秀丽隐杆线虫的观察和培养

1. 实验目的

(1) 认识秀丽隐杆线虫的基本形态特征；掌握秀丽隐杆线虫生活史和雌雄鉴别方法。

(2) 了解秀丽隐杆线虫的常见突变体。

2. 实验原理

秀丽隐杆线虫生活史短、繁殖率高、容易保存、饲养方便、细胞数目少而且可在显微镜下追踪每个细胞的发育命运，是遗传学、发育生物学、细胞生物学等领域研究的重要模式生物。秀丽隐杆线虫的全基因组测序工作已经于 1999 年完成，它的基因组共由 80 Mb 的 DNA 组成，其中包有大约 13 000 个基因。线虫的功能基因，已经成为包括人类的高等动物相关基因和疾病研究的重要线索。

秀丽隐杆线虫是雌雄同体的动物，能自体受精。在自体受精产生的子代中，有 0.2% 是雄性，其余 99.8% 为雌雄同体个体。雌雄同体个体的生殖细胞产量很高(典型者可产生 200~300 个精子和大量的卵母细胞)；雌雄同体个体自体受精可产生约 250 个子代，与雄体交配则产生得更多——约可产生 1 000 个以上的子代个体。

线虫的染色体组成是：雌雄同体——2 条 X 染色体＋5 对常染色体；雄性——1 条 X 染色体＋5 对常染色体。雄性个体是偶尔由于 X 染色体不分离，由雌雄同体线虫产生的。雌雄同体线虫(XX)与雄性线虫(XO)交配，产生一半的雄体和一半的雌雄同体，因而可以用于重组作图和互补实验研究。

3. 实验准备

(1)实验材料

秀丽隐杆线虫品系：

野生型 N2 线虫(正常体型)　　　＋/＋

突变型线虫(卷曲突变型)　　　*unc*-76/*unc*-76

或其他突变型。

(2)实验试剂和主要仪器设备

实验试剂：琼脂，酵母提取物，胰蛋白胨，NaCl，胆固醇(5 mg/mL，乙醇溶解)，1 mol/L MgSO$_4$，1 mol/L CaCl$_2$，1 mol/L 磷酸钾缓冲液(108.3 g KH$_2$PO$_4$，35.6 g K$_2$HPO$_4$，溶于 1 L 蒸馏水中，调节到 pH 6.0，高压蒸汽灭菌备用)。

仪器设备：实体显微镜，60 mm 培养皿，铂金丝棒，水浴锅。

4. 实验过程和操作

(1)秀丽隐杆线虫的形态特征和生活史观察

①形态特征观察：用肉眼和实体镜观察。

整体形态：长约 1 mm，直径约 70 μm，身体全部透明。

细胞数目：由 959 个细胞组成。

性别区分：雌雄同体和雄体两种性别。同一生长期雌雄同体较为肥大，雄性个体较为瘦小(长约为雌雄同体的 2/3)。

繁殖：雌雄同体个体可产生精子和卵子，能自体受精，也可以同雄性个体(只产生精子)交配。

②生活史观察：表 26-1 是不同温度条件下秀丽隐杆线虫从受精卵到成虫产卵的大体生活史时间。

表 26-1　不同温度条件下秀丽隐杆线虫从受精卵到成虫产卵的大体生活史时间

温　　度/℃	15	20	25
从受精卵到成虫产卵的整个生活史的大体时间/d	6	3.5	<3

需要指出的是，秀丽隐杆线虫的群体在 20 ℃时生长很快，但群体太大(＞300 条)时，其生活史就放慢了，超过 4 d。

在母体子宫中，线虫即开始胚胎发生过程：

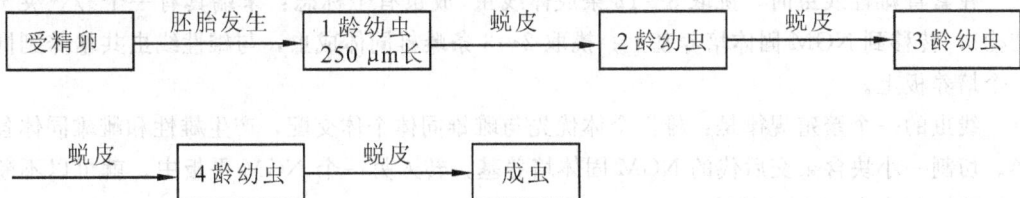

受精卵 ──胚胎发生──▶ 1 龄幼虫 250 μm长 ──蜕皮──▶ 2 龄幼虫 ──蜕皮──▶ 3 龄幼虫

──蜕皮──▶ 4 龄幼虫 ──蜕皮──▶ 成虫

当环境条件不利时(如食物缺乏、群体密度过大等)，秀丽隐杆线虫的 2 龄幼虫(L2)

经过蜕皮并不进入 3 龄(L3)幼虫，而是成为特殊形式——dauer 幼虫(能抵御干燥等不良环境，可存活数月)。当环境条件恢复后，dauer 幼虫(不经过 L3 幼虫阶段)经蜕皮直接进入 L4 幼虫阶段。可以利用秀丽隐杆线虫的这一特点进行保种。

用实体解剖镜可以观察到，dauer 幼虫比 L3 幼虫小，一般情况下不动，但如果遇到干扰因素就会跑得比 L3 幼虫快。

(2)秀丽隐杆线虫的培养、繁育

线虫以微生物为生。在实验室，线虫以大肠杆菌(OP50 品系)饲养。

① 配制大肠杆菌(OP50 品系)的培养基(LB 培养基)

胰蛋白胨(tryptone)	10 g
酵母提取物(yeast extract)	5 g
NaCl	10 g
蒸馏水	1 000 mL

以 1 mol/L NaOH 调到 pH 7.0，高压灭菌后即成为 LB 液体培养基；加 15 g 琼脂，以 1 mol/L NaOH 调到 pH 7.5，灭菌后即成 LB 固体培养基。培养基于 4 ℃冰箱储存。

② 配制线虫生长培养基、铺设菌苔

挑取少许(或 1 个菌落)大肠杆菌 OP50，接种到 3 mL LB 液体培养基中，于 37 ℃温度下培养过夜；然后取 800 μL 菌液，加到 10 mL LB 液体培养基中，在 37 ℃下振荡培养 1 h，可用于菌苔铺设。

线虫生长培养基(nematode growth medium，NGM)的配制方法如下：

蛋白胨(bacto-peptone)	2.5 g
琼脂(bacto-agar)	17 g
NaCl	3 g
蒸馏水	975 mL

经高压蒸汽灭菌后，在 55 ℃水浴中冷却 15 min，再依次加入 1 mL 1 mol/L CaCl₂、1 mL 5 mg/mL 胆固醇、1 mL 1 mol/L MgSO₄ 和 25 mL 1 mol/L 磷酸钾缓冲液，搅拌混匀后在超净台中倒平板。注意平板培养基需要在室温下放 2~3 d，待水蒸气散尽后再使用。

菌苔铺设的方法是：将 NGM 平板取出，每个平板接种 OP50 菌 50 μL(60 mm 培养皿，根据培养皿直径调整接菌量)，用玻棒推开菌液。在室温(或 25 ℃)条件下放置过夜或于 37 ℃培养 8 h，大肠杆菌在培养基上即长成菌苔，可用于饲养线虫。

注意：因为雄性线虫喜欢爬到培养器壁上，容易干死，所以接种时不要把细菌沾染到平板边缘上；也要注意不要破损细菌培养基的表面，以防线虫潜入培养基中。

③ 线虫的繁育

在繁育雄性线虫时，挑取 8~12 条成体线虫(成虫有个标志：末端具有一个"△"突出结构)，转移到 NGM 固体培养基上；挑取 2~3 条雌雄同体成虫，与雄性线虫共培养到同一个培养板上。

线虫的一个繁殖规律是：雄性个体优先与雌雄同体个体交配，产生雄性和雌雄同体各半。切割一小块含杂交后代的 NGM 固体培养基，转入另一个 NGM 平板中，就可以不断地繁殖，其中有 50%的雄体。

因雌雄同体线虫自交后 99.8%都是雌雄同体类型，所以只需要将这种个体不断地进行转接培养，就可以实现其连续繁育了。

④ 线虫的保种和大量培养

线虫保种的方法很简单——待线虫耗尽培养基中的大肠杆菌 OP50 后，转入 10 ℃的培养箱中，它们就停止取食和发育，能够保存 3 个月之久；将 L1～L2 幼虫放入冷冻液中，置于液氮(−196 ℃)中，可以长期冻存保种。

饲养线虫时，取出一块新鲜 NGM 平板，将铂金丝在火焰上烧一下，在 NGM 上冷却后蘸少许 OP50 菌液，用此蘸了菌液的铂金丝粘取 2～3 条线虫，转移到新鲜 NGM 平板上，在 20 ℃条件培养。每转移一次线虫，都需要重新灼烧铂金丝再转移下一个；培养基中菌体消耗殆尽时，要及时转移线虫到新培养基中。

2.7.1.2 秀丽隐杆线虫的单因子杂交实验

1. 实验目的

(1)掌握秀丽隐杆线虫的单因子杂交实验技术。

(2)通过秀丽隐杆线虫杂交试验，理解孟德尔基因分离定律的普遍意义。

2. 实验原理

秀丽隐杆线虫作为遗传分析模式动物有以下优点：①基因组小，单倍体 DNA 总大小为 8×10^7 bp；②世代短，在 20 ℃培养条件下约 4 d 一个周期；③个体小，成体只有大约 1.5 mm 长、70 μm 宽；④饲养简便，以 *E. coli* 为食；⑤繁殖旺盛，每个雌雄同体个体能产生约 300 个后代。因此，获得大量秀丽隐杆线虫个体，用于筛选突变体或重组体，比起其他多数动物来说要方便得多；在液氮中保存后还能恢复活性的优势，使人们保存大量突变体的过程中能避免不可预测的遗传漂移的异常情况，便于连续传代。

本实验使用的野生型秀丽隐杆线虫 N2 长约 1 mm，属正常体形。突变型秀丽隐杆线虫(*unc*-76/*unc*-76)身体短胖，属第 5 号染色体基因突变体(隐性)；因其神经发育受到损伤，所以行动不协调，身体呈卷曲状。所涉及的杂交规律是孟德尔式的(图 26-2)。

遗传分析需要的突变体可以通过雌雄同体个体的自体受精方式传代，通过雄虫和雌雄同体个体的杂交来分析遗传规律。

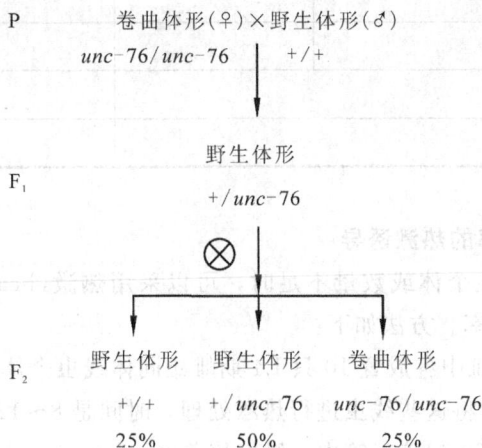

图 26-2 野生体形与卷曲体形秀丽隐杆线虫杂交图

3. 实验准备

(1)实验材料

野生型秀丽隐杆线虫 N2（＋），突变型秀丽隐杆线虫 CB66（*unc*-76）。

(2)实验试剂和主要仪器设备

双目实体解剖镜，无菌 6 cm 培养皿，酒精灯，粘虫器（pick）或铂金丝接种针。

4. 实验过程和操作

(1) 在一块新鲜的 NGM 平板上铺设 OP50 菌苔——用菌液 15 μL，在 20 ℃ 条件下培养过夜。

注意：菌苔铺设面积尽可能小些。

(2) 挑取 8～12 条野生型 N2 雄性成虫，放置于上述铺设 OP50 菌苔的 NGM 平板上。

(3) 挑取 3～4 条 *unc*-76 雌雄同体成虫与 N2 雄虫共培养到同一平板（使其能够杂交）。

(4) 将上述 N2×*unc*-76 杂交体系在 20 ℃ 条件下培养 2～3 d。

(5) 在实体解剖显微镜下观察 F_1 代线虫的表现型。

(6) 在上述 F_1 代线虫中挑取正常体形的雌雄同体，在新的铺有 OP50 细菌的 NGM 平板上进行繁育（20 ℃，2～3 d）。

(7) 在实体解剖显微镜下观察 F_2 代线虫的表现型。

(8) 对杂交结果进行统计、分析（进行 χ^2 检验）（表 26-2）。

表 26-2 对线虫单因子杂交结果进行统计、分析

世代	F_1		F_2
统计性状			
个体数			
观察比例			
预期比例			
χ^2 值			
显著性			
结论			

【备注】线虫雄虫产率的热激诱导

在没有秀丽线虫雄性个体或数量不足时，可以采用热激（heat shock）的手段，"强制性地"提高雄虫的产生概率。方法如下：

1. 在 2 个无菌培养皿中各放置 10 只 L4 期雌雄同体线虫个体。

2. 在 30 ℃ 温箱内，将这些线虫进行热激处理，时间是 8～12 h。

3. 将培养体系置于 20 ℃ 培养箱内，继续培养 3～4 d。

4. 从培养体系中选取 5～6 只新成熟的成体雄虫和 1～2 只 L4 期雌雄同体个体共培养到同一个杂交培养皿中，在 20 ℃ 培养箱中培养 3～4 d（使之得以交配、繁殖）。

这样可以产生数量较大的雄性线虫个体。

2.7.1.3 秀丽隐杆线虫的化学诱变实验

1. 实验目的

(1)熟悉化学诱变和突变体筛选的原理和方法。

(2)掌握 EMS 诱发线虫突变和特定突变型线虫的筛选方法。

2. 实验原理

化学诱变剂可诱导 DNA 分子序列和结构变化。烷化剂甲磺酸乙酯(又称乙基甲烷磺酸 ethyl methanesulfonate，EMS)是最常用的化学诱变剂之一，能够使 DNA 链上鸟嘌呤的第 6 位、胸腺嘧啶的第 4 位发生烷基化，分别产生 D-6-E-G 和 O-4-E-T，结果在复制中发生 G→A、T→C 的碱基转换。如果在性成熟以前对线虫进行 EMS 诱变处理，由于其生殖细胞在增殖过程中发生随机的 DNA 序列改变，当发育成熟、自体受精后，其子代群体中就会出现不同的突变体个体(图 26-3)。

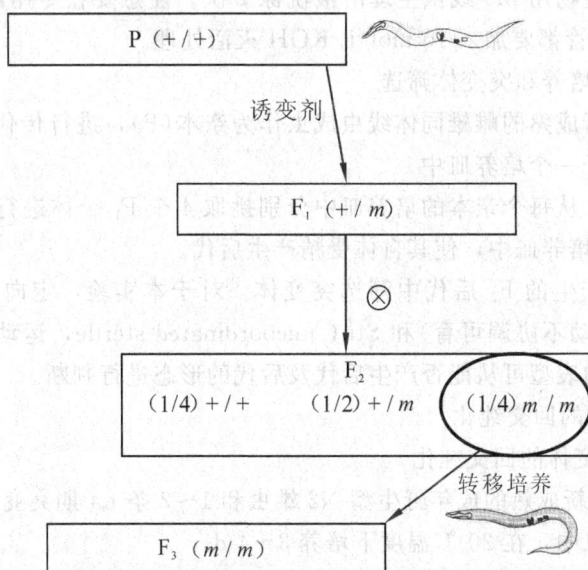

图 26-3 线虫的诱变和突变体(图中用深色、弯曲虫形表示)的筛选

3. 实验准备

(1)实验材料

秀丽隐杆线虫野生型 N2，秀丽隐杆线虫荧光改造品系 *juIs*76。

(2)实验试剂和主要仪器设备

实验试剂：甲基磺酸乙酯(EMS)，10 mol/L KOH，M9 线虫生理溶液，B broth 液体培养基，NGM 培养基。

仪器设备：荧光实体镜(双目)，恒温摇床，酒精灯，1 000 μL 微量移液器及无菌吸头，无菌离心管(15 mL)，无菌培养皿(6 cm)，封口膜。

4. 实验操作

(1)诱变材料准备

①在超净台中，用 5 mL M9 线虫生理溶液将处于早 L4 期的雌雄同体 *juIs*76 线虫悬浮，并将悬浮线虫转移到无菌的离心管中。

②在 1 000 r/min 的转速下，将悬浮线虫体系离心 30 s，弃上清、留取沉积物。

③向离心收集的线虫沉积物中加 2 mL M9 线虫生理溶液，混匀。

(2)线虫的 EMS 诱变处理

①(戴手套在通风橱中操作)向一支新的离心管中加入 2 mL M9 线虫生理溶液，然后向其中添加 20 μL EMS，振荡混合均匀。接触过 EMS 的微量移液器吸头置于专用(并标记的)离心管中，通过加 10 mol/L KOH 进行灭活。

②(仍在通风橱中进行)将 2 mL 含线虫的 M9 生理溶液加入 2 mL 的含有诱变剂 EMS 的离心管中，振荡混合均匀，随即拧紧离心管盖子，并用封口膜封顶。

③将上述盛装线虫—EMS 的离心管放置于 20 ℃的恒温摇床上，以 300 r/min 的振荡频率振荡培养 4 h。

④将振荡培养后的线虫诱变体系在 1 000 r/min 转速下离心 30 s，并在通风橱中弃上清液，所得到的沉淀物用 M9 线虫生理溶液洗涤 2 次。注意要在专用离心管中收集洗液，连同含 EMS 的离心管都要加入 10 mol/L KOH 灭活处理。

(3)线虫的传代培养和突变体筛选

①挑选健康、新成熟的雌雄同体线虫成虫作为亲本(P)，进行传代培养(20 ℃，3~4 d)——每个亲本置于一个培养皿中。

②培养结束后，从每个亲本的培养皿中分别挑取 4 个 F_1 个体进行传代培养——每一个 F_1 个体放到一个培养皿中，使其自体受精产生后代。

③从自体受精产生的 F_2 后代中筛选突变体。对于本实验，定向筛选的目标是 Unc (uncoordinated，运动不协调可育)和 Stu(uncoordinated-sterile，运动不协调-不可育)两种突变表型。这样的表型可从能否产生后代及后代的形态进行判断。

(4) Unc 突变体的回交纯化

① Unc 可育突变体的回交纯化

a. 选取 5~6 条新成熟的成年野生型 N2 雄虫和 1~2 条 L4 期突变型(Unc)雌雄同体，共培养到同一培养皿中，在 20 ℃温度下培养 3~4 d。

b. 挑取 F_1 野生型雌雄同体个体，进行 3~4 d 的自交传代(20 ℃培养)。

c. 从 F_2 中挑取少量雌雄同体突变体个体，进行下一轮回交实验。其余的 F_2 雌雄同体保种。

② Stu 突变体的回交纯化。Stu 突变体不可育，其传代和杂交个体都是由杂合子(Stu 突变基因携带者)完成的。

a. 挑取 10 条野生型雌雄同体(处于 L4 期)，分别放入新的培养皿，在 20 ℃条件下培养 1 d。

b. 待这 10 条雌雄同体个体均已产卵数 10 枚后，再把它们分别转移入 10 个杂交培养皿中，并对应编好明确的号码。

c. 分别向每个杂交培养皿中接种 5~6 条新成熟的成年野生型 N2 雄虫，在 20 ℃条件下培养 3~4 d，使野生型雄体与雌雄同体个体进行杂交。

d. 观察培养皿中有无突变体出现，并将具有突变体的培养皿保存下来。选取与含突变体培养皿编号对应的杂交培养皿，挑取与雄虫个体相仿(提高杂交后代被挑选出来的概率)的 F_1 雌雄同体 10 条，分别传代，在 20 ℃温度下培养 3~4 d。

e. 在荧光实体镜下观察。保留 F_2 中出现无荧光个体(1/4)、同时出现突变个体(1/4)

的培养皿。

f. 从这些 F_2 培养皿中，选取 10 条有荧光的野生型雌雄同体传代，在 20 ℃培养 3～4 d，获得 F_3 代。

g. 在荧光实体镜下观察，保留 F_3 中不出现无荧光个体、同时出现突变（1/4）的培养皿，用于保种；从中选取野生型雌雄同体个体，用于进行下一轮回交。

2.7.2 实验作业

1. 简述秀丽隐杆线虫的形态特征、遗传结构和生活史。

2. 本实验中你所做出的单因子杂交结果，与孟德尔定律相符吗？请根据实验列表，并结合理论规律进行分析。

3. EMS 的使用应注意什么？

4. 试总结利用 EMS 对线虫进行的一般诱变和突变株筛选过程。

（梁前进）

第三部分 设计性探究型实验

这部分是整个遗传学实验体系的顶级设计，也是适合国家经济和社会发展需求，培养高层次、创新型综合人才的实训关键环节。创新性实验主要是在第一部分基础实验和第二部分综合性实验培训的基础上，为检验学生学习能力、进行科研创新培训的实战打造真实的平台，包含实验27～31，共5个实验模板。这些实验是本书编写教师多年教学实践的实例总结，可以结合不同学校教学的实际调整实验材料和处理条件，甚至可以按学生的兴趣和设计思想进行整合、改造和集成创新，使之更适合不同条件下的教师教学和学生的学习实践。这部分实验还通过实验设计和材料准备及实验结果的分析等步骤，撰写、提交实验研究的科技论文，使学生真正得到科研创新实践的全面培养。现将本书的几个设计、创新性实验的特点和主要内容介绍如下：

实验27：植物基因克隆、载体构建、转化、转基因植物筛选及鉴定。基因工程是最令人类充满无限遐想的科学，植物基因工程是以植物为受体进行基因转化的操作。整套技术体系包括基因克隆、遗传转化、组织培养等环节，最终实现外源基因转移并整合到受体植物的基因组中，并能在后代植株中正确表达和稳定遗传，从而使受体植物获得新的目标性状。基本操作首先是获得符合人们要求的"目的基因"；其次将目的基因与质粒或病毒DNA连接成重组DNA（质粒和病毒DNA称作载体）；再次把带有目的基因的DNA载体引入受体细胞（植物）；最后把转入目的基因并能表达的受体细胞（植物）筛选出来并进行遗传学分析鉴定。为了验证外源基因整合到染色体上，可采用PCR技术和Southern杂交技术；为了验证外源基因是否在RNA水平得到表达，通常采用RT-PCR和Northern杂交技术；为了验证外源基因所控制的蛋白是否表达，采用Western杂交技术进行分析检测。本实验的目的主要是使学生通过实验的设计和实施，学习科研文献资料的查阅，了解基因工程技术的应用及其发展潜力；自行设计实验方案探究植物基因克隆、转化及鉴定的一系列过程；并通过实施研究方案，掌握植物基因工程操作的基本技术技能。

实验28：分子发育遗传模式生物斑马鱼的基因表达分析。美国俄勒冈大学的遗传学家George Streisinger最早使用斑马鱼开展遗传学研究，现在斑马鱼已成为流行的发育遗传学研究的模式生物。显微注射是发育遗传学研究中常用技术，通过该方法可得到转基因斑马鱼。如果将外源基因片段与报告基因（如GFP）相连，在共同启动子的作用下即可实现外源基因的体内表达，从而通过绿色荧光蛋白（GFP）跟踪转基因的表达模式和功能效应。本实验通过斑马鱼的培养和表型分析、斑马鱼胚胎显微注射方法训练，以及外源基因和报告基因的重组载体构建和遗传转化，分析目的基因的生物体内表达模式，对于研究其与生物体遗传和发育的关系具有重要的意义。

实验29：大肠杆菌诱变与突变体的遗传分析。大肠杆菌是Escherich在1885年发现的，是现代生物学中研究最多的模式生物。突变体研究是遗传学和现代基因功能研究的重要材料，采用物理、化学和生物学方法对有机体遗传物质进行诱变、筛选合适的突变体，可用于基因功能和遗传发育的研究，也可用于筛选和培育动植物或微生物的新品种。本实验以大肠杆菌作为实验材料，利用紫外线为物理诱变因子处理菌株后筛选抗药性突变体、营养缺陷突变体等，学生也可采用适宜培养基筛选出需要的相应突变体。梯度平板法是筛选抗药性突变型的一种有效的简便方法，经培养后，在高浓度药物处出现的菌落通常是抗药性突变株。营养缺陷型突变株无论在生产实践和科学实验中都具有重要意义。经过诱变的菌液，接入完全培养基中进行扩大培养，再转入到含青霉素的基本培养基中培养以杀死大量的野生型，然后通过影印等方法检出缺陷型，最后用生长谱法鉴定营养缺陷型。通过该实验使学生在熟悉紫外线诱变的原理和方法的基础上，能深刻理解微生物突变体的诱变、筛选的基本技术方法，能初步自主地开展微生物突变体的诱变、筛选和鉴定的一系列实验设计和研究。

实验30：人类外周血淋巴细胞分离培养和SCE分析。人类细胞遗传学研究的主要对象是染色体，制备染色体标本无疑是细胞遗传学最基本的重要技术手段。染色体复制过程中同一条染色体中的两条染色单体间发生遗传物质的互换称为姐妹染色单体交换（SCE）。由于姐妹染色单体的DNA序列相同，SCE并不改变遗传物质组成，但是SCE发生的频率可反映细胞在S期的受损程度，从而研究药物和环境因素的致畸效应。姐妹染色单体互换频率能灵敏地检测染色体的变化，常作为一种简便和敏感的遗传学指标，目前已被列为检测致突变物、致癌物的常规指标之一，在诱变和肿瘤研究等领域中的应用十分广泛。本实验拟采用的半微量法进行人体外周血淋巴细胞培养，不同待测药物处理后的5—溴脱氧尿嘧啶核苷（5-BrdU）的SCE检测的掺入处理、SCE染色体标本制作、显微镜观察、计数分析等，最后根据实验结果的分析数据对待检测药物的致突变、致畸效应作出评价。该实验要求在理解姐妹染色单体交换（SCE）标本制备及计数方法的过程中，掌握利用姐妹染色单体交换（SCE）检测DNA损伤的全套技术，能够自行设计实验方案探究理化因素对生物体SCE率影响的整体技术流程和可能的应用。

实验31：生物信息学实验。生物信息学（Bioinformatics）是研究生物信息的采集、处理、存储、传播、分析和解释，是生命科学和计算机科学相结合形成的一门新学科。生物信息学以基因组DNA序列信息分析作为源头，在获得蛋白质编码区的信息后进行蛋白质空间结构模拟和预测，然后依据特定蛋白质的功能进行相关研究。序列比对（Sequence alignment）是生物信息学进行遗传分析的最核心工具。序列比对的理论基础是生物进化学说，如果两个蛋白质的氨基酸序列之间具有一定程度的相似性，就可以推测这两个蛋白质的基因是由同一个蛋白编码基因演化来的同源蛋白，那么，这两个蛋白的编码基因是彼此的同源基因。多序列比对在阐明一组相关序列的重要生物学模式方面起着相当重要的作用。高等动植物基因组中存在着大量的基因家族，编码功能相同或相似的蛋白质产物。多序列比对和演化关系的建立，是揭示整个基因家族特征的重要遗传分析手段。生物信息学分析实验的引入，是旨在为学生打造更广阔的遗传分析平台而设计的实验，希望借此让遗传学实验可以持续跟踪科技发展的前沿。

诚恳地讲，本阶段的实验是我们精心设计的学生科研实训培养、综合素质和能力培养的大型"套餐"。这个套餐的优点是具有多重整合的功能，期待更多的学生可以根据自己的兴趣和社会需求，通过改变一两个关键因素来"重新"整合设计自己的实验，也就是通过对我们设计思路的"举一反三"的应用来尝试科研探索的"味道"，寻找自己适合的科研兴趣，努力成长为懂科学、爱科学，愿意为科学和国家需求而不懈奋斗的高素质创新性人才。

3.1 实验 27 植物基因克隆、载体构建、转化、转基因植物筛选及鉴定

基因工程是最令人类充满无限遐想的一门科学，最早是在 1960 年由美国科学家贝尔格（Paul Berg，图 27-1）提出了大胆的设想：即"用人工方法把外界的遗传基因引入动物体内，以达到改变遗传性状和治疗某些疾病的目的"。1968 年，阿尔伯（W. Arber）、内森斯（D. Nathans）和史密斯（H. O. Smith）3 位博士（图 27-2）第一次从 *E. coli* 中提取出了能够把 DNA 在特定的位点切开的"限制性内切酶"。1972 年，贝尔格用限制性内切酶把 2 种病毒的 DNA 进行切割后又用 DNA 连接酶连接起来，在世界上首次获得了重组 DNA 分子，贝尔格因此被誉为现代基因工程的创始人，获得了 1980 年的诺贝尔化学奖。由于限制性内切酶的发现，阿尔伯、内森斯和史密斯 3 位博士共享了 1978 年的诺贝尔生理学或医学奖。

图 27-1 科学家贝尔格

图 27-2 科学家阿尔伯、内森斯和史密斯

基因工程技术的研究及应用局面一经打开，在短短的 30 年之间，利用基因技术在生产领域已经生产了大量的转基因食品；在军事方面也已经使用了生物武器；环境保护方面研制了专门杀灭破坏生态平衡的生物的基因药物；医学界已在多方面如基因治疗及基因工程药物等研究中获利；另外，基因克隆技术也为拯救濒危物种提供了前所未有的机遇。

尤其在植物领域，由于取材及操作上的相对便利，转基因植物的研究成果更是突飞猛进，自 1983 年首次获得转基因烟草、马铃薯以来，国际上相继有 30 多个国家批准 3 000 多例转基因植物进入田间试验，并且在美国、加拿大、中国等 20 多个国家成功地进行了商品化生产。《科学时报》2007 年报道：全球转基因作物种植面积 2006 年首次突破了 1 亿公顷的大关，是 1996 年的 62 倍。预计到 2025 年将有 40 多个国家的 2 000 多万农户种植 2 亿公顷的转基因作物。通过将各种目的基因导入农作物、园艺植物中，增强了植物的各种抗逆性，或改变了种子中淀粉、蛋白质的含量和组成，或改变了观赏花的形状和颜色等，为人们研究某一基因功能及其在生长发育中的作用提供了强有力的工具。

3.1.1 实验目的

1. 学习科研文献资料的查阅，了解基因工程技术的应用及其发展潜力。
2. 自行设计实验方案探究植物基因克隆、转化及鉴定整体技术流程。

3. 实施实验方案,掌握植物基因工程操作的基本技术技能。

4. 培训科技论文写作,并提交实验论文。

3.1.2 实验原理

基因工程技术即是对不同种生物的遗传基因进行优化组合,从而使生物遗传性状定向择优弃劣,这种操作技术最大的便利之处在于可以打破自然界物种间原有的生殖隔离,实现了基因在不同物种间的交流。

植物基因工程(plant genetil eneineering)是以植物为受体进行基因转化的操作,整套技术体系包括基因克隆、遗传转化、组织培养等,最终实现外源基因转移并整合到受体植物的基因组中,并能在后代植株中正确表达和稳定遗传,从而使受体植物获得新的目标性状。

基本操作如下:一是获得符合人们的要求的"目的基因";二是将目的基因与质粒或病毒 DNA 连接成重组 DNA(质粒和病毒 DNA 称作载体);三是把带有目的基因的 DNA 载体引入受体细胞(植物);四是把转入目的基因并能表达的受体细胞(植物)筛选出来,并进行遗传学分析鉴定。

一般情况下,转化成功率只有 10^{-6}。为此,通常使用可使抗生素或除草剂失活的蛋白酶基因作为选择标记基因。最常用的有新霉素抗性基因(*neor*)、庆大霉素抗性基因(*gentr*)、潮霉素磷酸转移酶基因(*hpt*),以及膦丝菌素乙酰转移酶基因(*bar*)等。

报告基因是指其编码产物能够被快速测定,常用于判断外源基因是否成功地导入体细胞、是否启动表达的一类特殊用途的基因。它与选择基因的区别之处在于不依赖于外界选择压力的存在,目前最常用的报告基因有:β-葡萄糖苷酸酶基因(*gus*)、氯霉素乙酰转移酶基因、荧光素酶基因等。

为了验证外源基因整合到染色体上,可采用 PCR 技术和 Southern 杂交技术;验证外源基因是否在 RNA 水平得到表达,通常采用 RT-PCR 和 Northern 杂交技术;而验证外源基因所控制的蛋白是否表达,采用 Western 杂交技术。

3.1.3 实验总体路线

图 27-3 是基因工程的一般技术流程,可参照此技术路线分步完成实验设计:

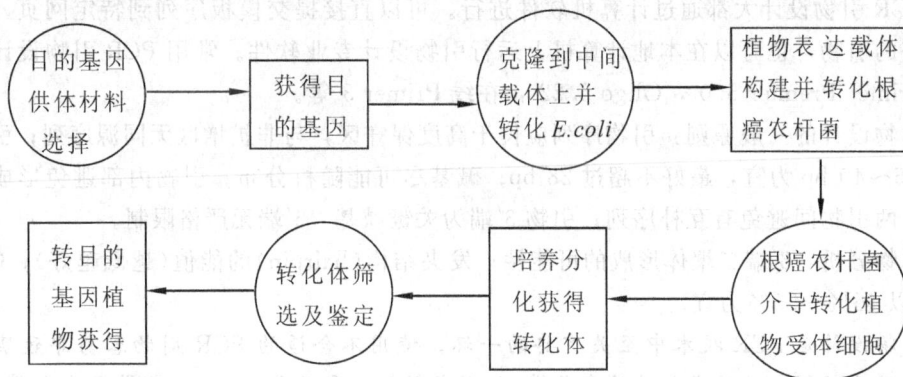

图 27-3 基因工程的一般技术流程

贝尔格(Paul. Berg)中学时代的课外生物老师索菲亚·沃尔沃总是启发学生自己去发现问题并学习寻找答案的方法。学生们提出的问题她很少给予直接的回答，而是鼓励他们自己去寻找答案，并教给他们如何到图书馆查找资料、如何做科学小实验。用贝尔格自己的话说，学生们在这一过程中所得到的收获，"比我们预想的还要多"。贝尔格在应邀写给中国青少年的信中说：

在任何时候，创新性的思维都是最宝贵的。……鼓励青年人自己去发现他们追求的答案，不是一种最容易的学习方法，但却是回报最丰厚的学习方法。或许教育能做出的最重要的贡献，就是发展学生追求创造性方法的本能和好奇心。随着时间的推移，学过的许多东西将会忘记，但是我们提出问题和找出答案的能力几乎不会丢掉。任何地方的学校都应当认真汲取这个经验。

3.1.4　实验设计及操作

3.1.4.1　目的基因克隆

1. 实验设计

方案 1：从基因组 DNA 获得(包含内含子)。

方案 2：从 mRNA 反转录获得(不包含内含子的 cDNA)。

(1) 目的基因的确定及序列分析

目的基因的供体材料：登录 NCBI 数据库查寻一种常见的具有生长优势的植物(实验时间、地点方便用以取材的花卉、作物或野生植物的叶片或种子)的目的基因(DNA 或 cDNA) 全序列，了解其确切长度及功能。并通过生物信息学的分析找出编码框(ORF) DNA 序列中需要克隆的核酸序列，分析序列中酶切位点的种类和数量。无酶切位点可通过引物加入，为克隆做准备；有酶切位点，可调整克隆策略用于酶切克隆基因和重组质粒的酶切分析。

克隆策略：建议用 TA 克隆(在普通 Taq 酶扩增的 PCR 产物的 3′末端有一个 A，公司合成的 T-vector 的 5′末端有一个黏性 T，方便连接)，这也要求学生要寻找适合的克隆载体。

(2) 引物设计

查阅资料了解引物设计一般原则，独立完成引物设计。

PCR 引物设计大都通过计算机软件进行。可以直接提交模板序列到特定网页，得到设计好的引物，也可以在本地计算机上运行引物设计专业软件。常用 PCR 引物设计软件有：Primer Premier 5.0，Oligo 6.22，在线 Primer 3 等。

引物设计的一般原则：引物序列应位于高度保守区，与非扩增区无同源序列；引物长度以 15~40 bp 为宜，最好不超过 28 bp；碱基尽可能随机分布；引物内部避免形成二级结构；两引物间避免有互补序列；引物 3′端为关键碱基，5′端无严格限制。

引物分析：3′端二聚体形成的可能性；发夹结构(hairpin)的能值(越低越好)；GC 的含量(以 45%~55% 为宜)。

引物设计是 PCR 技术中至关重要的一环。使用不合适的 PCR 引物容易导致实验失败：表现为扩增出目的带之外的多条带(如形成引物二聚体带)，不出条带或出条带很弱，等等。

对于无酶切位点的目的基因，为进行克隆，引物中要加入酶切位点；对于存在酶切位点的目的基因，引物中避免出现相同的酶切位点。

引物可委托公司合成。

（3）PCR 或 RT-PCR 扩增

PCR 反应条件参数选择：温度、时间和循环次数。

温度设置：PCR 标准反应一般设置变性—退火—延伸三温度点法，变性温度一般为 90～95 ℃，冷却退火至 40 ～60 ℃，引物结合到靶序列上（在 Tm 允许范围内，选择较高的退火温度可大大减少引物和模板间的非特异性结合，提高 PCR 反应的特异性）；然后升温至 70～75 ℃（常用温度为 72 ℃，过高的延伸温度不利于引物和模板的结合）在 Taq DNA 聚合酶的作用下，使引物链沿模板延伸；对于较短靶基因（长度为 100～300 bp 时）可采用二温度点法，退火与延伸温度可合二为一，一般采用 94 ℃变性，65 ℃左右退火与延伸（此温度 Taq DNA 酶仍有较高的催化活性）。

时间设置：变性一般设为 1 min 足以使模板 DNA 完全解链（温度过高会影响酶的活性，低于 93 ℃则需延长变性时间，若不能使靶基因模板或 PCR 产物完全变性，就会导致 PCR 失败）；退火一般以（55 ℃）30～60 s 为最适时间范围（取决于引物的长度、碱基组成及其浓度等）；G+C 含量约 50％的引物，延伸时间可根据待扩增片段的长度而定，1 kb 以内的 DNA 片段延伸 1 min 足够，3～4 kb 的靶序列需 3～4 min（延伸时间过长会导致非特异性扩增条带的出现。低浓度模板的扩增，延伸时间适当加长）。

循环次数：一般选在 30～40 次，循环次数越多，非特异性产物的量亦随之增多，主要取决于模板 DNA 的浓度。

开始循环之前，一般先设一个预变性（90～95 ℃，10 min）过程。

RT 即反转录过程按试剂盒说明进行。

（4）目的基因获得

TA 克隆测序：克隆片段直接与 T-载体连接，转入大肠杆菌扩增进行测序比对，确认获得目的基因。

2. 实验准备

实验试剂：DNA 或 RNA 提取试剂或试剂盒及其实验室配套的基本试剂，如液氮、重蒸水（无 RNA 酶）；PCR 必备全部试剂，反转录试剂盒等；琼脂糖凝胶电泳必备试剂；DNA 切胶回收试剂盒；T-载体，T₄DNA 连接酶，感受态大肠杆菌，质粒提取试剂或试剂盒。

仪器设备：干热及湿热灭菌器，低温离心机，PCR 扩增仪，电泳仪，紫外透射仪，测序仪，移液器等。

3. 主要技术过程实施

总 DNA 提取或 RNA 提取（提取 RNA 需要特别注意试剂与仪器的无 RNA 酶严格处理）→PCR 或 RT-PCR→琼脂糖电泳→切胶回收扩增片段→TA 克隆→转化→质粒提取→测序→结果分析。

3.1.4.2　植物表达载体构建及农杆菌转化

1. 实验设计

（1）植物表达载体选择和分析

依据所选受体植物及转基因材料的类型等，选择适合本实验的表达载体如 pBI121，pCAM1001 等，了解不同植物表达载体（Expression vectors）序列中各元件的功能。多克隆位点(MCS)上合适的酶切位点(一般是应在目的基因上没有或只有 1 个),酶切位点可用于重组和鉴定。

表达载体中的启动子是决定基因表达部位、时间、强度的主要调控元件(如组成性表达或组织、器官特异性表达或适合于单子叶、双子叶表达启动子)。花椰菜花斑病毒 CaMV 的 35S 启动子能在许多植物物种中的几乎所有发育阶段及所有组织中高效表达,它已经被广泛用于构建转基因植株。

选择标记基因:选择性标记基因的产物可以给细胞造成一种选择压力,使未转化细胞不能繁殖与分化,而转化细胞对产物有抗性,能正常生长并分化等,从而将转化细胞选择出来。例如,*Cat*(氯霉素抗性基因)。使用特异性选择标记基因(selectable marker genes)进行标记,能有效地选择出转基因细胞。常用选择标记基因有抗生素抗性(在双子叶植物上广泛作为选择基因的抗生素类基因,如 *Npt*Ⅱ 和 *hpt* 等),除草剂抗性基因等。因此,需将选择标记基因与适当启动子构成嵌合基因,克隆到质粒载体上,与目的基因同时进行转化,标记基因在受体细胞也得到表达,使转化细胞具有抵抗相应抗生素或除草剂的能力而存活下来。非转化细胞则被抑制、杀死。

报告基因:给转化细胞带上一种起报告和识别作用的标记基因,这类基因的编码产物能够被快速地测定,常用来判断外源基因是否已经成功地导入受体细胞,并检测其表达活性。通常使用的已筛选出的效果好的报告基因有很多,如 *gus* 基因(β-葡糖苷酸酶基因),其在植物细胞中表达产生葡糖苷酸酶,检测方便:在一定条件下与 X-G1ucuionic acid(5-bromo-4-chioro-3-indoyl-β-D-glucuronic acid)底物发生作用,产生蓝色沉淀,既可以用分光光度计法测定,又可以直接观察到植物组织中形成的蓝色斑点。

(2) 载体构建

平端克隆:酶切位点末端改造(klenow 酶补平,S1 处理)产生平端;克隆效率较低,连接酶(ligase)要适当加大用量;载体需脱磷;方向可能同时有正反两种插入 DNA 序列,需鉴定选择。

黏端克隆:单酶切所完成的重组的插入 DNA 片段是不定向,首先要脱磷(降低自连效率,增加外源基因插入机会);目的基因可能会反向插入,需要鉴定筛选。

双酶切定向克隆:黏—黏连接最有效、最快捷,操作方便,连接效率高,外源基因插入方向固定,无须鉴定。如果条件许可,可优先采用。

黏—平端连接:外源基因与载体仅有一个相同酶切位点,可将另一末端补平。

定向克隆注意:2 个同位酶切出的末端一样,相当于单酶切不能完成定向克隆;载体 MCS 中的 2 个酶切位点尽量选择距离远一些,防止一端没切开(可选用中间插入其他基因片段的载体酶切回收制备)。

技术:酶切、连接、转化 *E.coli*,重组质粒酶切电泳检测等。

(3) 根癌农杆菌转化

三亲杂交法对农杆菌进行转化:含植物表达载体质粒的 *E.coli* DH5α,含有助动质粒(pRK2013)的 *E.coli* HB101 与根癌农杆菌 LBA4404 进行杂交并筛选。

2. 实验准备

(1)实验材料

质粒,*E.coli* 感受态,*E.coli* DH5α(含植物表达载体质粒),*E.coli* HB101(含有助动质粒(pRK2013)),根癌农杆菌 LBA4404。

（2）实验试剂和主要仪器设备

实验试剂：限制性内切酶及其缓冲液，T_4 DNA 连接酶及其缓冲液，转化试剂，提取质粒试剂，培养及转化 *E. coli* 和根癌农杆菌抗性筛选标记抗生素；LB 液体培养基，固体培养基，YEP 液体培养基，固体培养基等。

仪器设备：离心机，灭菌的微量离心管，凝胶电泳系统，电泳仪，电泳槽，紫外透射仪等。

3. 实验主要技术过程

质粒载体转化 *E. coli*→提取质粒→酶切质粒→电泳回收→连接→转化 *E. coli*→筛选鉴定→三亲杂交转化根癌农杆菌→抗性筛选鉴定→带有外源基因的农杆菌转化株。

3.1.4.3 农杆菌介导的植物基因转化

1. 实验设计

（1）受体材料的选择

植物基因转化受体材料选择时应注意：外植体取材方便，如种子胚、叶片等；分化或再生能力强；容易筛选即对筛选剂敏感；具有较高的遗传稳定性等。

受体材料类型：愈伤组织再生系统：外植体材料先脱分化培养形成愈伤组织（图 27-3），然后通过农杆菌侵染将目标基因转入受体，最后再经过分化培养获得再生植株（图 27-5）。

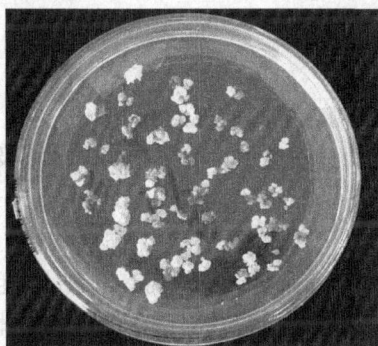

图 27-3 用于转基因的水稻
成熟胚愈伤组织

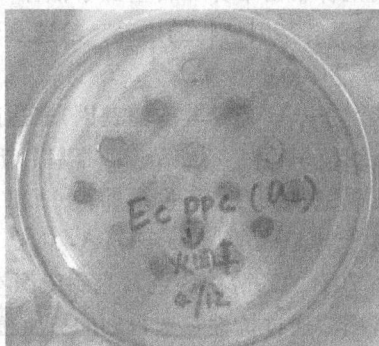

图 27-4 用于转基因制作的烟草叶盘

直接分化再生系统：外植体材料细胞不经过脱分化形成愈伤组织阶段，直接分化出不定芽形成再生植株。

（2）农杆菌介导的植物基因转化

叶盘法（leaf disk method）（图 27-4）是常用转化双子叶植物较为简单有效的方法，用农杆菌感染叶片外植体并短期共培养。在培养过程中，农杆菌的 *vir* 基因被诱导，它的活化可以启动 T-DNA 向植物细胞的转移。共培养后对转化的外植体进行筛选、诱导分化，得到再生植株（图 27-6）。

相对双子叶植物，单子叶植物对农杆菌不敏感，但近些年农杆菌介导的单子叶植物基因转化也成为经常采用的方法，特别是对一些重要的农作物如水稻、小麦、玉米等的成功转化，单子叶植物的转化一般用胚或幼胚培养诱导愈伤组织进行转化。

图 27-5　转基因烟草的分化　　　　　　　图 27-6　转基因水稻的分化

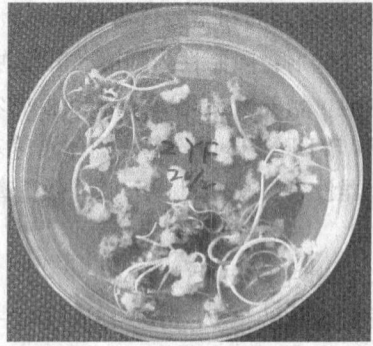

2. 实验准备

实验试剂：植物愈伤组织诱导培养基，转化培养基，筛选培养基，分化培养基，生根培养基等；转化植物抗性筛选标记用抗生素；植物培养基附加激素类（NAA、IAA、玉米素、6-BA 等）。

仪器设备：恒温水浴摇床，超净工作台，光照恒温培养箱。

3. 实施的主要技术过程

植物愈伤组织诱导培养（或叶盘制作培养）→农杆菌介导转化→抗性筛选培养→分化培养→转基因植株壮苗培养→转基因小植株。

3.1.4.4　转基因植物的培养、筛选及鉴定

1. 实验设计

报告基因 *gus*（β-葡糖苷酸酶基因）表达产生葡糖苷酸酶的检测。

Gus 组织化学检测：取筛选培养基上新长出的愈伤组织，分化出幼苗的根及叶片，在 Gus 染色液（0.1 mol/L 磷酸缓冲液（pH7.0），50 mmol/L $K_3Fe(CN)_6$，50 mmol/L $K_4Fe(CN)_6$，0.5 mol/L Na_2EDTA，1% Triton，20 mmol/L X-Gluc）中于 37 ℃浸泡过夜，然后在 70%的乙醇中脱色，直到组织本身的色素去除干净，观察组织的染色情况。

标记基因：通过抗性筛选得到的再生植株初步证明标记基因已整合进入受体细胞。

目的基因：是否整合到受体核基因组、是否转录、是否翻译表达，须进一步检测。

DNA 水平的鉴定：特异性 PCR（以外源基因两侧序列设计引物）扩增，有条件可做 Southern 杂交（以外源目的基因序列为探针）检测。

PCR 检验外源基因的整合：在转基因个体的检测中，通过设计外源基因两端的特异引物，采用 PCR 可以使外源基因得到大量扩增，然后通过琼脂糖凝胶电泳检测特异扩增带的有无，从而判断外源基因是否整合到受体植物的基因组。

Southern 杂交检测外源基因的整合：来源不同但具有互补序列的两条多核苷酸链通过碱基配对原则形成稳定的结构。其中一条被标记成为探针，探针与互补的核苷酸序列杂交，通过放射自显影技术可以被检测出来。

RNA（转录水平）的鉴定：RT-PCR 检测、Northern 杂交（标记的 RNA 为探针对总 RNA 的杂交）。

RT-PCR 杂交检测外源基因的整合：外源基因在受体细胞是否转录的初步检测，以转基因个体总 RNA 或 mRNA 为模板进行反转录，然后 PCR 扩增，如果可以获得特异的 cDNA 扩增条带，则表明外源基因实现了转录。其优点在于简单、快速，对 mRNA 抽提的数量和质量都要求不高。

Northern 杂交检测外源基因的表达：与 Southern 的不同是，固体膜上转移固定的是总 RNA 或 mRNA。探针与膜上 RNA 形成 RNA-DNA 杂交双链。通过放射自显影的强度可以判断外源基因的表达水平。

蛋白质水平（翻译）的鉴定：为检测外源基因转录形成的 mRNA 能否翻译，还必须进行翻译或者蛋白质水平检测。主要方法有：Western 杂交、免疫检测。

Western 杂交检测外源基因表达的产物：检测外源基因在蛋白质水平上的表达。从转基因材料中提取总蛋白或目的蛋白，经 SDS 聚丙烯酰胺凝胶电泳把蛋白质按分子大小分离，然后再转移到固体膜上，加入特异性抗体；膜上的目的蛋白与一抗结合，再加入带标记的二抗，最后通过二抗上的标记物的性质进行检测。

2. 实验准备

实验试剂：报告基因 *gus*（β-葡糖苷酸酶基因）表达产生葡糖苷酸酶的检测所需的全部试剂，DNA 提取的相应试剂，PCR 及 RT-PCR 试剂盒或试剂、电泳试剂等。

仪器设备：离心机，电泳仪，PCR 扩增仪，光照恒温培养箱（室），自动成像系统等。

3. 主要实施的技术过程

Gus 组织化学染色→提取 DNA→PCR→琼脂糖电泳→RNA 提取→RT-PCR→琼脂糖电泳→（有条件可进行 Southern 杂交、Northern 杂交及 Western 杂交检测）。

3.1.5 设计实验研究论文提交

完成实验后，要求按正规期刊发表的格式撰写研究论文，这一过程可以查询、参照任何一种科技期刊的标准要求独立完成。下面是科技论文通常所包含的主要内容：

标题

中文摘要

前言

材料与方法

结果与讨论

参考文献

英文摘要

致谢

（张桂芳，张根发）

3.2 实验28 分子发育遗传模式生物斑马鱼的基因表达分析

　　斑马鱼(zebra fish, *Danio rerio*)原产于亚洲,体长3~6 cm,身体呈纺锤形,具有色彩丰富的条纹,尾鳍长而呈叉形。斑马鱼很容易饲养,其适宜水是18~26 ℃;生活的水质为中性,但对水质要求不太严格;具有很强的耐热性和耐寒性,属低温低氧鱼类,可在10 ℃以上的水中很好地生长。斑马鱼喜食红线虫、红虫等,也可食颗粒饲料;性情温和,灵活好动,可与其他小型鱼类混合饲养而不影响存活、繁殖。

　　20世纪70年代,美国俄勒冈大学分子生物研究所从事脊椎动物神经系统发育的遗传学家George Streisinger(图28-1),在家中养了几尾斑马鱼。他注意到了斑马鱼作为发育和繁殖生物学等研究材料的优点,开始重点研究其养殖措施、胚胎发育规律等。他先后开发了斑马鱼相关遗传学研究技术,并在*Nature*(1981)杂志上发表了体外受精和单倍体诱导培育方面的论文。到20世纪90年代初期,德国发育生物学家Christine Nusslein-Volhard和美国学者Wolfgang Driever同时带领他们的研究组开始了斑马鱼的大规模化学诱变和遗传变异、生长发育等研究(1996)。

　　科学家十分关注斑马鱼所具备的自我修复破损视网膜能力。这种独特的能力缘于其视网膜的特性——其中具有干细胞特征的放射状胶质细胞,能够分化为各种不同种类的细胞,对于采用新药品、新手术治疗青光眼、老年黄斑变性和因糖尿病引起的各种眼疾很有启示意义。

George Streisinger

图28-1 斑马鱼遗传发育研究奠基人

　　如图28-2所示,斑马鱼个体小,产卵周期短,产卵量很多,卵子体积大;斑马鱼的胚胎在体外发育,而且发育的速度很快,早期胚胎还完全透明;雌性斑马鱼产卵量可达200枚,胚胎在24 h内就可以发育成形,高速繁殖有利于基因筛选。斑马鱼的单倍体、雌核发育二倍体的材料制作和突变体的获得都是比较容易的;其精子还可以冷冻保存。这些优势都决定了斑马鱼的重要模式生物地位,使其非常适合遗传学的研究。

　　斑马鱼的一个基因组中大约含有30 000个基因,这个数目与人类差不多,且与人类基因相似程度高达到87%,因此在斑马鱼中的药物实验结果通常也适用于人类。斑马鱼的胚胎是透明的,很容易观察到药物对体内器官的作用效果;斑马鱼的中枢神经系统、内脏器官、血液和视觉系统等,在分子水平上与人类高度相似。目前斑马鱼已经成为研究人类疾病及

图28-2 斑马鱼成体的形态

动物胚胎发育的最佳模式生物之一。在分子遗传和发育遗传研究中，斑马鱼在母体来源因子(如蛋白质和 mRNA)对胚胎发育启动的影响、体轴的形成机制、胚层分化的诱导、体躯不对称发育等方面的研究中起到了重要作用。

3.2.1　实验目的

1. 熟悉斑马鱼的形态特征、生活史。
2. 熟悉体内绿色荧光蛋白报告基因(GFP)表达分析的方法技术。
3. 掌握斑马鱼作为模式动物的重要特征；通过斑马鱼胚胎掌握显微注射的基本方法。

3.2.2　实验原理

斑马鱼对生活环境的要求不高，雌雄不难区分，生活周期短，繁殖力很强。在普通实验室内就可以完成斑马鱼的饲养、形态特征分析和胚胎发育研究等。斑马鱼的杂交研究程序简单，可在几天内完成基本的分析步骤；较高的生产率也使得遗传学分析变得非常便利。

仔细观察这种小巧玲珑的鱼类，认真掌握其生活习性、生理属性、繁殖特征、遗传和发育规律，有利于系统的个体、细胞和分子等各层面的生物学研究。

显微注射是发育遗传学研究中的常用技术。通过显微注射将外源基因插入斑马鱼基因组中，即可得到转基因斑马鱼。如果外源片段与报告基因(如 GFP)相连，在共同启动子的作用下即可实现外源基因的体内表达，从而通过绿色荧光蛋白(Green Fluorescent Protein，GFP)跟踪转基因的表达情况和功能效应。这里涉及的绿色荧光蛋白基因(GFP)源于生存历史超过 1.6 亿年的发光水母(Aequorea victoria)，其基因产物是 Shimomura 等于1962 年发现的蛋白质，由 238aa 组成，分子量约为 27kd，在蓝光激发下发出绿色荧光。GFP 在包括热、极端 pH 和化学变性剂等苛刻条件下都很稳定，用甲醛固定后会持续发出荧光，但在还原环境下荧光会很快熄灭。GFP 是常用的报告基因，其基因片段长度较小(约 717 bp)，易于构建融合蛋白，而且融合蛋白仍能保持着荧光激发活性，为研究其他基因表达产物的分布和功能提供了方便。2008 年，下村修和另两位科学家因此相关研究成果共同获得了诺贝尔化学奖。1994 年以后，GFP 被广泛应用；2001 年退休后，年逾80 岁的下村修继续从事相关研究，并把其家里的地下室辟为"光蛋白实验室"，以其家庭住处为通讯地址继续发表文章，足见其将科学工作作为毕生事业。

pEGFP 是一种优化的突变型 GFP，所产生的荧光较普通 GFP 强 35 倍，大大增强了报告基因的敏感度。pEGFP 的 N 及 C 端均可与其他蛋白融合，并不影响其发光。pEG-FP-N₁ 载体(图 28-3)具有以下几方面优点：①具有很强的复制能力；②高效的强启动子SV40 和 PCMV；③具有多克隆位点；④具有 neo 基因，可以采用 G418 来筛选已成功转染的靶细胞。这些优点使 pEGFP-N₁ 可以用于实现目的基因在靶细胞内的稳定表达。

在连锁遗传分析中，可以将外源转化的基因作为一个"基因座"用于杂交分析和遗传作图；GFP 转基因带有荧光标记，所以可以视为一个显性的"等位基因"，分析起来相当方便。如果用不同的荧光标记基因融合目的基因获得共转染表达体系，通过同时发出两种荧光的胚胎比例，即可获得两个基因座位的重组率，获得双因子杂交遗传作图结果。

可见，掌握斑马鱼胚胎显微注射的方法，分析斑马鱼体内转染的绿色荧光蛋白(GFP)报告基因的表达情况，是深入进行遗传和发育研究的基础。

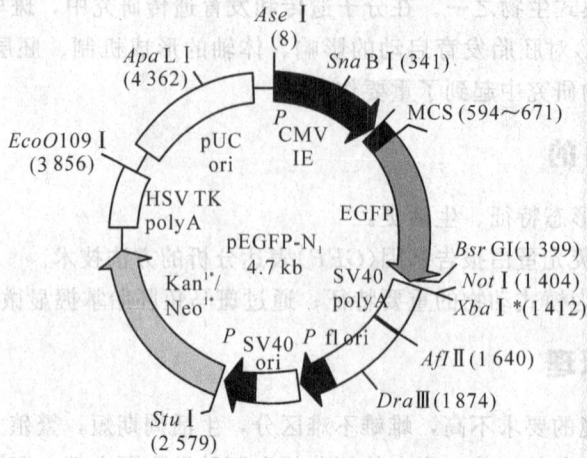

图 28-3　pEGFP-N₁ 载体结构示意图

　　斑马鱼的早期胚胎非常适于显微注射，因为鱼卵透明、体积较大（直径约 0.7 mm），便于操作；不需要太复杂的仪器和昂贵的经费支出；产卵量大而且可以人为地控制，鱼卵和胚胎易于收集。斑马鱼胚胎显微注射技术的用途包括进行基因的瞬时或过量表达、降低表达分析，培育转基因鱼和诱发基因突变等。此外，能够促进外源 DNA 高效插入基因组的 Tot2 转座子系统，在斑马鱼中已经被用于构建转基因斑马鱼和产生插入突变等方面。

　　将 pFGFP-N₁ 质粒注射至斑马鱼单细胞受精卵，若干小时后即可见到 GFP 阳性细胞呈斑块状地分布于整个胚胎内，效果明显。在单细胞受精卵显微注射时，样品被直接注射到卵质（胞质）中；也可以进行卵黄注射，通过早期胚胎的胞质流动把被注射的样品带到卵细胞质内。根据实验需要，也可以注射发育到一定时期（如 1 000 细胞期）的胚胎，满足发育的遗传调控等方面的研究。

　　本实验所采用的 *GFP* 基因载体是含有 CMV 启动子的 *GFP* 基因的质粒（pEGFP-N₁）。pEGFP-N₁ 载体为真核细胞表达载体，进行斑马鱼单细胞受精卵显微注射后，胚胎发育到 4 h 就可以观察到 GFP 的表达，绿色荧光可持续到 48 h 以后的胚胎。

　　实验总体技术路线：

　　图 28-4 展示的是本实验的基本技术流程，可用作实验设计的依据：

　　这里介绍的只是利用 *GFP* 基因载体进行的转基因分析方法，学习者可根据此方案的基本原理和思路设计具体的未知基因（例如特异定位在某个细胞器中的特定蛋白基因）的重组质粒，进行进一步的研究和探索。

3.2.3　实验准备

1. 实验材料

斑马鱼（雌、雄，自选品系）。

2. 实验试剂及主要仪器设备

实验试剂

Holt Buffer：

NaCl　　　　　3.50 g

KCl　　　　　0.05 g

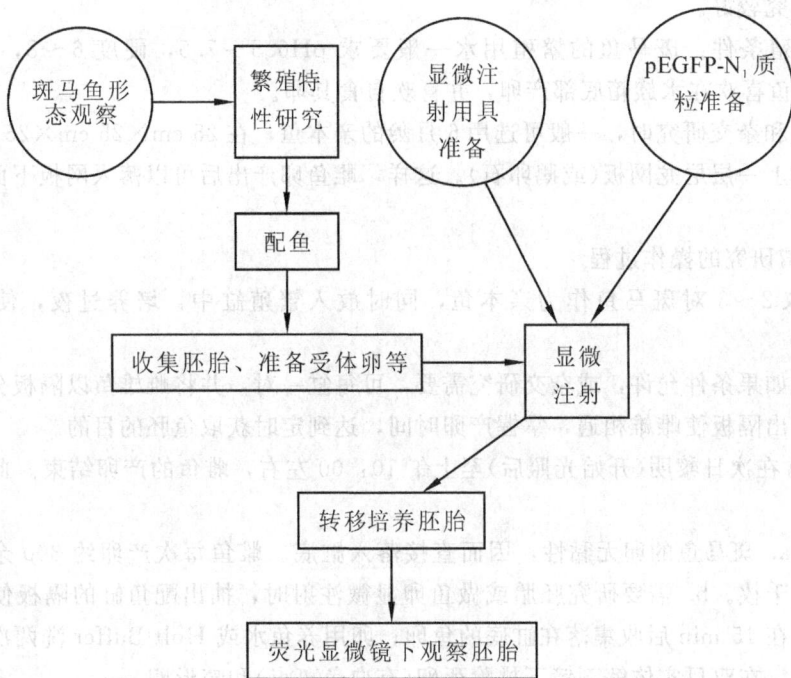

图 28-4　实验总体技术路线图

NaHCO₃　　　　0.025 g

| NaHCO₃ | 0.025 g |
| CaCl₂ | 0.10 g |

用蒸馏水配制，总量 1 L。

1.5% 琼脂糖（用养鱼水或 Holt Buffer 配制）；

胚胎显微注射液（100 ng/μL pEGFP-N₁ 质粒，0.2% 酚红，溶于无菌水。其中酚红是注射量指示剂）。

仪器设备：水族箱，配鱼缸，培养皿（φ10 cm），观察皿，吸管，恒温培养箱，双目实体解剖镜（以及荧光显微镜——用于观察注射了带荧光分子的鱼），玻璃毛细管，微注射仪及操作配套设施，注射模具，拉针仪，持针器，封口膜，微量上样吸头，石蜡油，无齿镊，废物缸等。

3.2.4　实验步骤和操作

3.2.4.1　斑马鱼的生活、繁殖情况观察

1. 形态观察

（1）一般特征：斑马鱼一般体长 3~6 cm，身体上有色彩鲜明的斑纹，体形为纺锤形，尾鳍长而呈叉形。

（2）雄斑马鱼的形态特征：鱼体修长，鳍大，体色偏黄，臀鳍呈棕黄色，条纹显著。

（3）雌斑马鱼的形态特征：鱼体较肥大，体色较淡，偏蓝，臀鳍呈淡黄色，怀卵期鱼腹膨大明显。

2. 繁殖特性观察、研究（可与杂交或胚胎发育等研究结合）

（1）繁殖季节：斑马鱼属于卵生鱼类，在 4 月龄进入性成熟期，而一般用 5 月龄的鱼

进行繁殖研究较好。

(2) 繁殖条件：斑马鱼的繁殖用水一般要求 pH6.5～7.5，硬度 6～8，水温 25～26 ℃；斑马鱼喜欢在水族箱底部产卵，并喜欢自食其卵。

做繁殖和杂交研究时，一般可选用 6 月龄的亲本鱼，在 25 cm×25 cm×25 cm 的方形缸的底部铺上一层尼龙网板（或鹅卵石）。这样，雌鱼卵产出后可以落入网板下面或小鹅卵石空隙中。

(3)繁殖研究的操作过程

① 选取 2～3 对斑马鱼作为亲本鱼，同时放入繁殖缸中，培养过夜，使其有交配机会。

说明：如果条件允许，或杂交研究需要，可每缸一对，并将雌雄鱼以隔板分开，以便次日早上抽出隔板使雌雄相遇，掌握产卵时间，达到定时获取鱼胚的目的。

② 通常在次日黎明（开始光照后）至上午 10：00 左右，雌鱼的产卵结束。此时，将亲本鱼捞出。

说明：a. 斑马鱼的卵无黏性，因而直接落入缸底。雌鱼每次产卵约 300 余枚，最多时可达到上千枚。b. 需要研究胚胎或做鱼卵显微注射时，抽出配鱼缸的隔板使雌鱼与雄鱼混合，并在 15 min 后收集落在缸底的鱼卵；卵用养鱼水或 Holt Buffer 洗两次，以除去其中的杂质，在双目实体解剖镜下挑除死卵（有白色斑点）和畸形卵。

③ 晚上 20：00 左右，用吸管吸出未受精的卵（发白）。

④ 观察仔鱼：在 28 ℃水温繁殖时，受精卵经 36 h 即可孵出仔鱼；在 24 ℃水温繁殖时，受精卵经 2～3 d 可孵出仔鱼。

⑤ 仔鱼取食观察和小鱼投食：在水温 25 ℃时，经 7～8 d 的生长，仔鱼即可开食，此时可投喂蛋黄灰水，以后再换小鱼虫投喂。

说明：斑马鱼的繁殖周期约 7 d，一年内可以连续繁殖 6～7 次；产卵量高，繁殖力强。

(4)斑马鱼卵的显微注射（此部分宜结合"显微注射"训练）

① 将经过养鱼水或 Holt Buffer 清洗干净（见上）的鱼卵转移到注射模具中，并排列成行。

说明：使用受精卵或胚胎不同阶段进行显微注射，取决于实验目的、内容要求。

② 吸除多余的液体，以使液面刚刚没过鱼卵，避免注射过程中卵的漂浮。

③ 进行显微注射：将注射模具下排好的卵置于实体解剖镜下，以手工或通过显微操作臂操作持针器，准确地将注射针头插入到卵（或胚胎）的细胞质中；当见到少量显微注射液被注入卵（或胚胎）后，缓慢而稳定地抽出注射针头；也可以将针头插入到卵黄中或穿过卵黄插入细胞质中进行注射。注射量控制在每枚卵（或胚胎）1～2 nL 为佳。

3.2.4.2 斑马鱼的基因表达分析

1. 拉制注射针：将外径为 1.02 mm、内径为 0.56 mm 的玻璃毛细管用拉针仪拉成注射针（按厂家提供的操作规程）。拉成注射针后，将其保存在干燥处。

2. 制备注射模具：将一张载玻片斜放到刚盛放着融化的 15 g/L 琼脂糖胶（约 30 mL）的培养皿（φ10 cm）中；待胶凝固后，将载玻片移开，即制成注射模具。这样形成的斜槽中用来摆放斑马鱼的受精卵或胚胎。向模具内注入少许养鱼水或者 Holt Buffer，盖上皿盖并以封口膜密封以保持湿润，置于 4 ℃存放。

3. 配鱼(可参考第一部分)：为提高产卵量，可在注射前夜向每个培育缸中放置1雄2雌，并以隔板隔开雌雄。

4. 准备注射用具：次日凌晨，将注射模具从4 ℃冰箱中取出，放置到回复室温；在实体镜下，用无齿镊将注射针头折断(尽可能成为斜面)；用微量移液器吸头吸取 $1\sim5$ μL 胚胎显微注射液，自针的尾端穿进注射针上样，随后再把注射针插到持针器中固定。

备选上样方法：也可在洁净的载玻片上滴上一滴石蜡油，将注射液放到其中，再将固定好的注射针插入注射液，通过连在持针器上的注射器将注射液回抽进针里。

5. 收集鱼卵：将配鱼缸中阻隔雌雄斑马鱼亲本的隔板抽出，使雌雄鱼混合，待 15 min后，收集落下缸底的鱼卵。

6. 洗卵：养鱼水或 Holt Buffer 洗卵 2 次，除去杂质后在双目解剖镜下挑去死卵(有白色斑点的卵)及畸形卵。

7. 准备受体卵：将去杂后留用的鱼卵转移到注射模具中，并将其排列成行，吸去多余液体(使液面刚刚没过鱼卵，以防鱼卵在注射中发生漂浮)。

8. 显微注射：参见斑马鱼卵的显微注射，如图 28-5 所示的方法。

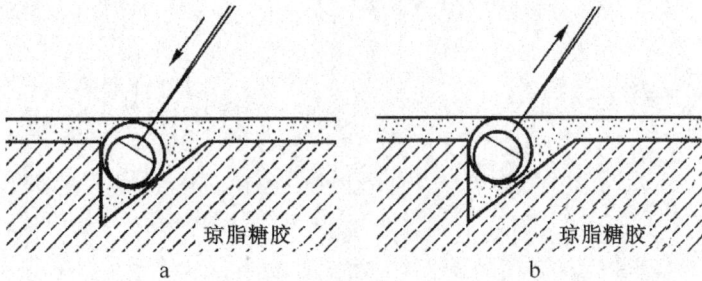

图 28-5　斑马鱼胚胎注射示意图
注：a. 注射到位；b. 注射针头抽回。

9. 转移培养胚胎：将注射后的胚胎转移到含有养鱼水或 Holt Buffer 的培养皿 (ϕ10 cm)中，在 28.5 ℃的温度下进行培养。

10. 观察分析：转移培养 24 h 后，在荧光显微镜下仔细观察胚胎。

注意：①鱼卵的收集、转移和注射等操作过程都要迅速，因为斑马鱼在受精后40 min 就开始了第一次卵裂，单细胞受精卵注射可利用的时间有限。

②每枚胚胎的注射量控制在 300 pg 之内为好，否则容易导致胚胎的畸形发育甚至致死；对于单细胞受精卵，注射的体积一般不要大于 10 nL。

③GFP 阳性细胞呈斑块状，分布于整个胚胎中。

3.2.5　设计实验研究论文提交

完成实验后，请总结斑马鱼的形态特征、生活史和繁殖特点。说明为什么斑马鱼能成为最好的模式生物之一。试总结斑马鱼显微注射的方法步骤，检测验证你所设计的报告基因或功能基因的表达模式。并查找资料，按正规期刊发表的格式撰写研究论文，这一过程可以查询、参照任何一种科技期刊的标准要求独立完成。

下面列出的科技论文(报告)所包含的主要内容，供参考。

标题

摘要（中文）

前言

材料与方法

结果与讨论

结论

参考文献（至少 5 篇，精读并引用其原创或重要部分）

Abstract（英文摘要）

致谢

（梁前进）

3.3 实验 29 大肠杆菌诱变与突变体的遗传分析

大肠埃希氏菌(*Escherichia coli*)为肠杆菌目，肠杆菌科(Enterobacteriaceae)，埃希氏菌属(*Escherichia*)的大肠杆菌种 (*E. coli*)，通常称为大肠杆菌。大肠杆菌是 Escherich 在 1885 年发现的，其大小 0.5 $\mu m \times 1 \sim 3 \mu m$，具有鞭毛、无芽孢，是革兰氏阴性短杆菌。

大肠杆菌在相当长的一段时间内，一直被当作正常肠道菌群的组成部分，认为是非致病菌。直到 20 世纪中叶，才认识到一些特殊血清型的大肠杆菌对人和动物有病原性，常引起严重腹泻和败血症。大肠杆菌是现代生物学中研究最多的一种原核生物，作为一种模式生物，其基因组全序列测定于 1997 年由 Wisconsin 大学的布拉特纳(Blattner，图 29-1)等人完成，其基因组大小为 4.7 Mb，共编码 4 288 个基因。在生物工程研发中，大肠杆菌被广泛用做基因复制和表达的宿主。用分子生物学方法在大肠杆菌得出的结论可用于其他生物的研究。

图 29-1 科学家 Blattner

在遗传分析中，通常将具有某一基因发生突变，从而产生某一表型的细胞或生物个体称为突变体(mutant)。在组织细胞培养中，强调在有施加选择压力下产生的变异称为突变体。而在未施加选择压力下筛选出的为原有变异细胞或个体，称为变异体。为了获得某一基因编码序列的功能，而将其敲除形成的个体也称为突变体。现在会将含有某一基因产物过表达的个体也称为突变体。突变体往往具有与野生型不同的表型，这样就为突变基因的功能或被敲除基因的功能研究提供了有益的信息。

人工诱变是引起基因突变的方式之一，通常采用物理、化学等方法。对遗传物质诱变可以提高遗传物质的突变率，在此基础上根据研究目的筛选合适的突变体，再经遗传分析、选择和各种生物学研究从中培育动植物和微生物的新品种。

本实验以大肠杆菌作为实验材料，通过诱变可以获得抗性突变体、营养缺陷型突变体等，采用适宜培养基可以筛选出需要的突变体。

3.3.1 实验目的

1. 了解物理因素对遗传物质的影响，熟悉紫外线诱变的原理和方法，掌握微生物的紫外线诱变技术。

2. 掌握微生物抗药性突变体的诱变、筛选的基本技术方法，在此基础上灵活运用于微生物营养缺陷型筛选，获得突变体。

3. 通过上述实验，对探究型实验的设计性有进一步的了解，提高科研性实验能力。

3.3.2 实验原理

α 射线、β 射线、γ 射线、X 射线、中子和其他粒子、紫外辐射以及微波辐射等物理因素将能量传递到生物体内时，生物体内各种分子会发生电离和激发，进而产生许多化学性质十分活跃的自由原子或自由基团。它们继续相互反应，并与其周围物质特别是生物大分子核酸和蛋白质反应，引起分子结构的改变。由此又影响到细胞内的一些生化过程，如

DNA 合成的终止、各种酶活性的改变等，使分子部分结构进一步发生损伤，其中尤其重要的是染色体损伤。由于染色体断裂和重接而产生的染色体结构和数目的变异即染色体突变，而 DNA 分子结构中碱基的变化则造成基因突变。那些带有染色体突变或基因突变的细胞，经过细胞世代分裂将变异了的遗传物质传至性细胞或无性繁殖器官，就发生了生物体的遗传变异。诱发变异绝大多数是不利的，因而不能稳定遗传。但也有少量变异是有利的，特别是有利于人类的需求和科学研究，因此，可以从突变群体中选择有用的个体直接或间接用于生物的新品种培育。

紫外线作为物理诱变因子用于工业微生物菌种的诱变处理具有悠久的历史，尽管几十年来各种新的诱变剂不断出现并被应用于诱变育种，但到目前为止，对于经诱变处理后得到的高产抗生素产生菌种中，有 80% 左右是通过紫外线诱变后筛选获得的。因此，对于微生物菌种选育工作者来说，紫外线作为诱变因子还是应该首先考虑的。紫外线的波长在 200～380 nm，但对诱变最有效的波长仅仅是在 253～265 nm，一般紫外线杀菌灯所发射的紫外线大约有 80% 是 254 nm。紫外线诱变的生物学效应主要是作用于 DNA 而引起的，DNA 对紫外线有强烈的吸收作用，尤其是碱基中的嘧啶比嘌呤更为敏感。紫外线引起 DNA 结构变化的形式很多，如 DNA 链的断裂、碱基的破坏等。但其最主要的作用是使同一条 DNA 链上的相邻嘧啶间形成胸腺嘧啶二聚体，阻碍碱基间的正常配对，产生复制错误而造成 DNA 碱基突变。通常经紫外线损伤的 DNA 能被可见光复活和其他生物体修复机制恢复。为了增加诱变率可避免光复活的修复作用，也就是用紫外线进行诱变处理时以及处理后的操作都应在红光下进行，并且将微生物放在黑暗条件下进行培养。

在没有紫外线剂量测定仪的情况下，紫外线的绝对剂量很难测定，一般可用其相对剂量来表示，剂量大小与紫外线的功率、距离和照射时间有关。在前两者不变的情况下，相对剂量可用照射时间来表示。微生物经过诱变剂处理后引起的基因突变，往往必须经过一段时间的培养后才能出现表型的改变，这一现象称为表型延迟。所以，通常将诱变处理后的菌悬液先移到新鲜培养基中培养一段时间，使突变的性状趋于稳定，同时通过培养还可以使突变体数目增多，便于检出。

梯度平板法是筛选抗药性突变型的一种有效的简便方法，其操作要点是，先加入不含药物的培养基，立即把培养皿斜放，待培养基凝固后形成一个斜面，再将培养皿平放，倒入含一定浓度药物的培养基，由此形成一个药物浓度由浓到稀的梯度培养基，然后再将大量的菌液涂布于平板上，经培养后，在高浓度药物处出现的菌落通常是抗药性突变株。

营养缺陷型突变株是一种菌株（通常是野生型）某一基因发生突变，而丧失了合成某种物质能力的突变株，该突变株只有在基本培养基中补充它们所需要的营养物质后才能生长。营养缺陷型突变株无论在生产实践和科学实验中都具有重要意义。在生产实践中，既可以直接用于发酵生产核苷酸、氨基酸等中间代谢产物的生产菌株，也可以作为杂交育种的亲本菌株。在科学实验中，它们既可以作为氨基酸、维生素等物质生物测定的试验菌种，也是研究代谢途径、转化、转导、杂交、细胞融合及基因工程等遗传规律所必不可少的遗传标记菌种。

营养缺陷型的筛选过程主要包括诱变、淘汰野生型、检出和鉴定 4 个步骤。经过诱变的菌液，接入完全培养基中进行扩大培养，再转入到含青霉素的基本培养基中培养以杀死大量的野生型，然后通过影印等方法检出缺陷型，最后用生长谱法鉴定营养缺陷型。

3.3.3 实验总体路线

图 29-2 是生物遗传诱变筛选突变体的一般技术流程，可参照此技术路线分步完成实验设计：

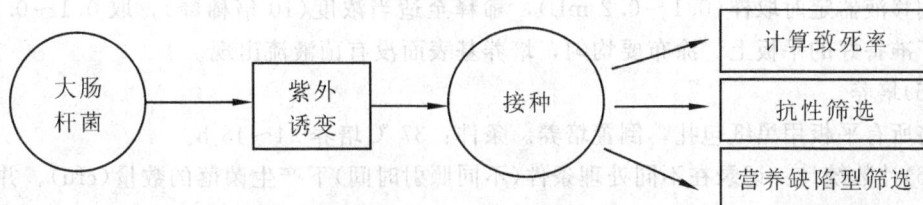

图 29-2 遗传诱变筛选突变体的一般技术流程图

3.3.4 实验设计及操作

本实验拟 4 人一组，实验开始前要查阅相关资料，撰写实验设计报告上交，审阅通过后，方可开展实验。

实验设计报告包括：目的、操作程序、仪器、器皿数量、培养基数量、抗生素种类及用量。要特别注意：① 辐射剂量梯度设计；② 筛选剂量确定；③ 菌种培养时间和方法；④ 培养基用量预算及配制；⑤ 玻璃器皿种类、用量预算及准备；⑥ 选择抗药性筛选或营养缺陷型筛选的试剂种类。

3.3.4.1 紫外线的诱变

1. 实验准备

（1）实验材料

大肠杆菌（*E. coli*）。

（2）实验试剂和主要仪器设备

实验试剂：牛肉膏蛋白胨培养基。

仪器设备：超净台，紫外灯（装在无菌操作箱内），磁力搅拌器，离心机，高压灭菌锅，培养箱，培养皿，离心管，涂布器，移液管和移液器。

2. 实验流程

（1）制备培养基：普通培养基平板。

（2）制备菌悬液

固体培养法：大肠杆菌划线接种于固体培养基，37 ℃培养 24～48 h。用适量生理盐水刮洗菌落，转入一个无菌小三角瓶中，充分振荡使菌体散开，得到菌悬液。

液体培养法：新活化的大肠杆菌接种到 10～15 mL 液体培养基中，37 ℃、160 r/min培养 16 h，3 000～3 500 r/min 离心 10 min，适量生理盐水重悬菌体，充分振荡。

菌悬液浓度为 $10^6 \sim 10^8$ cfu/mL，用血球计数板计数或采用梯度稀释平板菌落计数。

（3）诱变处理

自选诱变剂量和菌液浓度。

① 紫外灯功率 15 W，照射距离 30 cm，照射前打开紫外灯预热 30 min，使紫外线强度稳定。

② 处理强度：以时间为变量，10 s～10 min。自行设计选择。

③ 处理方法：3 mL 菌悬液于培养皿(ϕ70 mm)中(含无菌大头针)，置磁力搅拌器上。加盖照射 1 min，然后打开盖照射。用移液器定时取样(0.1～0.2 mL)。

(4)涂布接种

在暗室红灯下进行。

用移液器定时取样(0.1～0.2 mL)，稀释至适当浓度(10 倍稀释)，取 0.1～0.2 mL 涂布于准备好的平板上。涂布要均匀，培养基表面没有菌液流出现。

(5)培养

将所有平板用黑纸包扎，倒置培养。条件：37 ℃培养 24～48 h。

(6)计数统计：记录在不同处理条件(不同照射时间)下产生菌落的数量(cfu)。并计算致死率。

致死率＝[(对照中的活菌数－照射后的活菌数)/(对照中的活菌数)]×100%

3.3.4.2 抗药性突变株筛选

1. 实验准备

(1)实验材料

大肠杆菌($E.coli$)。

(2)实验试剂和主要仪器设备

实验试剂：牛肉膏蛋白胨培养基；青霉素钠盐，氨苄青霉素钠水溶液，链霉素溶液，硫酸卡那霉素水溶液，浓度均为 100 μg/mL。

仪器设备：超净台，紫外灯(装在无菌操作箱内)，磁力搅拌器，离心机，高压灭菌锅，培养箱，培养皿，离心管，涂布器，移液管，移液器。

2. 实验流程

(1)制备抗性培养基：取 10 mL 牛肉膏蛋白胨培养基于培养皿中，立即将培养皿斜放，使高处的培养基正好位于皿边与皿底交接处(如箭头所示)。待凝固后，将培养皿平放，再加入含有抗生素(100 μg/mL)的牛肉膏蛋白胨培养基 10 mL。凝固后，便得到抗生素从 100 μg/mL 到 0 逐渐递减的质量浓度梯度的培养基(图 29-3)。

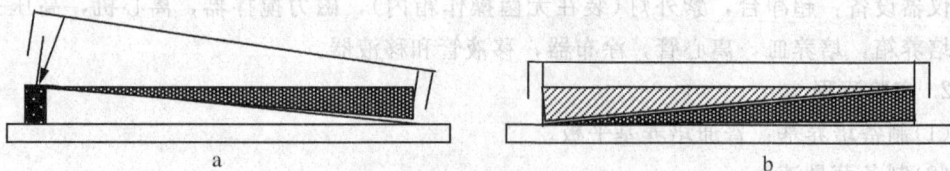

图 29-3 梯度培养基示意图

注：a. 加入不含抗生素的培养基，斜放凝固；b. 加入含抗生素的培养基，形成梯度抗性。

(2)制备菌悬液：与"紫外线的诱变"中的制备方法相同。

(3)诱变处理：处理方法与"紫外线的诱变"中相同，处理时间 2～4 min。

(4)接种培养(在暗室红灯下进行)。

用移液器定时取菌液加入牛肉膏蛋白胨液体培养基中(试管)进行增菌培养。用黑纸包扎 37 ℃培养 24 h。

将增殖的菌液(试管中)离心(3 500 r/min，10 min)，弃去上清液，加入少量生理盐水(约 0.2 mL)，制成菌悬液，涂布于梯度抗性培养基上，37 ℃倒置培养 24 h。

(5)抗药性测定

① 制备含药平板：取抗生素溶液(750 μg/mL)0.2、0.4、0.6、0.8 mL，分别加入无菌培养皿中，再加入熔化并冷却到50 ℃的牛肉膏蛋白胨培养基15 mL，立即混匀，平置凝固后即成为含有10、20、30和40 μg/mL不同质量浓度的药物平板(图29-4)。另做一个对照平板(不含药物)。

② 抗药性测定：将上述平板每个皿底的外面用记号笔划成8等份，并注明1~8号，然后将若干抗药菌株逐个划在上述4种质量浓度的药物平板和对照平板上。每一皿必须留一格接种出发菌株。将所有平板倒置培养24 h。

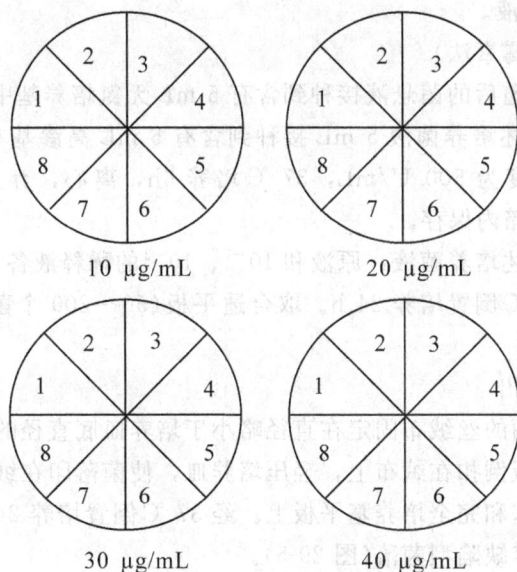

图 29-4 抗药性测定示意图

(6)记录统计

记录选到的抗药性菌株的数量，最高抗药性浓度。

3.3.4.3 营养缺陷型突变株筛选

1. 实验准备

(1)实验材料

大肠杆菌(E. coli)。

(2)实验试剂和主要仪器设备

实验试剂：完全培养基：牛肉膏蛋白胨培养基；无氮培养基：葡萄糖 2 g，柠檬酸钠·$3H_2O$ 0.5 g，KH_2PO_4 0.7 g，K_2HPO_4 0.3 g，$MgSO_4$·$7H_2O$ 0.01 g，蒸馏水 100 mL，pH7.2，112 ℃ 20 min；基本培养基(2×)：葡萄糖 2 g，柠檬酸钠·$3H_2O$ 0.5 g，KH_2PO_4 0.7 g，K_2HPO_4 0.3 g，$MgSO_4$·$7H_2O$ 0.01 g，$(NH_4)_2SO_4$ 0.2 g，蒸馏水 50 mL，pH7.2，112 ℃ 20 min；补充培养基：在基本培养基中加入所需的补充物质，补充物质的一般质量浓度为：氨基酸 20 μg/mL，维生素 0.2 μg/mL；高渗基本培养基：蔗糖 20 g，$MgSO_4$·$7H_2O$ 0.01 g，2×基本培养基 100 mL；青霉素钠盐。

仪器设备：超净台，紫外灯(装在无菌操作箱内)，磁力搅拌器，离心机，高压灭菌锅，培养箱，培养皿，离心管，涂布器，移液管，移液器，插有大头针的软木塞，丝绒布，圆柱形木块等。

2. 实验流程

(1)制备菌悬液：与前同。

(2)诱变处理：处理方法与前同，处理时间 2～4 min。

(3)接种培养(在暗室红灯下进行)

用移液器定时取菌液加入牛肉膏蛋白胨液体培养基中(试管)进行增菌培养。用黑纸包扎 37 ℃培养 24 h。

将增殖的菌液(试管中)离心(3 500 r/min，10 min)，弃去上清液，加入少量生理盐水(约 0.2 mL)，制成菌悬液。

(4)淘汰野生型(青霉素法)

① 培养菌液：取增殖后的菌悬液接种到含有 5 mL 无氮培养基中培养 12 h。

② 加青霉素：取上述培养菌液 5 mL 接种到含有 5 mL 高渗基本培养基的三角瓶中，再加入青霉素，使终浓度为 500 U/mL，37 ℃培养 6h，离心，弃上清液，重新悬浮于 5 mL 无氮培养基中置冰箱内保存。

③ 涂布平板：取上述培养菌液：原液和 10^{-1}、10^{-2} 的稀释液各 0.1 mL，分别涂布于完全培养基平板上，37 ℃倒置培养 24 h。取合适平板(50～200 个菌落)用做营养缺陷型突变株的筛选。

(5)营养缺陷型的检出

①影印法：将灭过菌的丝绒布固定在直径略小于培养皿底直径的圆柱形木头上，将长有菌落的完全培养基平板倒扣在绒布上，轻压培养皿，使菌落印在绒布上作为印模，然后再分别转印至基本培养基和完全培养基平板上。经 37 ℃倒置培养 24 h，比较 2 个平板生长的菌落，初步判断营养缺陷型菌落(图 29-5)。

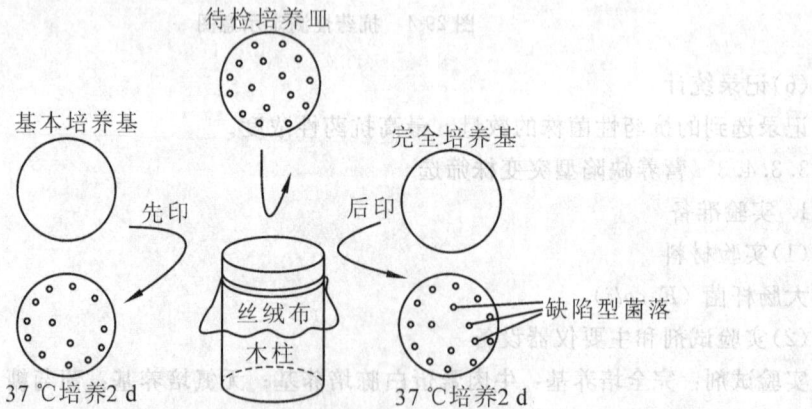

图 29-5　用影印法检出营养缺陷型

② 逐个点种法：用大头针从完全培养基平板上挑 100 个菌落，分别逐个点在基本培养基的相应位置上。经 37 ℃倒置培养 24 h，比较在 2 个平板生长的菌落，初步判断营养缺陷型菌落(图 29-6)。

将初步认为是营养缺陷型菌落接到完全培养基斜面上，编号，37 ℃培养 24 h，供鉴定用。

（6）用生长谱法鉴定（初测）

① 制备平板：制备 2 个基本培养基平板，分别标有 A（氨基酸）、V（维生素），另制备 1 个完全培养基平板（CK），为对照。在 A 和 V 平板中央分别放少量混合氨基酸和混合维生素（图 29-7）。

② 制备菌悬液：从营养缺陷型菌株斜面上挑少许菌苔于装有 1 mL 生理盐水的试管中，混匀，备用。

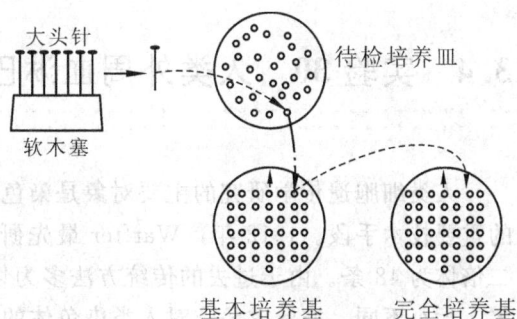

图 29-6　用点种法检出营养缺陷型

③ 接种：将 A、V、CK 划分为若干等份，编上待测菌株号，划线接种于特定区域。

④ 鉴定：37 ℃倒置培养 24 h，观察平板上菌株生长状况，初步鉴定某菌株为哪一类营养缺陷型。

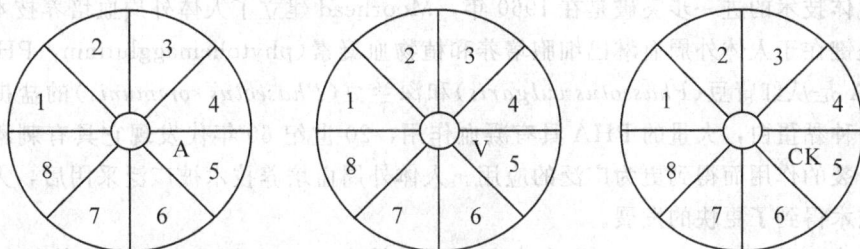

图 29-7　营养缺陷型初测示意图

3.3.5　设计实验研究论文提交

实验结果应重点分析：① 紫外线对大肠杆菌的致死效应，计算致死率；② 大肠杆菌抗药性菌株数量和强度，获得抗性克隆，并划线获得产生抗性的单克隆；③ 营养缺陷型的种类。

完成实验后，要求按正规期刊发表的格式撰写研究论文，这一过程可以查询、参照任何一种科技期刊的标准要求独立完成。

下面列出的科技论文（报告）所包含的主要内容，供参考。

标题

摘要（中文）

前言

材料与方法

结果与讨论

结论

参考文献（至少 5 篇，精读并引用其原创或重要部分）

Abstract（英文摘要）

致谢

（周宜君）

3.4　实验30　人类外周血淋巴细胞分离培养和SCE分析

　　人类细胞遗传学研究的主要对象是染色体，制备染色体标本无疑是细胞遗传学最基本的重要技术手段。1912年，Warfter最先研究人类染色体。1923年，报道人类染色体的二倍体为48条。由于过去的传统方法多为切片、压片，技术不高，并且人类染色体数目多，大小不同，彼此重叠，对人类染色体的描述不准确。细胞遗传学组织培养技术为人类染色体的研究提供了条件。徐道觉(T. C. Hsu)等于1952年发现在固定细胞之前使用低渗液进行处理，可以使细胞的核膜吸水膨胀而破裂，染色体分散开来，在显微镜下易于观察和统计，染色效果也明显提高。1956年蒋有兴(J. H. Tjio)与李文(A. Levan)利用新方法及技术培养人胚组织细胞，计数人体细胞染色体数，确认人类染色体的确实数目为46。人类染色体技术的进一步突破是在1960年，Moorhead建立了人体外周血培养技术，这种技术的关键在于人体外周血淋巴细胞培养和植物血凝素(phytohemagglutinin，PHA)的应用，PHA是从红肾豆(*Phaseolus vulgaris*)和深兰豆(*Phaseolus communis*)的盐提取液中得到的一种黏蛋白，大量的PHA具有凝血作用，20世纪60年代发现它具有刺激细胞进行有丝分裂的作用而得到更为广泛的应用。人体外周血培养技术被广泛采用后，人类染色体分析技术得到了更快的发展。

　　1968年，T. U. Casperssan提出染色体显带技术。1973年，Latt在培养的细胞中加入5-溴脱氧尿嘧啶核苷(5-Bromodeoxy-urdine，BrdU)，然后用Hoechst33258荧光染料染色发现了姐妹染色单体的色差反应和它们之间互换的现象，1974年K. O. Renberg和Froeed-Lender改进了这一技术，建立了较简易的BrdU-Giemsa染色体处理技术，即姐妹染色单体区分染色法(Sister chromatic differentiation，SCD)。BrdU是脱氧胸腺嘧啶核苷的类似物，在DNA链的复制过程中，可替代胸腺嘧啶掺入到DNA链中。依据DNA的半保留复制原则，哺乳动物或人的细胞在BrdU的培养液中经历了两个细胞周期后，两条姐妹染色单体的DNA双链在化学组成上有了差别，一条DNA的双链均有BrdU掺入，而另一条DNA双链中仅有一条链有BrdU掺入。利用特殊的分化染色技术对染色体标本进行处理，可使双链均含有BrdU掺入的单体浅染，而只有一条链掺入BrdU的单体深染。当姐妹染色单体间存在同源片段交换时，可根据每条染色单体夹杂着深浅不一的着色片段加以区分。这种技术用于研究细胞周期、染色体半保留复制、染色体的分子结构和畸变，以及DNA的复制、损伤与修复等一系列重要理论问题，还可以用于分析姐妹染色单体互换(Sister chromatid exchange，SCE)频率。由于SCE能灵敏地检测染色体的变化，表现出剂量—效应关系，因此，SCE作为一种简便和敏感的遗传学指标，目前已被列为检测致突变物、致癌物的常规指标之一，在诱变和肿瘤研究等领域中的应用十分广泛。目前，各种染色体技术已广泛应用于核型分析、变异鉴别、遗传疾病检出、体细胞杂交分析和绘制基因图等方面。

3.4.1　实验目的

　　1. 学习人类外周血淋巴细胞短期培养的原理与方法，了解姐妹染色单体交换(SCE)标本制备及计数方法。

2. 掌握人类染色体标本制作过程；自行设计实验方案探究理化因素对 SCE 率影响的整体技术流程。

3. 实施实验方案并掌握利用姐妹染色单体交换(SCE)检测 DNA 损伤的全套技术和实验流程；训练科研实验设计和科技论文写作。

3.4.2 实验原理

1. 人体外周血淋巴细胞培养及染色体标本制备

正常情况下，人体外周血中是没有分裂细胞的，人体外周血中包含有红细胞、白细胞、血小板，其中红细胞和血小板不能离体培养。血细胞中的小淋巴细胞处于间期的 G_0 和 G_1 期，一般情况下不进行分裂，很难见到正在分裂的淋巴细胞。外周血在含植物血球凝集素(PHA)的完全培养基中，小淋巴细胞受到刺激可转化为淋巴母细胞，进入有丝分裂的细胞增殖。通常人体的 1 mL 外周血中含有 $1\times10^6\sim3\times10^6$ 个小淋巴细胞，当体外培养至 70 h 时，大多数淋巴细胞已处于第二增殖周期内，在细胞分裂峰值(旺盛期)时，加入适量的秋水仙素，可以破坏纺锤体，将分裂细胞阻断在中期，再经过低渗处理，使细胞膨胀，用固定液使细胞膜蛋白变性，保持细胞的膨胀状态，最后利用适当浓度的细胞悬液进行滴片，即可得到中期染色体标本。用碱性染料 Giemsa 染色，可使细胞核和染色体着色，在光学显微镜下可看到清晰的染色体标本。目前本方法已为临床医学、病理学、药理学、遗传毒理学等领域广泛采用。

半微量法是以外周静脉血为材料制备淋巴细胞染色体标本，具有取材方便，用血量少 (0.3～1.0 mL)，培养简单等优点，故该方法在临床上已得到广泛地应用。

2. 姐妹染色单体的区分染色(SCE)和影响因素的分析

染色体复制过程中同一条染色体中的两条染色单体间发生遗传物质的互换称为姐妹染色单体交换(Sister chromatid exchange，SCE)，SCE 是染色体同源座位上复制产物间的相互交换，主要在 DNA 合成期形成，由于姐妹染色单体的 DNA 序列相同，SCE 并不改变遗传物质组成，SCE 是由于染色体发生断裂和重接而产生的，SCE 发生的频率可反映细胞在 S 期的受损程度。如果一个个体的 SCE 率明显增高，可以表明染色体受到环境中的某些因素的影响，或是受到遗传缺陷的内在制约因素所致。因此，SCE 显示方法通常用来检测染色体断裂频率，从而研究药物和环境因素的致畸效应。

在细胞分裂时，每条染色体均由两条染色单体组成，每条染色单体由一条双链 DNA 组成。5-溴脱氧尿嘧啶核苷(5-Bromodeoxy-uridine，BrdU)是脱氧胸腺嘧啶核苷(thymidine，T)的类似物，在 DNA 的复制过程中，掺入新合成的链并占据胸腺嘧啶的位置。经两个复制周期后，两条姐妹染色单体中一条 DNA 的双链均有 BrdU 掺入，导致 DNA 具有螺旋化程度较低的特性，降低了其对某些染色剂的亲和力，Giemsa 染色显示浅色，而另一条 DNA 双链中仅一条链有 BrdU 掺入，Giemsa 染色显示深色。当姐妹染色单体间存在同源片段交换时，可根据每条单体夹杂着深浅不一的着色片段加以区分。

3.4.3 实验总体路线

按照图 30-1 所示的技术路线分步完成实验设计，其中最具设计挑战的是步骤 4 所添加的不同处理条件，是研究物理和化学物质对生物体影响的最关键步骤，实验的设计者要提供充分的依据，以达到研究之目的。

```
采血 → 接种 → 培养:37℃,66～72 h → 阻断:每mL培养液加1μg秋水仙素处理,继续培养3～5 h → 收获

观察 ← 染色 ← 制片 ← 固定 ← 低渗 ← 收获
```

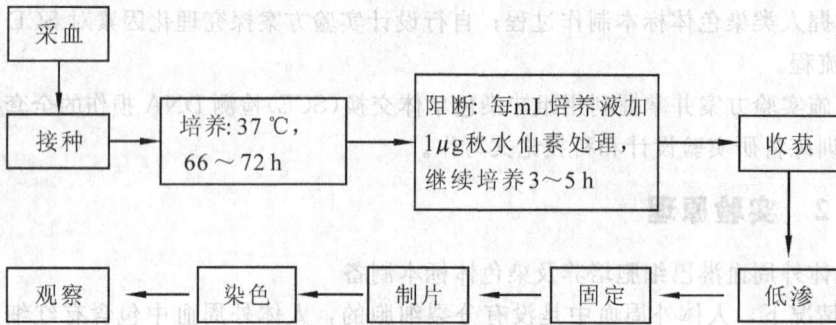

图 30-1　实验流程图

3.4.4　实验设计及操作

1. 实验准备

实验试剂:培养基(含 20% 小牛血清和 15 U/mL 肝素的 RPMI1640 培养基);有丝分裂原(植物血球凝集素(PHA),根据每个批号的效价适量加);有丝分裂阻滞剂(秋水仙素,配制 5 μg/mL 的使用液);低渗液(0.068 mol/L KCl 溶液);固定液(1:3 的冰乙酸和甲醇,临用前配制);Giemsa 染色液(以 pH6.8～7.0 的磷酸缓冲液稀释成 1:9 浓度);5-溴尿嘧啶(BrdU,200 μg/mL)或其他诱变药物;2×SSC。

仪器设备:注射器,离心管,吸管,试管架,量筒,培养瓶,酒精灯,烧杯,切片盒,恒温培养箱,香柏油,镜头纸,载玻片,酒精灯,生物显微镜,胶头滴管,洁净工作台,超净工作台,离心机,冰箱,托盘天平,干燥烤箱,染色缸,电吹风,30W 紫外灯,恒温水浴锅等。

2. 实验的主要过程

(1)外周血细胞培养与染色体标本制备

① 采血:用一次性注射器抽取肝素使用液 0.2 mL,湿润针管,然后将多余的肝素排除。乙醇消毒皮肤,从肘部静脉采血 0.3～0.5 mL(不要加入太多的肝素,因为肝素含量过多时往往抑制淋巴细胞的转化)。

② 接种。取出冻存淋巴细胞培养基,37℃温育(培养基可使用商品化的 RPMI1640 培养基,也可自己配置,配方:培养液 RPMI1640 80%,小牛血清 20%,青霉素 100 单位/mL培养液,链霉素 100 μg/mL培养液,PHA0.4 mg/mL(视效价而定)。无菌条件下,将上述各成分充分混匀,用 5% NaHCO₃调 pH6.8～7.2。分装成若干小瓶;每瓶5 mL,低温冰箱冻存备用);在超净台内将瓶盖打开,加肝素抗凝全血 0.25～0.5 mL,摇匀,置 37℃孵箱培养 70 h(培养温度在 36～37℃,有丝分裂活性峰值在 60～72 h 最高。如严格控制在 38℃,在 48 h 前即可达到有丝分裂峰值。如温度高于 39～40℃,则培养的细胞死亡,而且温度可影响染色体畸变率,故温度应维持在 37℃±0.5℃)。

③ 阻断。终止培养前 1～2h 向培养瓶中加入一定浓度的秋水仙素工作液摇匀,37℃继续培养(秋水仙素抑制纺锤体的形成,使细胞分裂停止在中期,其浓度及处理时间与染色体的收缩程度有关,秋水仙素处理时间过长,分裂细胞多,染色体短小;反之,则少而细长。都不宜观察形态及计数。故秋水仙素的浓度及时间要准确掌握)。

④ 收获。取出培养瓶,摇匀细胞,将细胞悬液转入离心管中,离心去上清液(离心前

配平，离心速度过高，细胞团不易打散；过低，细胞易丢失）。

⑤ 低渗。加 0.075 mol/L KCl 低渗（低渗使红细胞膜破裂，淋巴细胞膨胀，染色体易于分散而易于观察和计数，低渗处理浓度及时间要适当。且低渗后混匀细胞一定要轻，否则引起膜破裂、染色体散失。常用的低渗液为 0.075 mol/L KCl 或者 0.95% 的枸橼酸钠等）。

⑥ 预固定。每管加甲醇/冰醋酸(V∶V=3∶1)固定液 0.5～1 mL，用吸管轻轻混匀细胞（防止过度吹打使染色体过度分散而丢失），2 000 r/min 离心 5 min，弃上清液（固定液应在使用前临时配制）。

⑦ 固定。加固定液轻轻打匀细胞，室温固定、离心、弃上清液。

⑧ 第二次固定。重复上一步骤（染色体分散不良可加大冰醋酸的比例）。

⑨ 制细胞悬液：加适量固定液(0.3～0.5 mL)轻轻悬浮细胞。

⑩ 滴片。从预冷的冰水中取玻片一张，滴 2～3 滴细胞悬液，滴片高度要大于 30 cm，玻片倾斜角度为 15°～30°，立即对其轻轻吹气，使细胞迅速散开，晾干，做好标记。

⑪ 焙片。于 80 ℃的烘箱中处理 1～2 h，有利于以后的 G 显带。

⑫ 染色。将标本片浸入 10% Giemsa 染液（1 份 Giemsa 原液∶9 份磷酸缓冲液，溶液要现配现用）中染色 3～5 min，清水冲净，晾干。

⑬ 显微镜观察。首先转动物镜转换器，将物镜选择在低倍(10 倍)处，将晾干的标本片细胞面向上放置在载物台上，用压片夹固定，打开电源，调节亮度。观察细胞时先调节粗准焦螺旋，找到细胞界面后再轻轻转动细准焦螺旋，待细胞图像清晰后，选择将交叉缠绕少、分散好、长短适宜的染色体分裂相放在视野中央，在标本片上滴 1 滴香柏油，转动物镜转换器，将物镜换成 100 倍油镜，轻轻调节细准焦螺旋（微调）即可观察到清晰的染色体图像。

(2) 姐妹染色单体交换标本的制备

① 外周血培养及染色体标本制备。按常规方法采血、接种、培养至 24 h，加入不同的药物（如 BrdU，至终质量浓度为 10 μg/mL，或其他物理化学诱变因子）处理，继续避光培养 48 h，收获、制片。制好片后，置 37 ℃温箱中老化 3～10 d。

② 姐妹染色单体染色。将标本片放入培养皿中，加 2×SSC 数滴于玻片上，盖一张擦镜纸为宜，并在培养皿中加入 2×SSC 使之浸在玻片底面，把培养皿置于预温 75 ℃水浴锅平板上，距紫外灯管(15～30 W)5 cm，照射 30 min，其间滴加数次 2×SSC，勿使擦镜纸干燥。用 3% Giemsa 染液染色 5～10 min，自来水冲洗晾干即为 SCE 标本。

③ SCE 观察计数：选择分散良好，轮廓清晰，数目完整，长短适中的染色体作为可计数的分裂相，如图 30-2 所示。如果在染色体端部出现交换者计 1 次交换；如果在染色体臂中部出现交换者计交换 2 次；如果在着丝粒处发生交换需判明不是扭转出现交换，也记 1 次交换。一份标本至少需要计数 30 个细胞。

$$SCE\ 频率 = \frac{n\ 个中期分裂相\ SCE\ 之和}{n\ 个细胞}$$

中国人正常 SCE 频率为 5.7±0.4。

3.4.5　实验中经常遇到的问题和解决办法

1. 接种时血样越新鲜越好，最好是在采血后 24 h 内进行培养，如果不能立刻培养，应置于 4 ℃存放，避免保存时间过久影响细胞的活力。

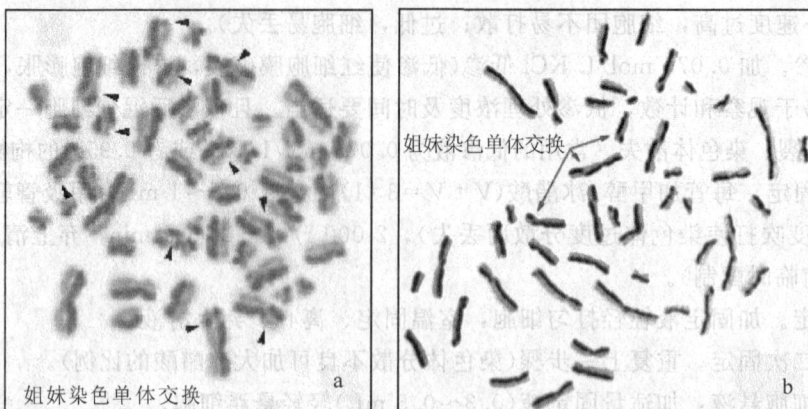

图 30-2　人体外周血细胞姐妹染色单体交换观察的显微照片

注：a. 人体外周血细胞姐妹染色单体交换现象，箭头表示姐妹染色单体交换位点

[图片来源于梅西大学(Massey university)Dr. Al Rowland 实验室]；

b. BrdU 处理出现的姐妹染色单体区别染色现象，深染的说明一条染色单体中 DNA

双链中仅有一条链有 BrdU 掺入，浅染的为一条姐妹染色单体中 DNA 的双链均有 BrdU

掺入，箭头表示 16 个姐妹染色单体交换位点中的 3 个。

2. 抽血时注射器中不要加入太多的肝素，因为肝素含量过多时往往抑制淋巴细胞的转化。

3. 培养基可使用商品化的 RPMI1640 培养基，也可自己配置。

4. 培养过程中培养液逐渐变黄色，说明 pH 发生了较大变化，将不利于细胞生长，此时可加入适量灭菌的 1.4% $NaHCO_3$ 溶液调整，或再加入 2～3 mL 培养液，来校正。

5. 培养温度在 36～37 ℃，有丝分裂活性峰值在 60～72 h 最高。如严格控制在 38 ℃，在 48 h 前即可达到有丝分裂峰值。如温度高于 39～40 ℃，则培养的细胞死亡，而且温度可影响染色体畸变率，故温度应维持在 37 ℃±0.5 ℃。

6. 秋水仙素抑制纺锤体的形成，使细胞分裂停止在中期，其浓度及处理时间与染色体的收缩程度有关，秋水仙素处理时间过长，分裂细胞多，染色体短小；反之，则少而细长。都不宜观察形态及计数。故秋水仙素的浓度及时间要准确掌握。

7. 离心前配平，离心速度过高，细胞团不易打散；反之，细胞易丢失。

8. 低渗使红细胞膜破裂，淋巴细胞膨胀，染色体易分散从而易于观察和计数，低渗处理浓度及时间要适当。且低渗后混匀细胞一定要轻，否则引起膜破裂、染色体散失。常用的低渗液为 0.075 mol/L KCl 或者 0.95% 的枸橼酸钠等。

9. 预固定后吹打染色体要轻，防止过度吹打使染色体分散过分而丢失。

10. 固定液应在使用前临时配制，现配现用，甲醇和冰醋酸发生化学反应，影响固定效果。

11. 染色体分散不良可加大冰醋酸在固定液中的比例。

12. 滴片时，载玻片一定要洁净，否则染色体分散不好。制片过程中，如发现细胞膨胀不大，细胞膜没有破裂，染色体聚集一团伸展不开，可将固定时间延长数小时或过夜。镜下观察染色体分散效果，根据效果决定是否对细胞再度处理，以及决定滴片的细胞用量。若发现染色体分散不好，可在滴片后用烧杯盛热水，以热气熏片，或在酒精灯上迅速通过，帮助染色体散开；必要时也可采用 1∶1 的甲醇/冰醋酸再次固定，将会获得满意的结果。制好的片子要在空气中干燥彻底。

3.4.6　设计研究实验论文提交

实验结果应重点分析：不同药物或来自污染环境中的各种理化因子对机体遗传物质损伤的程度是不同的，通过姐妹染色单体差别染色技术，制作 SCE 标本进行观察和计数，要重点分析不同药物对机体的损伤。

完成实验后，要求按正规期刊发表的格式撰写研究论文，这一过程可以查询、参照任何一种科技期刊的标准要求独立完成。

下面列出的科技论文（报告）所包含的主要内容，供参考。

标题

摘要（中文）

前言

材料与方法

结果与讨论

结论

参考文献（至少 5 篇，精读并引用其原创或重要部分）

Abstract（英文摘要）

致谢

（李宗芸）

3.5 实验 31 生物信息学实验

生物信息学(Bioinformatics)是研究生物信息的采集、处理、存储、传播、分析和解释,是生命科学和计算机科学相结合形成的一门新学科。生物信息学以基因组 DNA 序列信息分析作为源头,在获得蛋白质编码区的信息后进行蛋白质空间结构模拟和预测,然后依据特定蛋白质的功能进行相关研究,通过综合利用生物学、计算机科学和信息技术来揭示大量复杂的生物数据所赋有的生物学奥秘。

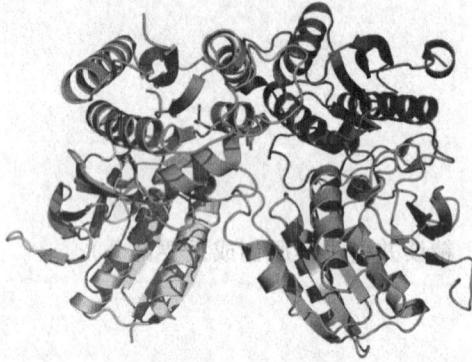

图 31-1　蛋白质结构

3.5.1 使用 BLAST 软件进行序列比对

序列比对(sequence alignment)是生物信息学最核心的分析工具。序列比对的理论基础是生物进化学说,如果两个蛋白质的氨基酸序列之间具有一定程度的相似性,就可以推测这两个蛋白质的基因是由同一个蛋白编码基因演化来的,也就是"同源的"。这两个蛋白就是彼此的同源蛋白(Homologous protein),相应的,这两个蛋白的编码基因是彼此的同源基因(Homologous gene)。

常用的序列比对分析有两类,即双序列比对(Pairwise alignment)和多序列比对(Multiple alignment)。这里主要通过 BLAST 进行双序列比对。

3.5.1.1 实验目的

(1)学习并了解 NCBI 网站上使用 BLAST 相关原理。

(2) 学习并掌握在 NCBI 网站上使用 BLAST 进行序列比对分析方法。

3.5.1.2 实验原理

BLAST(Basic Local Alignment Search Tool)是一套在蛋白质数据库或者核酸数据库中进行序列比对分析的工具。通过 BLAST 比对,研究者可以在数据库中找到与所查询的序列(Query)相似的蛋白质或核酸分子。

在 NCBI 网站的在线 BLAST 网页(https://blast.ncbi.nlm.nih.gov/Blast.cgi)上,BLAST 有 3 种应用:

(1)Web BLAST,常规 BLAST,即在核酸或者蛋白质数据库里搜索相似的序列;

(2)BLAST Genomes，在指定的基因组里寻找同源基因；

(3)特殊的 BLAST（Specialized searches），对 DNA、蛋白质的序列进行特殊 BLAST，以获得特定的保守结构域、抗体、引物、SNP、表达谱、转录谱等。

在这三组 BLAST 中，最常用的是 Web BLAST，即本实验的主要实验内容。

Fasta 格式为生物序列最常用的格式之一。在这种格式的文件中，文件的第一行是由"＞"开始的任意文字说明，用于序列标记。从第二行开始为序列本身，只允许使用特定的核苷酸或氨基酸单字符编码符号。通常核苷酸符号大小写均可，而氨基酸常用大写字母表示法表示。

3.5.1.3 实验准备

1. 设备、软件

装有 Windows 操作系统的台式微型计算机或笔记本电脑，要求装有常用的网页浏览器(IE8、火狐、360 极速浏览器等)。

2. 核酸序列

拟南芥(*Arabidopsis thaliana*)Enolase LOS2（AT2G36530），核酸序列来自 UniProt 网站(http：//www. uniprot. org/uniprot/P25696)：

MATITVVKARQIFDSRGNPTVEVDIHTSNGIKVTAAVPSGASTGIYEALELRDG
GSDYLGKGVSKAVGNVNNIIGPALIGKDPTQQTAIDNFMVHELDGTQNEWGWCKQ
KLGANAILAVSLAVCKAGAVVSGIPLYKHIANLAGNPKIVLPVPAFNVINGGSHAG
NKLAMQEFMILPVGAASFKEAMKMGVEVYHHLKSVIKKKYGQDATNVGDEGGF
APNIQENKEGLELLKTAIEKAGYTGKVVIGMDVAASEFYSEDKTYDLNFKEENNNG
SQKISGDALKDLYKSFVAEYPIVSIEDPFDQDDWEHYAKMTTECGTEVQIVGDDLL
VTNPKRVAKAIAEKSCNALLLKVNQIGSVTESIEAVKMSKKAGWGVMTSHRSGET
EDTFIADLAVGLSTGQIKTGAPCRSERLAKYNQLLRIEEELGSEAIYAGVNFRKPVEPY

3.5.1.4 实验步骤和预期结果

1. 将 Enolase 蛋白序列转为 fasta 格式

＞At-enolase

MATITVVKARQIFDSRGNPTVEVDIHTSNGIKVTAAVPSGASTGIYEALELRDG
GSDYLGKGVSKAVGNVNNIIGPALIGKDPTQQTAIDNFMVHELDGTQNEWGWCKQ
KLGANAILAVSLAVCKAGAVVSGIPLYKHIANLAGNPKIVLPVPAFNVINGGSHAG
NKLAMQEFMILPVGAASFKEAMKMGVEVYHHLKSVIKKKYGQDATNVGDEGGFA
PNIQENKEGLELLKTAIEKAGYTGKVVIGMDVAASEFYSEDKTYDLNFKEENNNG
SQKISGDALKDLYKSFVAEYPIVSIEDPFDQDDWEHYAKMTTECGTEVQIVGDDLLV
TNPKRVAKAIAEKSCNALLLKVNQIGSVTESIEAVKMSKKAGWGVMTSHRSGETED
TFIADLAVGLSTGQIKTGAPCRSERLAKYNQLLRIEEELGSEAIYAGVNFRKPVEPY

2. 使用 BLAST 找到拟南芥 Enolase 在水稻中的同源基因

打开 IE 浏览器，进入 NCBI 网站的 BLAST 页面：https：//blast. ncbi. nlm. nih. gov/ Blast. cgi，在 Web BLAST 中找到 Protein Blast 如图 31-2 所示，鼠标左键单击打开。

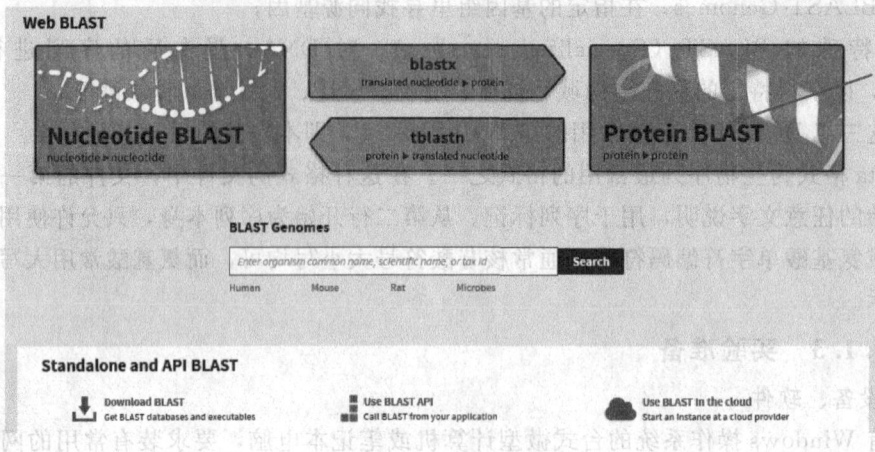

图 31-2   BLAST 页面

将拟南芥 Enolase 的 fasta 格式序列拷贝到左上部的空白框中，点击下侧的 BLAST 按钮，如图 31-3 所示。

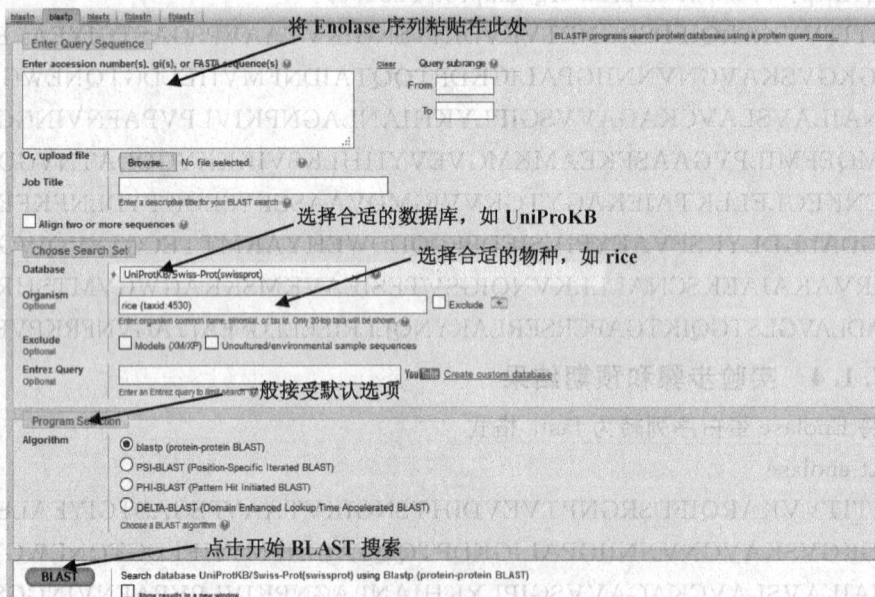

图 31-3

3. BLAST 结果解读

BLAST 结果最上部显示的是在查询序列中找到的保守结构域，其下部是"Graphic Summary"（简图）。最上面的粗线表示提交的待比对序列（Query），该线上有刻度，刻度下的数字表示序列长度，单位为 nt。该线下面不同颜色的彩色线代表相似度的分值（Score）高低，大于 200 分的以红色显示。通常如果下面出现了红线，就可以判断所提交的序列在数据库中检索到了与其具有较高相似度的序列，如图 31-4 所示。

再向下是"Descriptions"部分，给出了图 31-4 显示序列的具体描述如图 31-5 所示，两张图是一一对应的关系。Score 为比对的分值，分值越大，表明同源性越高，序列越靠前排列。有时候 Query 在比对到的序列上有多个比对上的区域，就出现了多个 score，

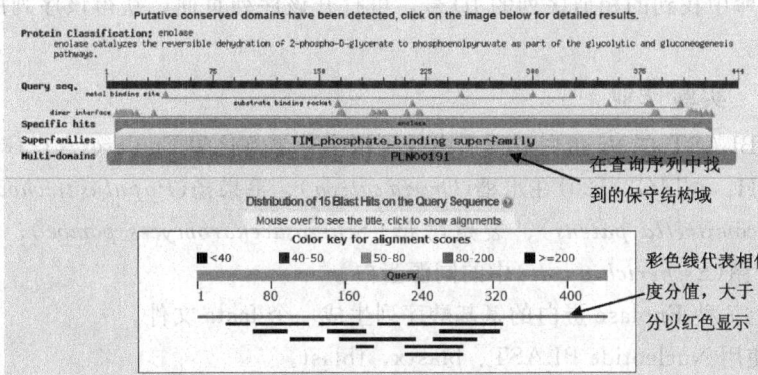

图 31-4

Max score 其中最大的分值，而 Total score 为总的分值。E 值（E-value）表示由于随机性造成获得这一联配结果的可能次数。E 值越小，发生这一事件的可能性越低，即这一事件不是随机的。Query coverage 表示序列覆盖度，Ident 表示最大序列相似度，Accession 表示比对到的序列在 GenBank 中的登录号。

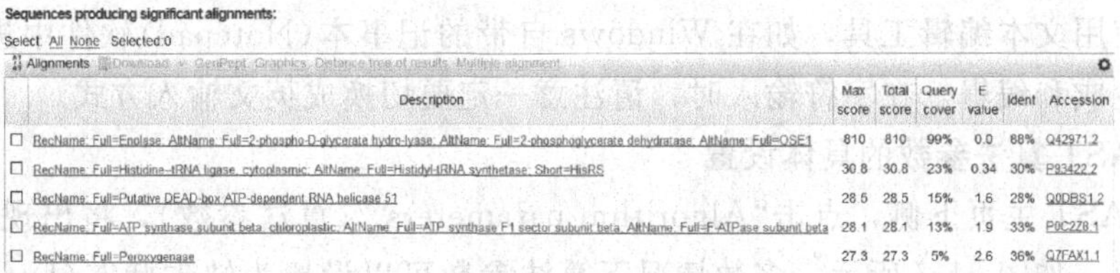

图 31-5

在"Descriptions"下面，给出了上面每一条序列的具体比对结果，如图 31-6 所示，同图 31-4、图 31-5 也是一一对应的。在这部分给出了待查询序列与数据库中序列比对结果的详细情况，如序列的详细比对情况、得分（score）、E 值（Expect）、一致性（identity）等信息。Query 为输入的待查询序列，Sbjct 为在数据库中找到的与 Query 相似性较高的序列，Query 与 Sbjct 中间那一行列出的是 Query 与 Sbjct 相同的部分，即一致序列。

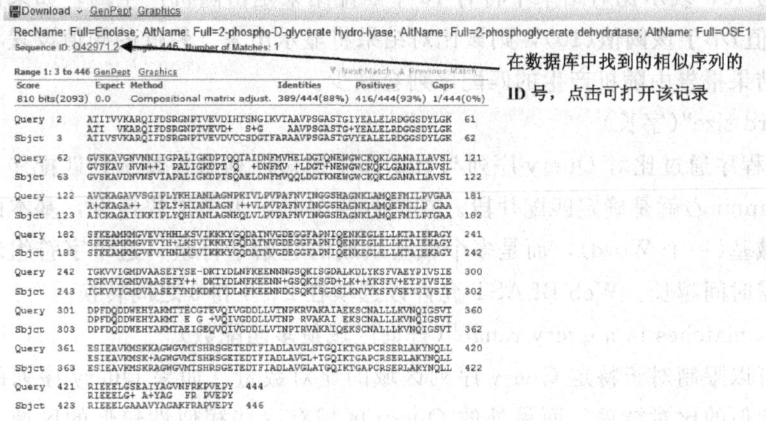

图 31-6

点击数据库中找到的相似序列的 ID 号，可打开该序列页面，获得该序列的氨基酸序列等基本信息。

3.5.1.5　实验作业

（1）使用 BLAST 在 Nr 蛋白数据库中找到拟南芥烯醇化酶 Enolase(AT2G36530)和乙醛脱氢酶（ADH，AT1G77120)在水稻(*Oryza sativa*)、毛果杨(*Populus trichocarpa*)、小立碗藓(*Physcomitrella patens*)、裂殖酵母(*Schizosaccharomyces pombe*)、人类(*Human*)、大肠杆菌(*Escherichia coli*)中的同源蛋白。

（2）将以上 7 种 Enolase 蛋白的氨基酸序列生成一个 fasta 文件。

（3）自学使用 Nucleotide BLAST、blastx、tblast。

3.5.1.6　实验中经常遇到的问题和解决方法

1. Blast 页面如何填写物种名称

该处可以使用物种的常用名称，也可使用其拉丁文名称，但推荐使用拉丁文名称。填写物种名称后，会出现一个下拉菜单，请在下拉菜单中选择正确的名称，使用自动填充功能完成物种名称的填写。不使用下拉菜单中的名称将导致物种名称填写失败。

2. Fasta 格式文件二代生成

推荐使用文本编辑工具，如在 Windows 自带的记事本(Notepad)软件中进行 fasta 格式文件的生成和编辑。在字符输入时，请注意一定要切换成英文输入方式。

3. BLAST 算法参数的具体设置

在 BLAST 主页下侧，点击"Algorithm parameters "(算法参数)，将出现一个有很多选项的页面，如图 31-7 所示。多数情况下算法参数可以设置为缺省状态(Default)，但是 BLAST 功能的熟练使用者可以尝试通过改变参数进行 BLAST 搜索。

（1）"Max target sequences"（最多靶序列数）

该选项表示允许显示序列的最大条数，默认值是 100。

（2）"Short queries"（短 Query 序列）

选中该项后，如果 Query 序列较短，软件可以自动调整参数。

（3）"Expect threshold"（期望阈值）

缺省值为 10，表示比对结果中将有 10 个匹配结果是由随机产生的，如果比对的统计显著性值（E 值)小于该阈值(10)，则该比对结果将显示出来。较低的阈值设置将使搜索结果更严格，结果报告中随机产生的匹配序列会减少。

（4）"Word size"（字长）

BLAST 程序通过比对 Query 序列与数据库中的短序列来发现最佳匹配序列。最初进行"扫描"(scanning)就是确定匹配片段。在进行匹配时，为了加快速度，基本的匹配单位并不是单个碱基(一个 Word)，而是多个碱基组成的起始字符组，这个字符组越短，比对越精确，所需时间越长。Web BLAST 允许该选项在 2、3 和 6 之间转换。

（5）"Max matches in a query range"（查询区域最多匹配数）

该选项可以限制对于特定 Query 序列区域的比对数量。如果 Query 序列的某些区域有很多高度相似的比对结果，而另外的 Query 区域有一些相似性较低的区域，选中本选项将有助于弱相似比对结果的正常显示。

（6）"Scoring Parameters"（分值）

Match/mismatch 的比值决定于提交的 Query 序列与比对上的序列的进化分歧程度，一般来说，低阶 PAM 矩阵和高阶 BLOSUM 矩阵用于亲源关系近的序列，高阶 PAM 矩阵和低阶 BLOSUM 矩阵用于亲源关系远的序列。但是研究表明，最弱的蛋白相似性可以使用 BLOSUM-62 矩阵，而对于特别长的具有较弱相似性的蛋白的比对，使用 BLOSUM-45 矩阵效果更佳。

（7）"Filters and Masking"（过滤器）

通常设为"ON"（开），对低复杂性区域序列进行过滤，使其不参与显著性统计，加快比对速度。

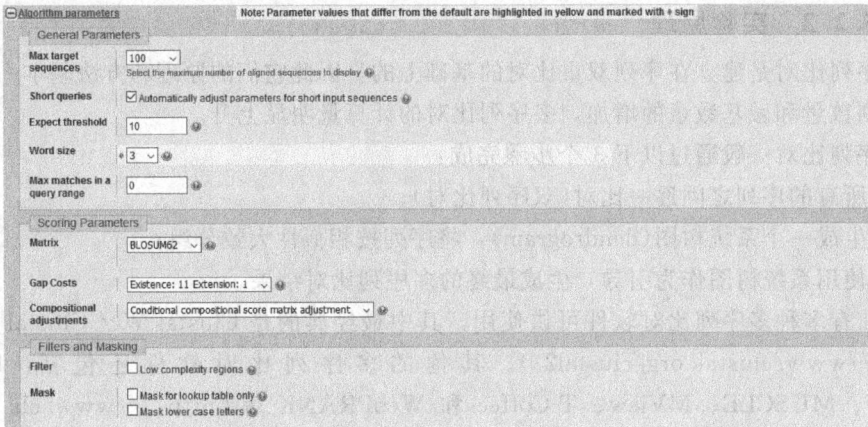

图 31-7

4. 常见氨基酸与符号对应关系，见表 31-1。

表 31-1 常见氨基酸与符号

名 称	三字母号	单字母符号	名 称	三字母符号	单字母符号
丙氨酸（alanine）	Ala	A	亮氨酸（leucine）	Leu	L
精氨酸（arginine）	Arg	R	赖氨酸（lysine）	Lys	K
天冬酰胺（asparagine）	Asn	N	甲硫氨酸（methionine）	Met	M
天冬氨酸（aspartic acid）	Asp	D	苯丙氨酸（phenylalanine）	Phe	F
半胱氨酸（cysteine）	Cys	C	脯氨酸（proline）	Pro	P
谷氨酰胺（glutamine）	Gln	Q	丝氨酸（serine）	Ser	S
谷氨酸（glutamic acid）	Glu	E	苏氨酸（threonine）	Thr	T
甘氨酸（glycine）	Gly	G	色氨酸（tryptophan）	Trp	W
组氨酸（histidine）	His	H	酪氨酸（tyrosine）	Tyr	Y
异亮氨酸（isoleucine）	Ile	I	缬氨酸（valine）	Val	V

3.5.2 多序列比对和进化树的构建

多序列比对就是将 2 条以上可能有系统进化关系的序列进行比对的方法，多序列比对在阐明一组相关序列的重要生物学模式方面起着相当重要的作用。多序列比对有多个方面的应用，如基因家族产物的分析和同源基因进化分析。

高等动植物基因组中存在着大量的基因家族(gene family)。基因家族是由一个共同的祖先基因经过重复(duplication)和突变(mutation)产生的、外显子中具有相似序列的一组相关基因，往往编码功能相同或相似的蛋白质产物。对于构成基因家族的成组的序列来说，需要建立多个序列之间的关系，这样才能揭示整个基因家族的特征。

3.5.2.1 实验目的

(1)了解多序列比对的原理和步骤，学会使用 BLAST 软件进行序列比对分析。

(2)掌握利用 MEGA 构建分子进化树的步骤。

3.5.2.2 实验原理

多序列比对是建立在序列双重比对的基础上的，因此它们的原理和方法基本一致。但随着序列数量和碱基数量的增加，多序列比对的计算量明显上升。

多序列比对一般通过以下 3 个步骤完成：

(1)所有的序列之间逐一比对(双序列比对)；

(2)生成一个系统树图(dendrogram)，将序列按相似性大致分组；

(3)使用系统树图作为引导，生成最终的多序列比对结果。

目前有多种多序列比对软件可供使用，其中最经典的是 Clustal W / Clustal X 系列(http：//www. clustal. org/clustal2/)。其他的多序列比对软件还包括：Kalign、MAFFT、MUSCLE、MView、T-Coffee 和 WebPRANK 等(http：//www. ebi. ac. uk/Tools/msa/)。这些软件多数可以在网页上直接使用，也可以下载到电脑上使用。

进行多序列比对后可以对比对结果进行进一步处理，例如构建序列模式的分布图，将序列聚类构建分子进化树等。

3.5.2.3 实验准备

1. 设备、软件

装有 Windows 操作系统的台式微型计算机或笔记本电脑，要求装有常用的网页浏览器(IE8、火狐、360 极速浏览器等)。Clustal Omega 在线工具(http：//www. ebi. ac. uk/Tools/msa/clustalo/)，MEGA7 软件。

2. 核酸序列

拟南芥(*Arabidopsis thaliana*)Enolase LOS2 的氨基酸序列及其在其他物种中的直系同源蛋白。

3.5.2.4 实验步骤和预期结果

1. 将这些 Enolase 蛋白序列转为 fasta 格式的文件

＞Ath-enolase

MATITVVKARQIFDSRGNPTVEVDIHTSNGIKVTAAVPSGASTGIYEALELRDG
GSDYLGKGVSKAVGNVNNIIGPALIGKDPTQQTAIDNFMVHELDGTQNEWGWCKQ
KLGANAILAVSLAVCKAGAVVSGIPLYKHIANLAGNPKIVLPVPAFNVINGGSHAG
NKLAMQEFMILPVGAASFKEAMKMGVEVYHHLKSVIKKKYGQDATNVGDEGGFA
 PNIQENKEGLELLKTAIEKAGYTGKVVIGMDVAASEFYSEDKTYDLNFKEENNNG
SQKISGDALKDLYKSFVAEYPIVSIEDPFDQDDWEHYAKMTTECGTEVQIVGDDLLV

TNPKRVAKAIAEKSCNALLLKVNQIGSVTESIEAVKMSKKAGWGVMTSHRSGETE
DTFIADLAVGLSTGQIKTGAPCRSERLAKYNQLLRIEEELGSEAIYAGVNFRKPVEPY

>Osa-enolase

MAATIQSVKARQIFDSRGNPTVEVDICCSDGTFARAAVPSGASTGVYEALELRD
GGSDYLGKGVLKAVDNVNSIIGPALIGKDPTEQTVIDNFMVQQLDGTKNEWGWCKQ
KLGANAILAVSLALCKAGAIIKKIPLYQHIANLAGNKQLVLPVPAFNVINGGSHAGN
KLAMQEFMILPTGASSFKEAMKMGVEVYHNLKSVIKKKYGQDATNVGDEGGFAP
NIQENKEGLELLKTAIEKAGYTGKVVIGMDVAASEFYTEDQTYDLNFKEENNDGS
QKISGDSLKNVYKSFVSEYPIVSIEDPFDQDDWVHYAKMTEEIGDQVQIVGDDLLVT
NPTRVAKAIKDKACNALLLKVNQIGSVTESIEAVKMSKRAGWGVMTSHRSGETEDT
FIADLAVGLSTGQIKTGAPCRSERLAKYNQLLRIEEELGAAAVYAGAKFRAPVEPY

>Ppa-enolase

MATIQSIKARAIYDSRGNPTVEADIHLSDGSWYRAAVPSGASTGVYEALELRDG
GKDYMGKGVQKAVDNVNKIIGPALVGKDPTNQTAIDNFMVHELDGTQNEWGWCK
QKLGANAILAVSLAVCKAGAGVSKTPLYQHIANLAGNKEIVMPVPAFNVINGGSHA
GNKLAMQEFMILPTGASSFKEAMKIGSEVYHNLKAVIKKKYGQDATNVGDEGGFA
PNIQDNREGLELLKTAIAKAGYTDKVVIGMDVAASEFYNEKDKLYDLNFKEDNNDG
SSKLNGDEFIKLYESFVEEYPILSIEDPFDQDDWAHYSKINELMGDKVQIVGDDLLVT
NPKRVAHAIQHKACNALLLKVNQIGSVTESIEAVVMAKKAGWGVMTSHRSGETED
SFIADLAVGLSTGQIKTGAPCRSERLSKYNQLLRIEEELGDKAVYAGLKFRKPAEPY

>Ptr-enolase

MTITIVSVKARQIFDSRGNPTVEADVTTSDGVLSRAAVPSGASTGVYEALELRD
GGSDYLGKGVSKAVGNVNTIIGPALIGKDPTEQVAIDNLMVQQLDGTVNEWGWCK
QKLGANAILAVSLAVCKAGAHAKGIPLYKHIANLAGNKNLVLPVPAFNVINGGSH
AGNKLAMQEFMILPTGASSFKEAMKMGAEVYHHLKSVIKKKYGQDATNVGDEGG
FAPNIQDNQEGLELLKTAIAKAGYTGKVVIGMDVAASEFYGADKTYDLNFKEENN
DGSKKITGDALKDLYKSFVSEYPIVSIEDPFDQDDWEHYAKLTAEIGEKVQIVGDDLL
VTNPKRVEKAIKEKACNALLLKVNQIGSVTESIEAVKMSKQAGWGVMASHRSGET
EDTFIADLSVGLATGQIKTGAPCRSERLAKYNQILRIEEELGAEAVYAGANFRRPVEPY

>Spo-enolase

MAIQKVFARQIYALGGNPTVEVDLTTETGIHRAIVPSGASTGIWEALEMRDGD
KTKWGGKGVLKAVGNVNNIIAPAVVKANLDVTDQKAADEFLLKLDGTENKSKLG
ANAILGVSMAICRAGAAQKKLPLWKYIAENFGTKGPYVLPVPSFNVLNGGSHAGG
DLAFQEFMILPTGAPSFSEAMRWGAETYQTLKSIAKKRYGSSAGNVGDEGGIAPDL
QTPQEALDLIVEAINKAGYEGKIKIGLDVTSSEFYVDGKYDLDIKAAKPKPENKLTY
QQLTDLYVELSKKYPIVSIEDPFDQDDWSAWTHMKAETDFQIVGDDLTVTNVKRLR
TAIDKKCANALLLKVNQIGSVTESLNVVRMSYEAGWGVMVSHRSGGTADTFISHLT
VGIGAGQLKSGAPCRSERLAKYNELLRIEEELGSRGVYAGAHAGKYIKAAKF

>Hsa-enolase

MSILKIHAREIFDSRGNPTVEVDLFTSKGLFRAAVPSGASTGIYEALELRDNDKT

RYMGKGVSKAVEHINKTIAPALVSKKLNVTEQEKIDKLMIEMDGTENKSKFGANAI
LGVSLAVCKAGAVEKGVPLYRHIADLAGNSEVILPVPAFNVINGGSHAGNKLAMQ
EFMILPVGAANFREAMRIGAEVYHNLKNVIKEKYGKDATNVGDEGGFAPNILENK
EGLELLKTAIGKAGYTDKVVIGMDVAASEFFRSGKYDLDFKSPDDPSRYISPDQLAD
LYKSFIKDYPVVSIEDPFDQDDWGAWQKFTASAGIQVVGDDLTVTNPKRIAKAVNE
KSCNCLLLKVNQIGSVTESLQACKLAQANGWGVMVSHRSGETEDTFIADLVVGLCT
GQIKTGAPCRSERLAKYNQLLRIEEELGSKAKFAGRNFRNPLAK

>Eco-enolase

MSKIVKIIGREIIDSRGNPTVEAEVHLEGGFVGMAAAPSGASTGSREALELRDGD
KSRFLGKGVTKAVAAVNGPIAQALIGKDAKDQAGIDKIMIDLDGTENKSKFGANAIL
AVSLANAKAAAAKGMPLYEHIAELNGTPGKYSMPVPMMNIINGGEHADNNVDIQ
EFMIQPVGAKTVKEAIRMGSEVFHHLAKVLKAKGMNTAVGDEGGYAPNLGSNAEA
LAVIAEAVKAAGYELGKDITLAMDCAASEFYKDGKYVLAGEGNKAFTSEEFTHFLE
ELTKQYPIVSIEDGLDESDWDGFAYQTKVLGDKIQLVGDDLFVTNTKILKEAIEKGIA
NSILIKFNQIGSLTETLAAIKMAKDAGYTAVISHRSGETEDATIADLAVGTAAGQIKT
GSMSRSDRVAKYNQLIRIEEALGEKAPYNGRKEIKGQA

2. 使用 Clustal Omega 在线工具 (http：//www. ebi. ac. uk/Tools/msa/clustalo/) 进行多序列比对分析

打开 IE 浏览器，进入网站 http：//www. ebi. ac. uk/Tools/msa/clustalo/。第一步，将序列贴到空白框中，或者点击下侧的 Browse 上传序列文件；第二步，选择合适的参数（参数的详细说明见 http：//www. ebi. ac. uk/Tools/msa/clustalo/help/）；第三步，点击下侧的 Submit 按钮提交，如图 31-7 所示。

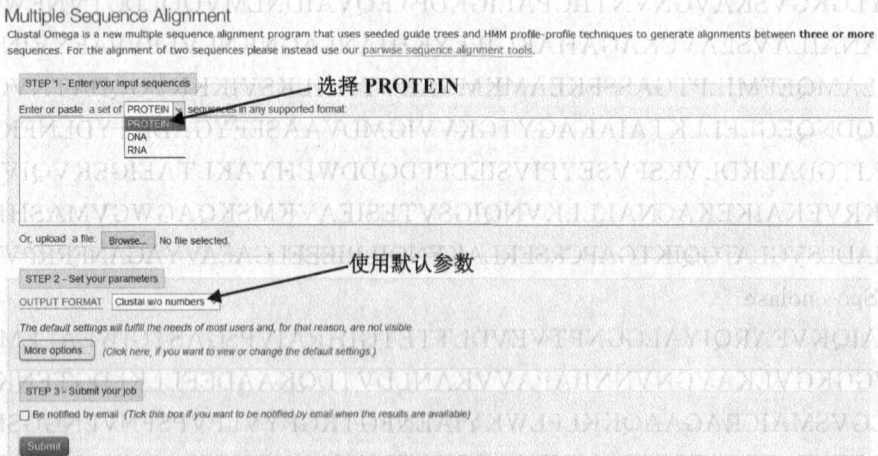

图 31-7

比对结束时，屏幕上会显示最终的比对结果，如图 31-8 所示。在比对下方，一些位点被标记为星号或圆点，这些标记分别显示这些残基在序列中是绝对一致或是高度保守的。其中，"＊"表明此位点的氨基酸完全一致，"："表明此位点的氨基酸高度相似，"."表明此位点的氨基酸有一定程度的相似性。点击 Download Alignment File 按钮，即可下载 ALN 格式的比对结果文件。

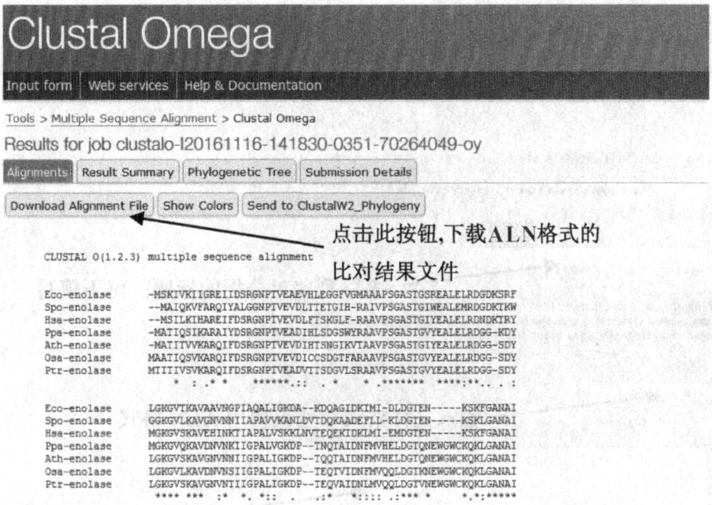

图 31-8

3. 使用 Boxshade 进行多序列比对结果的着色

Clustal 多序列比对的输出结果的显示效果不是很好，所以有必要从多序列比对程序中输出结果，然后把结果输入到另外一些软件中去，使得多序列比对的结果可读性更佳。这些软件也被称为"着色"软件，常用的有：ESpript（http：//espript.ibcp.fr/ESPript/cgi－bin/ESPript.cgi），GeneDoc 和 Boxshade（http：//www.ch.embnet.org/software/BOX_form.html）等。下面介绍一下使用 Boxshade 进行多序列比对的着色过程。

Boxshade 是一个网页工具，只能进行黑白着色。用记事本打开 Clustal 比对结果（ALN 格式的文件），复制全部内容粘贴在相应选项框内，如图 31-9。推荐输出格式为"RTF_New"，因为这种字体为等宽字体，可在 Word 中正常显示着色结果，输入格式推荐用 ALN 格式。

4. 用 MEGA7 软件进行进化树的绘制

虽然 Clustal 系列软件也能绘制进化树，但是效果不佳。下面简要介绍使用分子进化软件 MEGA 绘制进化树的流程。

MEGA（Molecular Evolutionary Genetics Analysis）提供了格式转换、数据修订、距离计算、构建系统树和可信度评估等全套功能。"MEGA"是一个免费程序，可在其网站 http：//www.megasoftware.net/免费下载合适的版本（要匹配使用者的电脑操作系统），目前的最新版本是 MEGA7。在使用"MEGA7"之前，首先必须对所要分析的数据集进行多序列比对，然后将比对的结果（如 ALN 格式的结果文件）导入"MEGA7"软件。如果多序列比对分析获得的结果的数据格式与"MEGA7"要求的不一致，可以使用"MEGA7"所附带的"Text File Editor and Format Converter"工具进行数据格式的转换，转为 MEGA 格式，即 MEG 后缀的文件。然后使用 Analysis 菜单下的 Phylogeny 项目中的合适算法，如 Construct/Test Neighbor－joining Tree 进行进化树的绘制。然后出现新窗口，选择合适的参数，点击 Compute，开始计算。计算完毕后，生成进化树。可进一步根据研究目的，进行简单的修饰，保存，导出分析结果。

3.5.2.5 实验中经常遇到的问题和解决方法

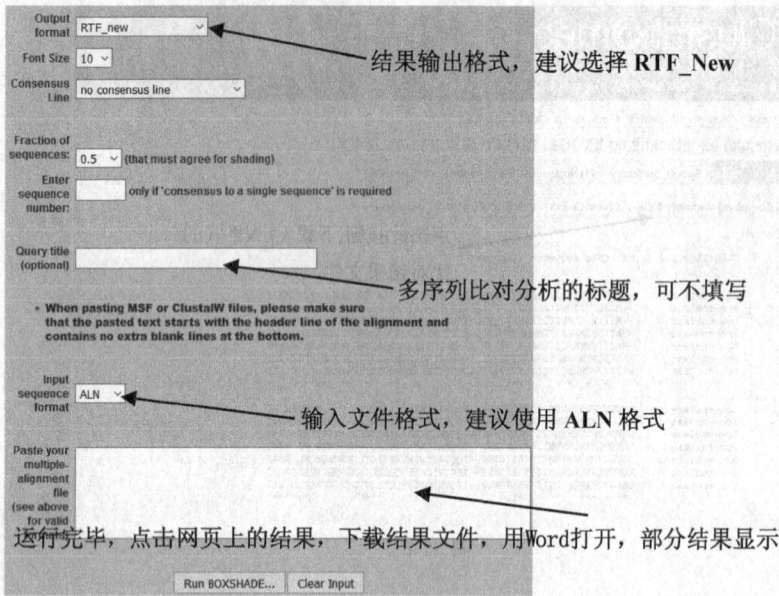

图 31-9

1. 如何将 ALN 格式的多序列比对文件导入到 MEGA7 中？

MEGA7 软件中有一个格式编辑语转换的附件"Text File Editor and Format Converter"，可以将 ALN 格式的文件转换为 MEGA 软件格式。但是在实际的转换过程中，还需要手动将转换好的文件中最后一行字符删除，MEGA 软件才能正常识别。

2. MEGA7 软件太复杂，如何操作？如何设置参数？

MEGA 是使用最为广泛的分子进化软件之一，功能较多，需要自行学习软件的具体的使用。对于软件的参数设置，如果同学们觉得有困难，请参考相关文献。

3.5.2.6 实验作业

(1)自学使用 Bioedit 等软件进行多序列比对结果的着色。

(2)以前面实验作业种的乙醛脱氢酶(ADH，AT1G77120)氨基酸序列生成一个 fasta 文件为出发文件，进行多序列比对、结果着色和进化树绘制。

(3)自学 MEGA7 的详细使用方法。

(高飞，周宜君)

参考文献

[1] Adams RLP, Burdon RH. Molecular Biology of DNA Methylation[M]. NewYork, Berlin, Heidelberg, Tokyo: Springer-Verlag, 1985.

[2] Amsterdam A, Lin S, Hopkins N. The *Aequorea victoria* green fluorescent protein can be used as a reporter in live zebrafish embryos[J]. Dev Biol, 1995, 171 (1).

[3] Donbak L, Bajanowski T, Brinkmann B, et a1. Y-STR haplotypes in populations from the Eastern Mediterranean region of Turkey[J]. International Journal of Legal Medicine, 2006, 120(6).

[4] Ezio Portis, Alberto Acquadro, Cinzia Comino, Sergio Lanteri. Analysis of DNA methylation during germination of pepper (*Capsicum annuum* L.) seeds using methylation-sensitive amplification polymorphism (MSAP)[J]. Plant Science, 2004, 166.

[5] Golling G, Amsterdam A, Sun Z, et al. Insertional mutagenesis in zebrafish rapidly identifies genes essential for early vertebrate development[J]. Nat Genet, 2002, 31(2).

[6] Hertweell L H, Hood L, Goldberg M L, et al. GENETICS-From Genes to Genomes[M]. New York: McGraw-Hill Companies, Inc. , 2000.

[7] Jia S, Nakaya N, Piatigorsky J. Differential expression patterns and developmental roles of duplicated scinderin-like genes in zebrafish[J]. Dev Dyn. 2009 , 13.

[8] Kelly P D, Chu F, Woods I G, et al. A zebrafish model for hepatoerythropoietic porphyria Genetic linkage mapping of zebrafish genes and ESTs[J]. Genome Res, 2000, 10.

[9] Mius K I, Ramsahoye B H. DNA methylation protocols. *Methods in Molecular Biology* (Vol 200)[M]. New Jersey: Hymana Press, 2002.

[10] Lichter P, Gremer T, Borden J et al. Delineation of individual human chromosomes in metaphase and interphase cells by in situ suppression hybridization using recombinant DNA libraries[J]. Hum. Gene. 1998, 80.

[11] Lu G Y, Wu X M, Chen B Y, *et al*. Detection of DNA methylation changes during seed germination in rapeseed (Brassica napus)[J]. Chinese Science Bulletin, 2006, 52(2).

[12] Ma T H. Micronuclei induced by X-rays and ohemical mutagens in meiotic pollen mother[J]. Mutation Research, 1979, 64 (5).

[13] Nusslein-Volhard C. Of flies and fishes[J]. *Science*, 1994, 266 (5185).

[14] Snustad P D, Simmons M J. Principles of genetics[M]. New York: John Wiley & Sons, Inc, 2003.

[15] Stansfield W D. Easy Outline of Genetics[M]. Columbus: McGraw-Hill Trade, 2002.

[16] Tang X, Zhang J, Cai Y, et al. Sperm membrane protein (hSMP-1) and RanBPM complex in the microtubule-organizing centre[J]. J Mol Med, 2004, 82(6): 383-388.

[17] Withee J, Galligan B, Hawkins N, et al. Caenorhabditis elegans WASP and Ena/VASP Proteins Play Compensatory Roles in Morphogenesis and Neuronal Cell Migration[J]. Genetics, 2004, 167(3).

[18] Lu Y L, Rong T Z, Gao M J. Analysis of DNA methylation in different maize tissues[J]. Journal of Genetics & Genomics, 2008, 35.

[19] John M. Butler. 法医 DNA 分型：STR 遗传标记的生物学、方法学及遗传学[M]. 第 2 版. 侯

■ 遗传学实验

一平，刘雅诚，译. 北京：科学出版社，2007.

[20] Slack J. 发育生物学基础[M]. 北京：高等教育出版社，2002.

[21] 曹仪植. 植物分子生物学[M]. 北京：高等教育出版社，2002.

[22] 陈乐真，张杰. 荧光原位杂交技术及其应用[J]. 细胞生物学杂志，1999，21(4).

[23] 董烁，谢振兴. 浅谈人体外周血淋巴细胞染色体的制备[J]. 食品工程，2008(2).

[24] 杜若谱. 中国人群体遗传学[M]. 北京：科学出版社，2004.

[25] 杜巍. 短串联重复序列 PCR 及其应用[J]. 现代预防医学，2007，34(3).

[26] 方福德. 现代医学实验技巧全书[M]. 北京：北京医科大学中国协和医科大学联合出版社，1996.

[27] 关录飞，吴笑女，徐启江. DNA 甲基化及其对植物发育的调控[J]. 生物技术通讯，2008，119(4).

[28] 郭善利，刘林德. 遗传学实验教程[M]. 北京：科学出版社，2004.

[29] 韩方普，何孟元，卜秀玲，等. 应用 FISH 技术鉴定一个小冰麦易位系[J]. 植物学报，1998，40(6).

[30] 何莉芳，刘静，刘艳平，等. 人体外周血淋巴细胞培养及染色体标本制备失败可能原因分析[J]. 生物学通报，2002，37(10).

[31] 侯雷平，李梅兰. DNA 甲基化与植物的生长发育[J]. 植物生理学通讯，2001，37(6).

[32] 侯一平，廖志钢. 法医学进展与实践，第二卷[M]. 成都：四川大学出版社，2007.

[33] 胡道芬. 植物花培育种进展[M]. 北京：中国农业科技出版社，1996.

[34] 黄燕，赵小平，余红，等. 动物骨髓细胞染色体标本制备失败的原因分析[J]. 生物学通报，2006，41(1).

[35] 籍晓元，梁景青，陈鹏宇，等. X 染色体 STR 基因座在法医鉴定中的应用[J]. 山西医药杂志，2008，37(4).

[36] 姜先华，李军，刘锋. 荧光染料掺入 PCR 检测 STR 基因座多态性的研究[J]. 中国法医学杂志，2004，19(1).

[37] 李保山. 基因枪法在植物转基因中的应用[J]. 科技信息，2008(17).

[38] 李德葆，徐平. 重组 DNA 的原理和方法[M]. 杭州：浙江科学技术出版社，1993.

[39] 李凤霞. 遗传学实验指导及图谱[M]. 长春：吉林人民出版社，2006.

[40] 李洁，徐文瑜，杨娇英. 外周血淋巴细胞培养及染色体 G 带标本制备的实验对策[J]. 中国优生与遗传杂志，2006，14(1).

[41] 李善如，王冬平，陈永福. 小鼠基因组研究进展[J]. 遗传，1998，20(1).

[42] 李新玲，徐香玲. 植物 DNA 甲基化与表观遗传[J]. 中国农学通报，2008，24(1).

[43] 李雅轩，赵昕，等. 遗传学综合实验[M]. 北京：科学出版社. 2006.

[44] 梁前进，张根发，等. 遗传学[M]. 北京：北京师范大学出版社，2017.

[45] 梁前进，等. 遗传学[M]. 北京：科学出版社，2010.

[46] 梁彦生. 遗传学实验[M]. 北京：北京师范大学出版社，1991.

[47] 刘进元，常智杰，赵广荣，等. 分子生物学实验指导[M]. 北京：清华大学出版社，2002.

[48] 刘涌涛，马全祥，刘慧娟. 小鼠骨髓细胞染色体标本制备中的失误与对策[J]. 生物学通报，2003，38(6).

[49] 刘祖洞，江绍慧. 遗传学实验[M]. 第二版. 北京：高等教育出版社，1987.

[50] 卢萍，王宝兰. 基因枪法转基因技术的研究综述[J]. 内蒙古师范大学学报：自然科学汉文版，2006.35(1).

[51]卢龙斗，常重杰．遗传学实验技术[M]．北京：科学出版社，2007.

[52]陆光远，伍晓明，陈碧云，等．油菜种子萌发过程中DNA甲基化的MSAP分析[J]．科学通报，2005，50(24).

[53]路志勇，姜成涛，赵兴春，等．Y染色体STR基因座的法医学应用现状[J]．中国人民公安大学学报：自然科学版，2007(4).

[54]马丽萍．姐妹染色单体交换的形成机制及影响因素[J]．中国优生优育，1991，2(4).

[55]毛德倩，牟维鹏，杨晓光．利用聚合酶链式反应方法检测转基因大豆和玉米中的基因修饰物质[J]．卫生研究，2002，31(3).

[56]慕明涛，霍满鹏，蒲力群，等．人外周血染色体标本制备失败的影响因素分析[J]．延安大学学报，2007，5(4).

[57]南楠，曾凡锁，詹亚光．植物DNA甲基化及其研究策略[J]．植物学通报，2008，25(1).

[58]裴黎．现代DNA分析技术理论与方法[M]．北京：中国人民公安大学出版社，2002.

[59]朴贤玉，等．医学细胞生物学与遗传学实验教程[M]．北京：人民军医出版社，2004.

[60]乔守怡．遗传学分析实验教程[M]．北京：高等教育出版社，2008.

[61]曲岷，宋健，白吉刚．植物转基因及其在农业中的应用[J]．海洋湖沼通报，2008(4).

[62]萨日娜，陈永胜，黄凤兰，等．植物花药培养技术研究进展[J]．内蒙古民族大学学报：自然科学版，2008，23(6).

[63]沈萍，陈向东．微生物学实验[M]．第四版．北京：高等教育出版社，2007.

[64]斯佩克特DL，戈德曼RD，莱因万德LA．细胞实验指南[M]．黄培堂，等译，北京：科学出版社，2001.

[65]屠发志，彭世清．植物表观遗传与DNA甲基化[J]．生物技术通讯，2007，18(1).

[66]王关林，方宏筠．植物基因工程[M]．第2版．北京：科学出版社，2002.

[67]王建波，方呈祥，鄢慧民，等．遗传学实验教程[M]．武汉：武汉大学出版社，2007.

[68]王金发，戚康标，何炎明，遗传学实验教程[M]．北京：高等教育出版社，2008.

[69]王一平，程在玉．小鼠成纤维细胞早中期染色体标本制备及G带核型分析[J]．遗传，1989，11(1).

[70]王子成，李忠爱，李锁平．MSAP技术及其在植物上的应用[J]．生物技术通报，2006，s1.

[71]吴鹤龄，林锦湖．遗传学实验方法和技术[M]．北京：高等教育出版社，1986.

[72]徐纪明，向太和．含gFp植物转基因表达载体的构建及在矮牵牛转基因不定根中的高效表达[J]．遗传，30(8).

[73]许智宏．植物生物技术[M]．上海：上海科技出版社，1998.

[74]杨大翔．遗传学实验[M]．北京：科学出版社，2004.

[75]杨汉民．细胞生物学实验[M]．第2版．北京：高等教育出版社，1997.

[76]杨江义，李旭锋．植物雌性单倍体的离体诱导[J]．植物学通报，2002，19(5).

[77]杨奇志，赵琦．基因枪技术在农作物基因转化中的应用和进展[J]．生物技术通报，2003(6)：36.

[78]杨起简，周禾，孙彦，等．豌豆染色体制片技术的比较研究[J]．北京农学院学报，2003，18(3).

[79]M.P.韦纳，等．遗传变异分析实验指南[M]．张根发，谭信，杨译，等译．北京：科学出版社，2010.

[80]张贵友，吴琼，林琳．普通遗传学实验指导[M]．北京：清华大学出版社，2003.

[81]张海国. 中国民族肤纹学[M]. 福州：福建科学技术出版社，2002.

[82]张丽敏，杨战军，陈海辉，等. 高智力人群的皮纹特征[J]. 解剖学杂志，2007，30(1).

[83]张文霞，戴灼华. 遗传学实验指导[M]. 北京：高等教育出版社，2008.

[84]赵刚军. 医学遗传学教程[M]. 北京：科学出版社，1998.

[85]郑巧玲，李伟均，郭义曹. 姐妹染色单体互换频率影响因素的研究[J]. 环境与职业医学，2007，24(3).

[86]郑文杰，刘煊，刘伟，等. 转基因大豆加工产品的定性 PCR[J]. 农业生物技术学报，2003，11(5).

[87]郑鑫，马晓岗，迟德钊，等. 高活力水稻种子萌发过程中 DNA 甲基化变化的 MSAP 分析[J]. 青海大学学报：自然科学版，2009，27(2).

[88]郑秀芬. 法医 DNA 分析[M]. 北京：中国人民公安大学出版社，2002.

[89]周德庆. 微生物学实验教程[M]. 第二版. 北京：高等教育出版社，2006.

[90]周焕庚，夏家辉，张思仲. 人类染色体[M]. 北京：科学出版社，1987.

附　录

附录 A　常用培养基配制

A1. MS 培养基（mg/L）

（1）MS 基本培养基

每升培养基含：

大量元素

NH_4NO_3	1 650 mg
KNO_3	1 900 mg
KH_2PO_4	170 mg
$MgSO_4 \cdot 7H_2O$	370 mg
$CaCl_2 \cdot 2H_2O$	440 mg

微量元素

$MnSO_4 \cdot 4H_2O$	22.3 mg
$ZnSO_4 \cdot 7H_2O$	8.6 mg
H_3BO_3	6.2 mg
KI	0.83 mg
$Na_2MoO_4 \cdot 2H_2O$	0.25 mg

有机物（氨基酸、维生素类）

甘氨酸	2 mg
烟酸	0.5 mg
盐酸吡哆素	0.5 mg
盐酸硫胺素	0.4 mg
肌醇	100 mg

铁盐

$FeSO_4 \cdot 7H_2O$	27.8 mg
Na_2EDTA	37.3 mg
$CuSO_4 \cdot 5H_2O$	0.025 mg
$CoCl_2 \cdot 6H_2O$	0.025 mg
蔗糖	30 g
琼脂	8 g

（2）1/2 MS 培养基：MS 培养基的大量元素含量减半，其他成分的含量不变。

（3）MS 壮苗培养基（1 L）：1/2 MS，20 g/L 蔗糖，2.6 g/L 植物凝胶，调 pH 至 6.8。

（4）MS 诱导愈伤组织培养基：MS 基本培养基附加 2，4-D 2.0 mg/L。

（5）高渗培养基：MS 诱导愈伤组织培养基附加甘露醇 0.2 mol/L 和山梨醇 0.2 mol/L。

（6）MS 分化培养基：MS 基本培养基附加 NAA 1 mg/L 和 ZT 2 mg/L。

(7) MS 生根培养基(培养烟草)：1/2 MS(MS 大量、微量、铁盐用量减半，其他成分用量不变)，附加 IAA 0.5 mg/L。

A2. NB 培养基

(1) NB 基本培养基

每升培养基含：

N_6**大量**(20×**母液**)

KNO_3	56.6 g
$(NH_4)_2SO_4$	9.26 g
KH_2PO_4	8.0 g
$MgSO_4 \cdot 7H_2O$	3.70 g
$CaCl_2$	2.49 g

B_5**微量**(100×**母液**)

$MnSO_4 \cdot 4H_2O$	1.0 g
H_3BO_3	0.3 g
$ZnSO_4 \cdot 7H_2O$	0.2 g
KI	75 mg
$NaMO_4$	25 mg
$CuSO_4 \cdot 5H_2O$	2.5 mg
$CoCl_2 \cdot 6H_2O$	2.5 mg

B_5**有机**(100×**母液**)

维生素 B_1	1.0 g
维生素 B_6	0.1 g
烟酸	0.1 g
肌醇	9.0 g

Fe **盐**(100×**母液**)

$FeSO_4 \cdot 7H_2O$	2.78 g
Na_2EDTA	3.73 g

(2) NB 诱导愈伤组织培养基(1 L)：NB 附加 500 mg/L 脯氨酸，500 mg/L 谷氨酰胺，300 mg/L 酪蛋白水解物，30 g/L 蔗糖，2 mg/L 2,4-D，2.6 g/L 植物凝胶，调 pH 至 6.8。

(3) NB 共培养基(1 L)：NB 诱导培养基附加 100 μmol/L 乙酰丁香酮，调 pH 至 6.8。

(4) NB 筛选培养基(1 L)：NB 诱导培养基附加 50 mg/L 潮霉素，250 mg/L 羧苄青霉素，调 pH 至 6.8。

(5) NB 预分化培养基(1 L)：NB 诱导培养基(不加 2,4-D)，1 mg/L NAA，2 mg/L 6-BA，50 mg/L 潮霉素，调 pH 至 6.8。

(6) NB 分化培养基(1 L)：NB 诱导培养基(不加 2,4-D)，1 mg/L NAA，3 mg/L 6-BA，50 mg/L 潮霉素，调 pH 至 6.8。

A3．N6 培养基：（pH 5.8）

每升培养基含：
大量元素

KNO_3	2 830 mg
$(NH_4)_2SO_4$	460 mg
$MgSO_4 \cdot 7H_2O$	185 mg
KH_2PO_4	400 mg
$CaCl_2 \cdot 2H_2O$	166 mg

微量元素

$ZnSO_4 \cdot 7H_2O$	1.5 mg
H_3BO_3	1.6 mg
$MnSO_4 \cdot 4H_2O$	4.4 mg
KI	0.8 mg

有机物（氨基酸、维生素类）

甘氨酸	2.0 mg
盐酸硫胺素	1.0 mg
盐酸吡哆醇	0.5 mg
烟酸	0.5 mg

铁盐

$FeSO_4 \cdot 7H_2O$	27.8 mg
Na_2EDTA	37.3 mg
蔗糖	50 g
琼脂	8 g

A4．W14 培养基：（pH 6.0）

每升培养基含：
大量元素

KNO_3	2 g
$NH_4H_2PO_4$	380 mg
KH_2PO_4	400 mg
$CaCl_2 \cdot 2H_2O$	140 mg
$MgSO_4 \cdot 7H_2O$	200 mg

微量元素

$MnSO_4 \cdot 4H_2O$	8.0 mg
$ZnSO_4 \cdot 7H_2O$	3.0 mg
H_3BO_3	3.0 mg
KI	0.5 mg

有机物（氨基酸、维生素类）

甘氨酸	2 mg

盐酸硫胺素	2 mg
盐酸吡哆醇	0.5 mg
烟酸	0.5 mg
蔗糖	110 g
琼脂	5 g

A5. 粗糙链孢霉培养基

(1) 基本培养基

柠檬酸·$2H_2O$（$Na_3C_6H_5O_7 \cdot 2H_2O$）	3.0 g
KH_2PO_4	5.0 g
NH_4NO_3	2.0 g
$MgSO_4 \cdot 7H_2O$	0.2 g
$CaCl_2 \cdot 2H_2O$	0.1 g
微量元素溶液（见(3)）	1.0 mL
生物素溶液（10 mg/mL）	1.0 mL
蔗糖	20.0 g
琼脂	15.0 g
加蒸馏水至 1 000 mL	

(2) 杂交培养基

KNO_3	1.0 g
KH_2PO_4	1.0 g
$MgSO_4 \cdot 7H_2O$	0.5 g
NaCl	0.1 g
$CaCl_2 \cdot 2H_2O$	0.1 g
微量元素溶液	1.0 mL
生物素溶液（10 mg/mL）	1.0 mL
蔗糖	20.0 g
琼脂	15.0 g
加蒸馏水至 1 000 mL	

(3) 微量元素溶液（基本培养基和杂交培养基用）

柠檬酸·H_2O	500 mg
$ZnSO_4 \cdot 7H_2O$	500 mg
$Fe(NH_4)_2(SO_4)_2 \cdot 6H_2O$	100 mg
$CuSO_4 \cdot 5H_2O$	25 mg
$MnSO_4 \cdot 4H_2O$	5 mg
H_3BO_3	5 mg
$Na_2MoO_4 \cdot 2H_2O$	5 mg
加蒸馏水至 100 mL	

(4) 补充培养基

在基本培养基上补充一种或多种生长物质，如氨基酸、核酸碱基、维生素等。氨基酸用量一般是 100 mL 基本培养基中加 5～10 mg。

如在基本培养基中加入适量的赖氨酸，赖氨酸缺陷型菌株就能生长。

（5）完全培养基

基本培养基	1 000 mL
酵母膏	5 g
麦芽汁（亦可省）	5 g
酶解酪素	1 g
维生素混合液	
硫胺素	100 mg
核黄素	5 mg
吡哆醇	5 mg
泛酸钙	50 mg
对氨基苯甲酸	5 mg
烟酰胺	5 mg
胆碱	100 mg
肌醇	100 mg
叶酸	1 mg
蒸馏水	1 000 mL
蔗糖	20 g

（为获得大量分生孢子，可用 1% 的甘油代替蔗糖）。

若加入 2% 琼脂，即为固体完全培养基。

（6）马铃薯培养基

将马铃薯洗净去皮，切碎，取 200 g，加水 1 000 mL，煮热，然后纱布过滤，弃去残渣，滤下的汁加 2% 琼脂，20 g 蔗糖，煮融，分装到试管中。亦可将马铃薯切成黄豆大小的碎块，每支试管放 4～5 块，再加入溶化好的琼脂，蔗糖。

上述培养基分装试管后，55.2 kPa(8 磅)灭菌 30 min，取出摆成斜面，可代替完全培养基使用。

（7）玉米杂交培养基

将玉米浸泡软化，破碎，每管 3～4 粒，加入少量琼脂(0.1 g 左右)，加棉塞消毒，即成，不需碎面。

A6. LB 培养基

（1）LB 液体培养基：蛋白胨 10 g，酵母粉 5 g，NaCl 10 g，补水至 1 000 mL，用 1 mol/L 的 NaOH 调 pH 至 7.2～7.4，高压灭菌。

（2）加倍 LB 液体培养基(2E)：配制相同体积 LB 液体培养基，以上各成分加倍。

（3）LB 固体培养基：现配 LB 液体培养基每 1 000 mL 中加入 15～20 g 琼脂粉后再定容。

（4）0.8%～1.0% 半固体 LB 培养基：现配 LB 液体培养基每 1 000 mL 中加入 8～10 g 琼脂粉后再定容。

A7. 伊红美蓝 EMB 培养基

伊红 Y(Eosin Y，曙红 Y)	0.4 g
美蓝(Methylene blue，亚甲蓝)	0.065 g
半乳糖	10 g
蛋白胨	8 g
NaCl	5 g
K_2HPO_4	2 g
琼脂	20 g

加蒸馏水定容至 1 000 mL，调 pH 至 7.0（加伊红 Y 和美蓝之前调），高压灭菌。

A8. YEB 液体培养基(1 L)

蛋白胨(bacto-tryptone)	10 g
酵母提取物(bacto-yeast extract)	10 g
NaCl	5 g

加蒸馏水至 1 000 mL

摇匀使完全溶解，调 pH 至 7.0。15 磅($1.034×10^5$Pa)，高压灭菌 20 min。

配制 YEP 固体培养基时再加入琼脂(bacto-agar)15 g，灭菌。

A9. SOB 培养基

称取蛋白胨 20 g、酵母提取物 5 g、NaCl 5 g，至 1 L 烧杯中。加入约 800 mL 去离子水，充分搅拌溶解。量取 10 mL 的 250 mmol/L KCl 溶液，加入到烧杯中。滴加 5 mol/L NaOH 溶液(约 0.2 mL)，调 pH 至 7.0。加入去离子水将培养基定容至 1 L。高温高压灭菌后，4 ℃保存。使用前加入 5 mL 灭菌的 2 mol/L $MgCl_2$ 溶液。

A10. SOC 培养基

将 18 g 葡萄糖溶于 90 mL 去离子水中，充分溶解后定容至 100 mL，用 0.22 μm 滤膜过滤除菌。向 100 mL SOB 培养基中加入除菌的 1 mol/L 葡萄糖溶液 2 mL，均匀混合，4 ℃保存。

A11. 2×YT 培养基

组分及浓度：6%(W/V)蛋白胨、1%(W/V)酵母提取物、5%(W/V)NaCl。

称取蛋白胨 16 g、酵母提取物 10 g 和 NaCl 5 g，至 1 L 烧杯中。加入约 800 mL 去离子水，充分搅拌溶解。滴加 1 mol/L KOH，调至 pH 7.0。加去离子水将培养基定容至 1 L。高温高压后，4 ℃保存。

A12. 果蝇培养基

(1)玉米、白糖培养基

水	1 000 mL
玉米粉	100 g

白糖	50 g
琼脂条（或琼脂粉末）	10 g（使用琼脂粉末时应该略为减量）
丙酸	4 mL

制作方法：先用 2/3 体积的水将琼脂条煮沸到完全溶解，再用剩余的 1/3 水将玉米粉搅拌成糊状后放入琼脂水中。搅拌并继续加热至玉米糊开始变黏稠时加入白糖，改小火加热并搅拌均匀。当玉米糊再次沸腾之前停止加热。加入必需量的丙酸，搅拌均匀。按高度 2 cm 左右的标准趁热向培养瓶中分装培养基，完成后用经灭菌处理的纸或布覆盖在培养瓶上方，至少室温放置 30 min，使培养基充分冷却凝固。

在给培养瓶加塞之前，先取 1 g 鲜酵母（干酵母粉减半）溶于 200 mL 无菌水中，混匀。用滴管向每瓶培养基上滴加酵母液 1~2 滴。为了保持培养基表面干燥，可将经灭菌处理的小滤纸片插入培养基中，盖好培养瓶塞。做好的培养基尽量在 1 周之内用完，不宜放冰箱冷藏。

（2）酵母、白糖培养基

水	1 000 mL
白糖	50 g
琼脂条（或琼脂粉末）	10 g（使用琼脂粉末时应该略为减量）
鲜酵母	200 g（干酵母粉 80 g）
白糖	50 g
丙酸	5 mL
苯甲酸溶液	5 mL（10 g 苯甲酸溶于 100 mL 的 70% 乙醇）

制作方法：在足量的水中加入琼脂粉末和酵母，边搅拌边加热。煮沸 10 min 后加入白糖，继续加热 2~3 min。停止加热，加入必需量的丙酸和苯甲酸溶液，搅拌均匀，待培养基温度降至 50 ℃ 以下再开始分装，方法同玉米、白糖培养基。

A13. 培养基配制说明

（1）大量元素母液的配制

各成分按照培养基浓度含量扩大 10 倍称量，用蒸馏水分别溶解，按顺序逐步混合。最后用蒸馏水定容至 1 000 mL，即为 10 倍的大量元素母液。贴好标签保存于冰箱中。配制培养基时，每配 1 L 取 100 mL。

注意：某些无机成分如 Ca^{2+}、SO_4^{2-}、Mg^{2+} 和 $H_2PO_4^-$ 等容易发生反应产生沉淀。先以少量重蒸水使其充分溶解后再混合，混合时应注意边搅拌边混合。$CaCl_2 \cdot 2H_2O$ 要在最后单独加入，在溶解 $CaCl_2 \cdot 2H_2O$ 时，蒸馏水需加热至沸，以除去水中的 CO_2，防止沉淀。

（2）微量元素母液的配制

微量元素用量较少，特别是 $CuSO_4 \cdot 5H_2O$、$CoCl_2 \cdot 6H_2O$，因此在配制中各成分按照培养基浓度含量扩大 200 倍称量，配制培养基时，每配制 1 L 培养基，取微量母液 5 mL。

（3）铁盐母液的配制

铁盐母液同微量元素按照培养基浓度含量扩大 200 倍称量，直接用蒸馏水加热搅拌溶解。配制培养基时，配制 1 L 取此母液 5 mL。

注意：$FeSO_4$ 和 Na_2EDTA 容易螯合不彻底，冷藏后 $FeSO_4$ 会结晶析出。$FeSO_4$ 和 Na_2EDTA 应分别加热溶解后混合，并置于加热搅拌器上不断搅拌至溶液呈金黄色（约加热 20～30 min），调 pH 至 5.5，室温放置冷却后，再冷藏。

（4）有机母液的配制

有机成分原则上应分别单独配制，扩大 200～500 倍，直接用蒸馏水溶解。

注意：由于维生素母液营养丰富，储藏时极易染菌，有效浓度降低，不宜再用。配制母液时用无菌重蒸水溶解维生素，并储存在棕色无菌瓶中，或缩短储藏时间。

（5）激素母液配制

① 生长素类，例如 IAA、NAA、2，4-D、IBA，应先用少量 95％乙醇或无水乙醇充分溶解，或者用 1 mol／L 的 NaOH 溶解，然后用蒸馏水定容到 1 mg/mL 的质量浓度。

② 细胞分裂素，例如 K.T，应先用少量 95％乙醇或无水乙醇加 3～4 滴 1 mol/L 的盐酸溶解，再用蒸馏水定容至 1 mg/mL 的质量浓度。

培养液 RPMI1640 80％，小牛血清 20％，青霉素 100 单位/mL 培养液，链霉素 100μg/mL 培养液，PHA0.4mg/mL（视效价而定）。无菌条件下，将上述各成分充分混匀，用 5％ NaHCO₃ 调 pH6.8～7.2。分装成若干小瓶；每瓶 5mL，低温冰箱冻存备用。

附录 B 常用染色液的配制

B1. 甲基绿—派洛宁染液

甲基绿的制备：将甲基绿放入分液漏斗中，加入过量的氯仿，不断摇动，洗去甲基绿中的杂质，一直到加入的氯仿无色为止。除去氯仿，配制2%的甲基绿水溶液。

派洛宁 Y 的制备：用氯仿提取派洛宁 Y 的方法与甲基绿一样，将提纯的派洛宁 Y 配成2%的水溶液。

使用时，把12.5 mL 的派洛宁 Y 水溶液与7.5 mL 的甲基绿水溶液与30 mL 的蒸馏水混合，配制成甲基绿—派洛宁染液。

B2. 盐酸喹吖因染液

(1) McIlvaine 缓冲液配制：①原液 A（0.1 mol/L 柠檬酸溶液）：取柠檬酸（$C_6H_8O_7 \cdot H_2O$）21.0 g 溶于1 000 mL 蒸馏水中；②原液 B（0.2 mol/L 磷酸氢二钠）：取磷酸氢二钠（$Na_2HPO_4 \cdot 2H_2O$）36.5 g 溶于1 000 mL 蒸馏水中；③工作液：取 A 液73.3 mL，B 液126.7 mL 混合即得 pH 6.0 的工作液。

(2) 0.5%盐酸喹吖因荧光染液：盐酸喹吖因0.05 g，McIlvaine 缓冲液10 mL，配制之后存入棕色瓶中，置于4 ℃冰箱中保存备用。

B3. Giemsa 染液

Giemsa 粉0.5 g，甘油33 mL，甲醇33 mL。先将少量甘油和 Giemsa 粉加入研钵中，将 Giemsa 粉研细，再倒入剩余甘油，并在56 ℃温箱中保温2 h，然后再加入甲醇，混匀过滤后，储存于棕色瓶内，作为原液。用时以磷酸缓冲液稀释。经过数月储藏的染液比新配制的着色要好。

B4. 1%醋酸洋红染液

将1 g 洋红与100 mL 冰醋酸混合后煮沸，煮时可加锈铁钉1枚，略具铁质的1%醋酸洋红染液能增强染色效果。

B5. X-gluc(4-氯-3-吲哚-β-葡萄糖醛酸)染色液(现配现用)

0.1 mol/L 磷酸缓冲(pH 7.0)，50 mmol/L $K_3Fe(CN)_6$，50 mmol/L $K_4Fe(CN)_6$，0.5 mol/L Na_2EDTA，1% Triton，20 mmol/L X-gluc。

B6. 苯酚品红染液

(1)苯酚品红(carbol fuchsin)

母液 A 3 g 碱性品红，溶于100 mL 70%乙醇中(可长期保存)。

母液 B 母液 A10 mL，加入90 mL 5%苯酚水溶液。

取45 mL 母液 B，加入6 mL 冰醋酸和6 mL 37%福尔马林溶液，即为苯酚品红染液。

(2)改良苯酚品红

2～10 mL 苯酚品红染液,加入 98～90 mL 45％冰醋酸和 1～1.8 g 山梨醇(山梨醇过量会出现结晶,影响制片的效果)。

此染液若放置两周,会提高染色效果。

改良苯酚品红:2～10mL 苯酚品红染液,加入 98～90mL 45％的冰醋酸和 1～1.8mL 山梨醇(山梨醇过量会出现结晶,影响制片的效果)。此染液若放置两周,会提高染色效果。

B7. 铁明矾酶染液

用蒸馏水配制成 4％的铁明矾水溶液,过滤后备用。因放置一定时间后易发生混浊,故不宜大量配置,以随时用随配置为宜。

B8. 苏木精染液

将苏木精 0.5 g 放入 95％乙醇 10 mL 中溶解,再加入蒸馏水 90 mL。此液须经 1～2 个月成熟。瓶口盖以纱布数层或塞一棉塞以保持通气。临用时过滤。此液可以直接应用或用蒸馏水稀释 1 倍后使用,可反复使用数次(每次须经过滤)。若不能预先配成,在配时可加 Na_2IO_3 钠使其氧化成熟。苏木精 0.5 g 需加 Na_2IO_3 0.1g,溶解后即可使用。

B9. 希夫氏染液

取碱性品红 1 g,放入 200 mL 煮沸的蒸馏水中,用玻璃棒搅拌其充分溶解。冷却至 50 ℃时过滤,加入 1 mol/L 盐酸 20 mL 于溶液内,冷却到 20～25 ℃,加入偏重亚硫酸钠(钾)$Na_2S_2O_5$(或无水亚硫酸氢钠 $NaHSO_3$)1～2 g,闭封瓶口,至于暗处 12～24 h,液体应成淡黄色或无色,若颜色过深,可加适量活性炭过滤后储存于暗处。

B10. 台盼蓝染液

取台盼蓝 2 g 置于研钵中。加入几滴三蒸水研细,溶于 100 mL 三蒸水中,活细胞染色后是圆形白色透明的,死细胞呈深蓝色。

B11. 瑞特氏染液

取 0.1 g 瑞特氏(Wright)染色粉,甲醇 60 mL。先在研钵中用少量甲醇研磨,直到染料完全溶解,倒入棕色瓶,在室温保持 7 日后即可使用。新配制染液偏碱性,放置后可呈酸性。保持时间愈久染色力愈佳。要注意塞紧瓶盖,否则甲醇可氧化而产生甲酸,当久存染液的染色结果变差时,首先应考虑由于形成甲酸所致。染液中切忌混入水滴,否则会产生沉淀,影响染色效果。

B12. 龙胆紫染液(AGV)

将 30 mL 的冰醋酸加热至 40 ℃,放入龙胆紫 0.75 g,溶解后加入蒸馏水 7 mL,过滤后用。

B13. 芥子喹吖因染液

将 35.3 mL 0.1 mol/L 的柠檬酸加到 164.7 mL 0.2 mol/L 的磷酸氢二钠的蒸馏水溶

液中，制成总量为 200 mL 的缓冲液，调 pH 至 7.0。将一份芥子喹吖因水溶液加入缓冲液中，使最终浓度为 50 μg/mL。

B14. 硫堇染液

（1）硫堇原液：1 g 硫堇溶液溶解在 100 mL 的 50 ℃乙醇中。

（2）Michaelis 缓冲液：9.7 g 乙酸钠（3H$_2$O），14.7 g 巴比妥钠溶于 500 mL 煮沸后的蒸馏水中。

（3）28 mL 的缓冲液和 32 mL 的 0.1 mol/L 盐酸再加硫堇原液至 100 mL，调 pH 至 5.7±0.2。

B15. 乳酸-醋酸-地衣红染液

用 70%的乳酸稀释醋酸—地衣红，比例 1∶1，过滤后使用。

B16. 醋酸地衣红染液

取冰醋酸 45 mL，加热到近于沸腾，缓慢加入地衣红。用玻璃棒搅动，微热至染料完全溶解。冷却后加入蒸馏水 55 mL。振荡，过滤。

附录 C 常用缓冲液的配制

C1. 0.01 mol/L 磷酸缓冲液

首先配制 2 种母液：

(1)0.2 mol/L Na_2HPO_4：称取 71.64 g $Na_2HPO_4 \cdot 12H_2O$ 溶于 1 000 mL 水中。

(2) 0.2 mol/L NaH_2PO_4：称取 31.21 g $NaH_2PO_4 \cdot 2H_2O$ 溶于 1 000 mL 水中。

分别取 2 种母液混合：

表 1　磷酸氢二钠-磷酸二氢钠缓冲液(0.2mol/L)

pH	0.2 mol/L Na_2HPO_4 /mL	0.2 mol/L NaH_2PO_4 /mL	pH	0.2 mol/L Na_2HPO_4 /mL	0.2 mol/L NaH_2PO_4 /mL
5.8	8.0	92.0	7.0	61.0	39.0
5.9	10.0	90.0	7.1	67.0	33.0
6.0	12.3	87.7	7.2	72.0	28.0
6.1	15.0	85.0	7.3	77.0	23.0
6.2	18.5	81.5	7.4	81.0	19.0
6.3	22.5	77.5	7.5	84.0	16.0
6.4	26.5	73.5	7.6	87.0	13.0
6.5	31.5	68.5	7.7	89.5	10.5
6.6	37.5	62.5	7.8	91.5	8.5
6.7	43.5	56.5	7.9	93.5	7.5
6.8	49.0	51.0	8.0	94.7	5.3
6.9	55.0	45.0			

$Na_2HPO_4 \cdot 2H_2O$ 相对分子质量＝178.05，0.2 mol/L 溶液为 35.61 g/L；

$Na_2HPO_4 \cdot 12H_2O$ 相对分子质量＝358.22，0.2 mol/L 溶液为 71.64 g/L；

$NaH_2PO_4 \cdot 2H_2O$ 相对分子质量＝156.03，0.2 mol/L 溶液为 31.21 g/L；

$NaH_2PO_4 \cdot H_2O$ 相对分子质量＝138.01，0.2 mol/L 溶液为 27.6 g/L。

0.01mol/L 磷酸缓冲液按上表比例混匀后稀释 20 倍即可。

C2. 甘氨酸-盐酸缓冲液(0.05 mol/L)

X mL 0.2 mol/L 甘氨酸 + Y mL 0.2 mol/L 盐酸，再加水稀释至 200 mL。

表 2　甘氨酸-盐酸缓冲液(0.05 mol/L)

pH	X	Y	pH	X	Y
2.2	50	44.0	3.0	50	11.4
2.4	50	32.4	3.2	50	8.2
2.6	50	24.2	3.4	50	6.4
2.8	50	16.8	3.6	50	5.0

甘氨酸相对分子质量=75.07，0.2 mol/L 甘氨酸溶液含 15.01 g/L。

C3. 邻苯二甲酸-盐酸缓冲液(0.05 mol/L)

X mL 0.2 mol/L 邻苯二甲酸氢钾 + Y mL 0.2 mol/L 盐酸，再加水稀释至 20 mL。

表 3　邻苯二甲酸-盐酸缓冲液(0.05 mol/L)

pH	X	Y	pH	X	Y
2.2	5	4.670	3.2	5	1.470
2.4	5	3.960	3.4	5	0.990
2.6	5	3.295	3.6	5	0.597
2.8	5	2.642	3.8	5	0.263
3.0	5	2.032			

邻苯二甲酸氢钾相对分子质量=204.23，0.2 mol/L 邻苯二甲酸氢钾含 40.85 g/L。

C4. 醋酸-醋酸钠缓冲液(0.2 mol/L，18 ℃)

表 4　醋酸-醋酸钠缓冲液(0.2 mol/L，18 ℃)

pH	0.2 mol/LNaAc /mL	0.2 mol/LHAc /mL	pH	0.2 mol/LNaAc /mL	0.2 mol/LHAc /mL
3.6	0.75	9.25	4.8	5.90	4.10
3.8	1.20	8.80	5.0	7.00	3.00
4.0	1.80	8.20	5.2	7.90	2.10
4.2	2.65	7.35	5.4	8.60	1.40
4.4	3.70	6.30	5.6	9.10	0.90
4.6	4.90	5.10	5.8	9.40	0.60

C5. 柠檬酸-柠檬酸钠缓冲液(0.1 mol/L)

柠檬酸 $C_6H_8O_7 \cdot H_2O$ 相对分子质量$=210.14$，0.1 mol/L 溶液为 21.01 g/L；

柠檬酸钠 $Na_3C_6H_5O_2 \cdot 2H_2O$ 相对分子质量$=294.12$，0.1 mol/L 溶液为 29.41 g/L。

表 5　柠檬酸-柠檬酸钠缓冲液(0.1 mol/L)

pH	0.1 mol/L 柠檬酸 /mL	0.1 mol/L 柠檬酸钠 /mL	pH	0.1 mol/L 柠檬酸 /mL	0.1 mol/L 柠檬酸钠 /mL
3.0	18.6	1.4	5.0	8.2	11.8
3.2	17.2	2.8	5.2	7.3	12.7
3.4	16.0	4.0	5.4	6.4	13.6
3.6	14.9	5.1	5.5	5.5	14.5
3.8	14.0	6.0	5.8	4.7	15.3
4.0	13.1	6.9	6.0	3.8	16.2
4.2	12.3	7.7	6.2	2.8	17.2
4.4	11.4	8.6	6.4	2.0	18.0
4.6	10.3	9.7	6.6	1.4	18.6
4.8	9.2	10.8			

C6. 磷酸氢二钠-柠檬酸缓冲液(McIlvaine 液)

Na_2HPO_4 相对分子质量$=141.98$，0.2 mol/L 溶液为 28.40 g/L；

$Na_2HPO_4 \cdot 2H_2O$ 相对分子质量$=178.05$，0.2 mol/L 溶液为 35.61 g/L；

$C_6H_8O_7 \cdot H_2O$ 相对分子质量$=210.14$，0.1 mol/L 溶液为 21.01 g/L。

表 6　磷酸氢二钠-柠檬酸缓冲液(McIlvaine 液)

pH	0.2 mol/L Na$_2$HPO$_4$ /mL	0.1 mol/L 柠檬酸 /mL	pH	0.2 mol/L Na$_2$HPO$_4$ /mL	0.1 mol/L 柠檬酸 /mL
2.2	0.40	19.60	5.2	10.72	9.23
2.4	1.24	18.76	5.4	11.15	8.85
2.6	2.18	17.82	5.6	11.60	8.4
2.8	3.17	16.83	5.8	12.09	7.91
3.0	4.11	15.89	6.0	12.63	7.37
3.2	4.94	15.06	6.2	13.22	6.78
3.4	5.70	14.30	6.4	13.85	6.15
3.6	6.44	13.56	6.6	14.55	5.45
3.8	7.10	12.90	6.8	15.45	4.55
4.0	7.71	12.29	7.0	16.47	3.53
4.2	8.82	11.72	7.2	17.39	2.61
4.4	8.82	11.18	7.4	18.17	1.83
4.6	9.35	10.65	7.6	18.73	1.27
4.8	9.86	10.14	7.8	19.15	0.85
5.0	10.30	9.70	8.0	19.45	0.55

C7. 磷酸二氢钾-氢氧化钠缓冲液(0.05 mol/L，20 ℃)

X mL 0.2 mol/L 磷酸二氢钾＋Y mL 0.2 mol/L 氢氧化钠，再加水稀释至 20 mL。

表 7　磷酸二氢钾-氢氧化钠缓冲液(0.05 mol/L，20 ℃)

pH	X/ mL	Y/ mL	pH	X/ mL	Y/ mL
5.8	5	0.372	7.0	5	2.963
6.0	5	0.570	7.2	5	3.500
6.2	5	0.860	7.4	5	3.950
6.4	5	1.260	7.6	5	4.280
6.6	5	1.780	7.8	5	4.520
6.8	5	2.635	8.0	5	4.680

C8. 巴比妥钠-盐酸缓冲液(18 ℃)

表 8　巴比妥钠-盐酸缓冲液(18 ℃)

pH	0.04 mol/L 巴比妥钠溶液/mL	0.2 mol/L 盐酸/mL	pH	0.04 mol/L 巴比妥钠溶液/mL	0.2 mol/L 盐酸/mL
6.8	100	1.4	8.4	100	5.21
7.0	100	17.8	8.6	100	3.82
7.2	100	16.7	8.8	100	2.52
7.4	100	153	9.0	100	1.65
7.6	100	13.4	9.2	100	1.13
7.8	100	11.47	9.4	100	0.70
8.0	100	9.39	9.6	100	0.35
8.2	100	7.21			

巴比妥钠盐相对分子质量＝206.18，0.04 mol/L 溶液为 8.25 g/L。

C9. Tris-盐酸缓冲液(0.05 mol/L，25 ℃)

50 mL 0.1mol/L Tris 溶液与 X mL 0.1 mol/L 盐酸混匀后，再加水稀释至 100 mL。

表 9　Tris-盐酸缓冲液(0.05 mol/L，25 ℃)

pH	X/mL	pH	X/mL
7.10	45.7	8.10	26.2
7.20	44.7	8.20	22.9
7.30	43.4	8.30	19.9
7.40	42.0	8.40	17.2

pH	X/mL	pH	X/mL
7.50	40.3	8.50	14.7
7.60	38.5	8.60	12.4
7.70	36.6	8.70	10.3
7.80	34.5	8.80	8.5
7.90	32.0	8.90	7.0
8.00	29.2		

Tris 相对分子质量＝121.14，0.1 mol/L 溶液为 12.114 g/L。

Tris 溶液可从空气中吸收二氧化碳，使用时注意将瓶盖严。

C10. 硼酸-硼砂缓冲液(0.2 mol/L 硼酸根)

表 10　硼酸-硼砂缓冲液(0.2 mol/L 硼酸根)

pH	0.05 mol/L 硼砂/mL	0.2 mol/L 硼酸/mL	pH	0.05 mol/L 硼砂/mL	0.2 mol/L 硼酸/mL
7.4	1.0	9.0	8.2	3.5	6.5
7.6	1.5	8.5	8.4	4.5	5.5
7.8	2.0	8.0	8.7	6.0	4.0
8.0	3.0	7.0	9.0	8.0	2.0

硼砂相对分子质量＝381.43，0.05 mol/L(0.2 mol/L 硼酸根)为 19.07 g/L。

硼酸相对分子质量＝61.84，0.2 mol/L 溶液为 12.37 g/L。

硼砂易失去结晶水，必须在带塞的瓶中保存。

C11. 甘氨酸-氢氧化钠缓冲液(0.05 mol/L)

X mL 0.2 mol/L 甘氨酸＋Y mL 0.2 mol/L 氢氧化钠，再加水稀释至 200 mL。

表 11　甘氨酸-氢氧化钠缓冲液(0.05 mol/L)

pH	X/mL	Y/mL	pH	X/mL	Y/mL
8.6	50	4.0	9.6	50	22.4
8.8	50	6.0	9.8	50	27.2
9.0	50	8.8	10.0	50	32.0
9.2	50	12.0	10.4	50	38.6
9.4	50	16.8	10.6	50	45.5

甘氨酸相对分子质量＝75.07，0.2 mol/L 甘氨酸溶液含 15.01 g/L。

C12. 硼砂-氢氧化钠缓冲液(0.05 mol/L 硼酸根)

X mL 0.2mol/L 甘氨酸＋Y mL 0.2 mol/L 氢氧化钠，再加水稀释至 200 mL。

表 12　硼砂-氢氧化钠缓冲液(0.05 mol/L 硼酸根)

pH	X/ mL	Y/ mL	pH	X/ mL	Y/ mL
9.3	50	6.0	9.8	50	34.0
9.4	50	11.0	10.0	50	43.0
9.6	50	23.0	10.1	50	46.0

硼砂相对分子质量＝381.43，0.05 mol/L(0.2 mol/L 硼酸根)为 19.07 g/L。

C13. 苯酚钠-苯酚氢钠缓冲液(0.1 mol/L)

Ca^{2+}、Mg^{2+} 存在时不得使用。

表 13　苯酚钠-苯酚氢钠缓冲液(0.1 mol/L)

pH		0.1 mol/L 苯酚钠/mL	0.1 mol/L 苯酚氢钠/mL
20 ℃	37 ℃		
9.16	8.77	1	9
9.40	9.12	2	8
9.51	9.40	3	7
9.78	9.50	4	6
9.90	9.72	5	5
10.14	9.90	6	4
10.28	10.08	7	3
10.53	10.28	8	2
10.83	10.57	9	1

$Na_2CO_3 \cdot 10H_2O$ 相对分子质量＝286.2，0.1 mol/L 溶液为 28.62 g/L。
$NaHCO_3$ 相对分子质量＝84.0，0.1 mol/L 溶液为 8.40 g/L。

附录 D 遗传学实验常用试剂的配制

D1. Carnoy's 固定液

无水乙醇：冰醋酸＝3∶1，或者无水乙醇∶二氯甲烷∶冰醋酸＝6∶3∶1。

D2. Giemsa 原液

将 Giemsa 粉末 1 g 先溶于少量甘油，在研钵内研磨 30 min 以上，至看不见颗粒为止。再将剩余甘油倒入（甘油共 66 mL），于 56 ℃温箱内保温 2 h。然后再加入甲醇（66 mL），搅匀后保存于棕色瓶中。母液配制后放入冰箱可长期保存，一般刚配制的母液染色效果欠佳，保存时间越长越好。临用时用 pH 为 6.8 的磷酸盐缓冲液稀释 10 倍。

D3. Knop 培养液

在蒸馏水中依次溶入 KH_2PO_4 0.25 g，$MgSO_4$ 0.25 g，$Ca(NO_3)_2$ 1.00 g，KNO_3 0.25 g，微量 $Fe_3(PO_4)_2$，续加蒸馏水定容至 1 000 mL。

D4. 醋酸甲醇固定液

冰醋酸∶甲醇＝1∶3

D5. Carnoy-LebrHm's a 固定液

冰醋酸∶三氯甲烷＝3∶1；再加二氯化汞至饱和为止。

D6. FAA 固定液

50％乙醇 90 mL，冰醋酸 5 mL，甲醛 5 mL。所有的固定液都应配现用。

D7. 盐酸离析液（1 mol/L 盐酸）

取浓盐酸（比重 1.19）82.5 mL，用蒸馏水定容至 1 000 mL。

D8. 盐酸乙醇解离液

95％乙醇∶浓盐酸＝1∶1。

D9. 1％酶液

果胶酶 1 g，纤维素酶 1 g，蒸馏水或缓冲液 98 mL。

D10. 0.1％秋水仙碱溶液

秋水仙碱 0.1 g，蒸馏水 100 mL，在棕色瓶中完全溶解后再用黑纸包装起来，4 ℃冰箱中保存备用。

D11. 0.002mol/L 8-羟基喹啉

8-羟基喹啉 0.29 g，蒸馏水 100 mL。

D12. 漂洗液

10％偏重亚硫酸钠 5 mL，1 mol/L 盐酸 5 mL，蒸馏水 90 mL。

D13. 等渗液

柠檬酸钠 2.2 g，蒸馏水 100 mL。

D14. 0.25％胰蛋白酶溶液

胰蛋白酶 2.5g，用 0.85％氯化钠定容至 1 000 mL。

D15. 生理盐水

0.85％～0.90％氯化钠，适用于哺乳动物。0.75％氯化钠适用于鸟类和无脊椎动物。0.64％氯化钠适用于两栖类。0.6％～0.8％适用于昆虫类。

D16. 洗液

重铬酸钾 100 g，浓硫酸 100 mL，水 1 000 mL。先将重铬酸钾溶于水，然后慢慢加入浓硫酸，缓慢搅拌以使其不发热，若容器发热，温度很高时，可以停止加浓硫酸，待降温后再继续加入。配好后盛于密闭的玻璃容器中备用。

D17. 100×Denhardt's 溶液

水溶液葡聚糖 10 g，聚乙烯吡咯烷酮 10 g，牛血清白蛋白 10 g，加水定容至 500 mL，灭菌后分装，−20 ℃备用。

D18. 预杂交液(用于 Southern blot)

20×SSPE：	2.5 mL
100％去离子甲酰胺：	5.0 mL
100×Denhardt's：	0.5 mL
10 mg/mLsssDNA：	1.0 mL
10％甘氨酸：	1.0 mL

D19. 杂交液(用于 Southern blot)

20×SSPE：	2.5 mL
100％去离子甲酰胺：	5.0 mL
100×Denhardt's：	0.5 mL
10％SDS	0.3 mL
50％硫酸葡聚糖钠	2.0 mL

D20. CPW 溶液

$CaCl_2 \cdot 2H_2O$	1 480.0 mg
KH_2PO_4	27.2 mg
KNO_3	101.0 mg
$MgSO_4 \cdot 7H_2O$	246 mg
$CuSO_4 \cdot 5H_2O$	0.025 mg
KI	0.16 mg

加水定容至 1 000 mL，pH 5.8。

D21. T-DNA 溶液

100 mg 小牛胸腺 DNA 溶于 10 mL 水中，用带针头的注射器反复抽吸，沸水浴 10 min。冰浴速冷，−20 ℃备用。用前沸水浴 10 min。冰浴速冷。

D22. 0.1%$HgCl_2$

1 g $HgCl_2$ 固体溶于 1 L 水。

D23. 0.2%～0.4%秋水仙碱

将 4 g 秋水仙素直接溶于 100 mL 冷水中，或先将其溶于少量乙醇中，再加冷水。配制好的溶液应放入棕色玻璃瓶内保存，且保存时应置于暗处，避免阳光直射，瓶盖应拧紧，以减少与空气的接触，避免造成药效损失。

D24. 组织匀浆液

100 mmol/L NaCl，10 mmol/L Tris-HCl(pH 8.0)，25 mmol/L EDTA(pH 8.0)。

D25. 100 g /L chelex-100

10 g chelex-100，溶解于 ddH_2O 中定容至 100 mL。

D26. 1×红细胞裂解液

10 mmol/L Tris-HCl（pH 7.5），0.32 mol/L 蔗糖，5 mmol/L $MgCl_2$，1% Triton 100。

D27. 30%丙烯酰胺

29 g 丙烯酰胺和 1g N，N'-亚甲双丙烯酰胺加水溶解至 60 mL，加热至 37 ℃溶解，再加水至终体积 100 mL。溶液的 pH 不应大于 7.0，置棕色瓶中短期保存于室温（长期存放置于 4 ℃）。

D28. 100 g/L 过硫酸铵

1 g 过硫酸铵加水溶解至 10 mL，分装，−20 ℃保存。

D29. 1%硝酸

先加水，再加 15.4 mL 硝酸（浓度约 68.0 %），最后定容至 1 000 mL。

附录 E 分子遗传学实验常用试剂及缓冲液

E1. 1 mol/L DTT

用 20 mL 0.01 mol/L 乙酸钠溶液（pH 5.2）溶解 3.09 g DTT，过滤除菌后分装成 1 mL 小份，保存于−20 ℃。

E2. 0.5 mol/L EDTA(pH 8.0)

800 mL 水中加入 186.1 g 乙二胺四乙酸二钠（Na_2EDTA · $2H_2O$），磁力搅拌器上剧烈搅拌，用 NaOH 调节溶液的 pH 至 8.0(约需 20 g NaOH 颗粒)，然后定容至 1 000 mL，分装后高压灭菌备用。

E3. 100g/L 十二烷基硫酸钠(SDS)

900 mL 水中溶解 100 g 十二烷基硫酸钠，加热至 68 ℃助溶，用 HCl 调节溶液 pH＝7.2，加水定容至 1 000 mL，分装备用。

E4. 40×TA 缓冲液

称取 193.6g Tris(终浓度 1.6 mol/L)，108.9 g NaAC · $3H_2O$(终浓度 0.8 mol/L)，15.2 g Na_2EDTA · $2H_2O$(终浓度 40 mol/L)，溶解后用 HAC 调 pH 至 7.2，加水至 100mL。

E5. STE 缓冲液

10 mmol/L Tris-HCl，1 mmol/L EDTA，10 mmol/L NaCl(取 1mol/L Tris-HCl 10 mL，0.5mol/L EDTA 2 mL，5 mol/L NaCl 20 mL，加水至 1000mL)。

E6. 1 mol/L Tris-HCl(pH 7.5)

称 121.14 g Tris，溶于 800 mL 水中，并加浓 HCl 调至所需 pH。pH 7.5 约加浓 HCl 42 mL。使溶液冷却至室温，对 pH 做最后的调节，将溶液体积调至 1 000 mL，分装，高压灭菌。

E7. 1×EcoRI 反应缓冲液

50 mmol/L Tris-HCl（pH 7.5），100 mmol/L NaCl，10 mmol/L $MgCl_2$，1 mmol/L DDT。

E8. 10×T4 DNA 连接酶缓冲液

660 mmol/L Tris-HCl（pH 7.5），55 mmol/L $MgCl_2$，50 mmol/L DDT，10 mmol/L ATP。

E9. 蛋白电泳相关试剂及缓冲液

(1) 30%（W/V）丙烯酰胺溶液（配制方法同 185 页 D.27）

(2) 10%（W/V）过硫酸铵

称取 1 g 过硫酸铵。加入 10 mL 的去离子水后搅拌溶解，储存于 4 ℃。

(3) 5×Tris-甘氨酸缓冲液

组分及浓度：0.125 mol/L Tris，1.25 mol/L Glycine，0.5%（W/V）SDS。

称取 Tris 15.1 g，Glycine 94 g 和 SDS 5.0 g，置于 1 L 的烧杯中，加入约 800 mL 的去离子水，搅拌溶解。加入去离子水定容至 1 L 后，室温保存。

(4) 5×SDS-PAGE 上样缓冲液

组分及浓度：

250 mmol/L	Tris-HCl(pH 6.8)
10%（W/V）	SDS
0.5%（W/V）	溴酚蓝
50%（V/V）	甘油
5%（W/V）	β-巯基乙醇

E10. 核酸电泳相关试剂及缓冲液

(1) 25×TAE

称 121 g Tris 溶解于适量 ddH₂O 中，加入 28.55 mL 冰醋酸，加入 18.6 g Na₂EDTA·2H₂O，用 ddH₂O 补足终体积至 1 L。

(2) 5×TBE

54 g Tris，27.5 g 硼酸，20 mL 0.5 mol/L EDTA（pH 8.0），用三蒸水定容至 1 L。

(3) 溴化乙锭（10 mg/mL）

称取 1.0 g 溴化乙锭，加入到 200 mL 容器中。加入去离子水 100 mL，充分搅拌数小时完全溶解溴化乙锭。将溶液转入棕色瓶，室温避光保存，溴化乙锭最终工作质量浓度为 0.5 μg/mL。

E11. FISH 相关溶液的制备

(1) 20×SSC

NaCl 175.3 g，柠檬酸钠 882.0 g，加水定容至 1 000 mL，用 10 mol/L NaOH 调 pH 至 7.0。

(2) 去离子甲酰胺（DF）

混合床离子交换树脂 10 g，甲酰胺 100 mL，电磁搅拌 30 min，用 Whatman1 号滤纸过滤。

(3) 70%（V/V）甲酰胺/2×SSC

甲酰胺 35 mL，20×SSC 5 mL，加水 10 mL。

(4) 50%（V/V）甲酰胺/2×SSC

甲酰胺 100 mL，20×SSC 20 mL，加水 80 mL。

(5) 50%（V/V）硫酸葡聚糖（DS）

适量硫酸葡聚糖 50% 无菌溶液。可在 4 ℃ 或 −20 ℃ 长期保存，用时在 65 ℃ 水浴中完全融化。

（6）FISH 杂交液

$50\%(V/V)$ DS 40 μL，$20\times$SSC 20 μL，ddH$_2$O 40 μL，混合后，取 50 μL 与 50 μL DF 混合即成 [终浓度为 $10\%(V/V)$DS 2$\times$SSC，$50\%(V/V)$ DF]。

（7）PI/Antifade 溶液

① PI(2.5 μg/mL)溶液

PI 原液(以 ddH$_2$O 配置，100 μg/mL) 1 mL，加 ddH$_2$O 39 mL，混匀。

② Antifade 溶液

Antifade 原液(以 PBS 配制，10 mg/mL，用 0.5 mmol/L 的 NaHCO$_3$ 调 pH 至 8.0) 1 mL，甘油 9 mL，混匀。

③ PI/Antifade 溶液：将 PI 溶液与 antifade 溶液按体积比 1∶9 充分混匀，在−20 ℃条件下保存备用。

（8）DAPI/Antifade 溶液

DAPI 储存液(用去离子水配制，1 mL/mg)∶antifade 溶液＝ 1∶300 (V/V)。

封闭液

封闭液I：$5\%(W/V)$ BSA 3 mL，$20\times$SSC 1 mL，dd H$_2$O 1 mL，Tween20 5 μL 混合。

封闭液Ⅱ：$5\%(W/V)$ BSA 3 mL，$20\times$SSC 1 mL，goat serum 250μL，dd H$_2$O 750 μL，Tween20 5 μL 混合。

（9）荧光检测试剂稀释液

$5\%(W/V)$ BSA 1 mL，$20\times$SSC 1 mL，dd H$_2$O 3 mL，Tween20 5μL，混匀。

（10）洗脱液

$20\times$SSC 100 mL，加水至 500 mL，再加 Tween20 500 μL，混匀。

（11）TE 缓冲液

pH 8.0：10 mmol/L Tris-HCl, 1 mmol/L EDTA；

pH 7.6：10 mmol/L Tris-HCl, 1 mmol/L EDTA；

pH 7.4：10 mmol/L Tris-HCl, 1 mmol/L EDTA。

（12）溶液 Ⅰ～Ⅲ

溶液Ⅰ：25 mmol/L Tris-HCl(pH 7.4)，10 mmol/L EDTA。

溶液Ⅱ：$10\%(W/V)$SDS，0.2 mol/L NaOH。

溶液Ⅲ：KAc 14.7 g，HAc 5.8 mL，3′＋加水至 50 mL。

（罗雅君，张根发）

索　引

214